美国反垄断法
与对美出口贸易

曾凡宇　徐翔　吴晛　著

清华大学出版社
北京

本书封面贴有清华大学出版社防伪标签，无标签者不得销售。

版权所有，侵权必究。举报：010-62782989，beiqinquan@tup.tsinghua.edu.cn。

图书在版编目（CIP）数据

美国反垄断法与对美出口贸易 / 曾凡宇，徐翔，吴晛著 . -- 北京：清华大学出版社，2024.6. -- ISBN 978-7-302-66496-3

Ⅰ . D971.222.94

中国国家版本馆 CIP 数据核字第 2024NE0579 号

责任编辑：刘　晶
封面设计：徐　超
版式设计：方加青
责任校对：宋玉莲
责任印制：刘海龙

出版发行：清华大学出版社
　　　　网　　址：https://www.tup.com.cn，https://www.wqxuetang.com
　　　　地　　址：北京清华大学学研大厦 A 座　　邮　编：100084
　　　　社　总　机：010-83470000　　邮　　购：010-62786544
　　　　投稿与读者服务：010-62776969，c-service@tup.tsinghua.edu.cn
　　　　质　量　反　馈：010-62772015，zhiliang@tup.tsinghua.edu.cn
印　装　者：涿州汇美亿浓印刷有限公司
经　　销：全国新华书店
开　　本：170mm×240mm　　印　张：17.5　　字　数：289 千字
版　　次：2024 年 7 月第 1 版　　印　次：2024 年 7 月第 1 次印刷
定　　价：128.00 元

产品编号：101313-01

作者简介

曾凡宇

湖北襄阳人，毕业于美国美利坚大学，获职业法律博士（J.D.）学位；浙江万里学院法学院涉外辅修班负责人，浙江共业律师事务所兼职律师；入选宁波市青年法学法律人才、宁波市鄞州区"泛创业鄞州·精英引领计划"专业服务创新人才。主持各项课题6项，其中省级课题1项、市级课题2项。发表论文6篇，其中CSSCI期刊论文2篇。

徐翔

浙江温州人，毕业于美国加利福尼亚大学戴维斯分校，获法学硕士（LL.M.）学位；浙江浙经律师事务所专职律师，从事涉外、破产、商事争议等领域法律服务；获2021年度杭州市滨江区律师业务新秀奖。

吴晛

福建福州人，毕业于美国圣迭戈大学，获职业法律博士（J.D.）学位；从事商业合规法律服务，现就职于世界500强企业业务风险合规部门。

自　序

在湖北警官学院攻读学士学位期间，我第一次与反垄断法"触电"，自此，我便对反垄断法产生了浓厚的兴趣。之后，我继续前往对外经济贸易大学、加利福尼亚大学戴维斯分校、美利坚大学深造学习，这三段学习经历进一步增强了我对反垄断法的研究兴趣。在求学之路上，我先后受到了刘琼娥副教授、江山教授、戴宾律师、威廉·道奇（William S. Dodge）教授和邓志松律师的悉心指导，他们严谨的治学态度、丰富的实务经验以及对待学生的耐心与热忱让我受益匪浅。

在美利坚大学获得 J.D. 学位之后，我前往位于浙江省宁波市的浙江万里学院任教，同时也在浙江共业律师事务所担任兼职律师。在浙工作期间，通过走访调研，我发现宁波市乃至浙江省拥有大量的对美出口贸易业务。在繁荣的对美出口贸易背后，美国反垄断法成为一柄悬在我国企业头顶上的"达摩克利斯之剑"。进入 21 世纪后，我国已有多家企业在对美出口贸易中卷入涉及美国反垄断法的跨国争端。

近年来，随着中美博弈的长期化，在国际贸易领域，美国政府的总体贸易观逐渐从自由贸易政策向价值贸易政策转变。美国政府将"小多边主义"策略与单边主义工具相结合，意图削弱乃至切断我国与全球经贸体系的联系。"小多边主义"策略（或者说"伪多边主义"策略）主要体现为，美国通过构建印太经济框架等区域经济组织意图将我国排除在全球供应链体系之外。而单边主义工具的一大表现是，美国政府利用极具单边主义色彩的国内法工具对我国企业参与的跨国贸易予以干涉。例如，美国政府采取了"337 调查"这一种有别于反垄断诉讼的国际贸易争端解决机制对我国企业展开调查。针对国际贸易中的垄断纠纷发起

"337调查",这在过去并不常见。因此,这些新的法律实践表明,美国反垄断法在对美出口贸易中对中国企业造成了前所未有的挑战。也因此,我便萌生了在对美出口贸易背景下探讨美国反垄断法的研究计划,这一设想为本书的创作提供了契机。

在本书中,我探讨了多个美国反垄断司法判例,并在脚注中引用了这些判例的英文名称。部分案件经历了美国联邦地区法院的一审、美国联邦上诉法院的二审,甚至美国联邦最高法院的终审。当需要比较不同层级法院判决的异同点并探讨当事人原告、被告身份时,我采用"原告诉被告"的格式标注案件的中文名称,并配以终审判决的英文名称,以帮助读者更好地理解案件详情。例如,在本书第166页所载的"佩珀诉苹果公司案"中,一审的原告是佩珀,被告是苹果公司。由于该案被苹果公司上诉至美国联邦最高法院,我在本书中引用了美国联邦最高法院对此案的裁判观点。因此,对于该案在正文和脚注中的英文名称,我使用了"Apple Inc. v. Pepper",以说明该案上诉人和被上诉人的身份。为便于读者阅读与理解,特此统一说明。

本书除了对《谢尔曼法》《克莱顿法》等美国反垄断成文法规则及相关司法判例进行研究,美国反垄断法的演变历史也是其研究重点之一。法国作家雨果曾经说过:"历史是什么?是过去传到将来的回声,是将来对过去的反映。"研究美国反垄断法的发展脉络,不仅能够帮助我们更好地理解美国的反垄断规则,更有助于厘清政治、经济、对外政策等多重因素如何影响美国反垄断法的发展轨迹,以期为我国应对美国反垄断法在国际贸易中带来的挑战提供参考。除此之外,我们还将研究目光投向美国反垄断法的争端解决机制、抗辩事由、域外管辖权规则和合规制度这四个颇有实务色彩的研究议题,希望能够帮助我国企业在对美出口贸易中提高对美国反垄断法的风险应对能力。

我的法学研究之路离不开我的母亲余光慧女士和我的父亲曾庆军先生的理解、支持和鼓励。在本书的创作过程中,我还得到了许多亲朋好友的帮助和建议。我要特别感谢我的好友杨勇先生、尚婧博士、王申博士、邹犀砾博士、张建博士、薛琛博士、丁妍博士,他们在本书的创作过程中提供了必不可少的建议和支持。

同时,我要感谢我的两位同学徐翔律师和吴晛博士,她们分别与我合作撰写了本书的第七章和第四章第四节。我还要感谢我的两位学生马陈龙和方栎渭,他们为本书的校对工作付出了辛勤的劳动。作为一个学术新人,这是我第一次进行如此大规模的学术创作，我从清华大学出版社的刘晶编辑那里得到了详细又耐心的解答，我对她表示衷心的感谢。最后，我要特别感谢浙江省哲学社会科学工作办公室和浙江万里学院法学院对我和本书的大力支持。

曾凡宇

2024 年 1 月于襄阳

目 录

第一章　美国反垄断法的演变历史 ……………………………… 001

本章提示 …………………………………………………………… 002

第一节　美国反垄断法的萌芽期（19世纪60年代至20世纪初） ……… 004
　一、《谢尔曼法》诞生前后的历史回溯 ………………………………… 004
　二、《谢尔曼法》的初期实施情况：从碌碌无为到逐渐奋起 …………… 026

第二节　立法的完善阶段与美国反垄断执法的休眠期
　　　　　（1912年至1936年）……………………………………… 031
　一、《联邦贸易委员会法》的出台与美国联邦贸易委员会的成立 ……… 031
　二、《克莱顿法》对企业并购的反垄断规制 …………………………… 032
　三、经济危机与《国家产业复兴法》及"休眠"的反垄断法 …………… 033

第三节　美国反垄断法的强监管时代（20世纪30年代末至70年代） … 035
　一、罗斯福第二次新政与美国反垄断执法的复兴 ……………………… 035
　二、哈佛学派的盛行与结构主义反垄断模式的崛起 …………………… 037
　三、美国反垄断法域外管辖权的全面拓展 ……………………………… 040
　四、企业并购反垄断规则的发展 ………………………………………… 042
　五、本身违法原则的广泛适用 …………………………………………… 044

第四节　美国反垄断法的轻监管时代（20世纪70年代至90年代） …… 044
　一、芝加哥学派的兴起 …………………………………………………… 045
　二、合理原则适用范围的大拓展 ………………………………………… 047
　三、徘徊于礼让他国与扩张适用之间的反垄断法域外管辖权 ………… 048

四、放松对企业并购的反垄断监管 ································· 057
　　五、平衡知识产权保护与反垄断之间的冲突 ······················· 057
第五节　互联网垄断问题与美国反垄断监管的自我革新时代
　　　　（20世纪末至今）·· 059
　　一、对芝加哥学派所倡导的"消费者福利中心主义"予以批判 ········ 060
　　二、加强规制互联网垄断的反垄断立法 ····························· 063
第六节　美国反垄断法发展历史的小结与启示 ·························· 064
　　一、钟摆式的反垄断监管态势 ······································· 064
　　二、长期存在的目标之争 ·· 067

第二章　美国反垄断法的规则体系 ·································· 069

本章提示 ·· 070
一、美国反垄断法的规则体系概述 ·· 070
二、美国联邦政府的反垄断成文法规则 ··································· 071
三、美国州政府制定的反垄断法 ··· 080
四、小结 ·· 082

第三章　对美国出口与美国反垄断法域外管辖权 ················ 083

本章提示 ·· 084
第一节　域外管辖权与相关概念 ··· 085
　　一、域外管辖权与域外适用 ··· 085
　　二、域外管辖权与长臂管辖权 ······································· 087
第二节　美国反垄断法域外管辖权的规则体系 ························· 089
　　一、美国反垄断域外管辖规则体系中的判例法 ····················· 089
　　二、美国反垄断域外管辖规则体系中的成文法 ····················· 093
　　三、小结与启示 ·· 095
第三节　美国的对外政策与美国反垄断法域外管辖权规则 ············ 096
　　一、美国"孤立为表，干预为里"的对外政策概述 ················ 096

二、"干预主义"视阈下的美国反垄断法域外管辖权规则 …………… 099

三、"门罗主义"视阈下的美国反垄断法域外管辖权规则 …………… 105

第四章 对美出口中的垄断行为 …………………………………… 108

本章提示 ………………………………………………………………… 109

第一节 横向垄断协议 …………………………………………………… 109

一、横向垄断协议概述 …………………………………………… 109

二、横向垄断协议的构成要件 …………………………………… 110

三、横向垄断协议的常见类型 …………………………………… 112

第二节 纵向垄断协议 …………………………………………………… 115

一、纵向垄断协议概述 …………………………………………… 115

二、纵向垄断协议的构成要件 …………………………………… 116

三、常见的纵向垄断协议 ………………………………………… 117

第三节 非法垄断市场行为 ……………………………………………… 123

一、非法垄断市场行为概述 ……………………………………… 123

二、垄断化行为 …………………………………………………… 124

三、企图垄断化行为 ……………………………………………… 132

四、共谋垄断化行为 ……………………………………………… 135

五、垄断价格行为与非法垄断市场行为 ………………………… 135

第四节 经营者集中行为 ………………………………………………… 138

一、经营者集中的定义 …………………………………………… 138

二、经营者集中的类型 …………………………………………… 138

三、美国反垄断法中的经营者集中事前申报制度 ……………… 141

四、美国反垄断执法机构审查经营者集中的指导原则 ………… 141

第五章 对美出口中的垄断纠纷解决机制 ………………………… 143

本章提示 ………………………………………………………………… 144

第一节 美国联邦政府发起的反垄断刑事诉讼 ………………………… 144

一、反垄断刑事诉讼的公诉方 ·· 144
　　二、反垄断刑事诉讼中的被告 ·· 145
　　三、刑事责任制度在美国反垄断法中的适用范围 ···················· 145
　　四、垄断犯罪的刑事责任 ·· 147
　　五、反垄断刑事宽大项目 ·· 148
　　六、对垄断犯罪受害人的附带民事赔偿 ·································· 152
　　七、反垄断刑事判决在民事诉讼中的效力 ······························ 152
　第二节　美国联邦政府发起的反垄断民事诉讼 ························· 153
　　一、美国司法部发起的反垄断民事诉讼 ·································· 153
　　二、美国联邦贸易委员会发起的反垄断民事诉讼 ·················· 154
　第三节　私人主体发起的反垄断民事诉讼 ································· 154
　　一、反垄断民事诉讼的原告资格 ·· 154
　　二、美国联邦法院对反垄断民事诉讼案件的管辖权 ·············· 171
　　三、美国反垄断法对私人原告的民事救济 ······························ 175
　第四节　反垄断仲裁 ·· 179
　　一、反垄断仲裁在美国的发展概况 ·· 179
　　二、反垄断仲裁的适用例外 ·· 180
　第五节　针对垄断行为的"337调查" ······································ 181
　　一、"337调查"的定义与法律依据 ······································ 181
　　二、"337调查"的参与主体 ·· 182
　　三、"337调查"的启动模式 ·· 186
　　四、"337调查"的主要步骤 ·· 186
　　五、对垄断行为发起"337调查"的条件 ······························ 192
　　六、实施垄断行为违反"337条款"的法律责任 ·················· 195
　　七、"337调查"与司法诉讼的衔接 ······································ 197

第六章　美国反垄断法中的抗辩事由 ································ 199

　本章提示 ·· 200
　第一节　国际礼让抗辩 ·· 200

  一、国际礼让抗辩概述 …………………………………… 200
  二、国际礼让抗辩的适用条件 …………………………… 202
 第二节 外国主权强制抗辩 ………………………………… 209
  一、外国主权强制抗辩的概述 …………………………… 209
  二、外国主权强制抗辩的适用条件 ……………………… 209
  三、外国主权强制抗辩与真实冲突规则的异同分析 …… 211
 第三节 国家行为抗辩 ……………………………………… 212
  一、国家行为抗辩的概述 ………………………………… 212
  二、国家行为原则的法理基础 …………………………… 213
  三、国家行为抗辩的适用条件 …………………………… 216
  四、国家行为抗辩的适用例外 …………………………… 218
 第四节 政府请愿抗辩 ……………………………………… 222
  一、政府请愿抗辩的概述 ………………………………… 222
  二、政府请愿抗辩的法理依据与现实需求 ……………… 224
  三、政府请愿抗辩的例外 ………………………………… 224
 第五节 国家豁免抗辩 ……………………………………… 225
  一、国家豁免抗辩的概述 ………………………………… 225
  二、国家豁免抗辩在美国法中的法律依据 ……………… 226
  三、享有国家豁免的主体范围 …………………………… 227
  四、国家豁免抗辩的适用例外 …………………………… 228
 第六节 犯罪故意缺失抗辩 ………………………………… 230
  一、犯罪意图缺失抗辩的概述 …………………………… 230
  二、犯罪故意缺失抗辩在司法实践中的适用 …………… 231
 第七节 善意单位抗辩 ……………………………………… 232
  一、善意单位抗辩的概述 ………………………………… 232
  二、善意单位抗辩的适用条件 …………………………… 232
  三、合规项目对单位善意抗辩的影响 …………………… 233
 第八节 经济学证据抗辩 …………………………………… 233
  一、经济学证据抗辩的概述 ……………………………… 233
  二、经济学证据抗辩的适用例外 ………………………… 234

第九节　退出垄断共谋抗辩 …………………………………… 234
　　　　一、退出垄断共谋抗辩的概述 ………………………………… 234
　　　　二、退出垄断共谋的方式 ……………………………………… 235
　　第十节　禁止双重危险抗辩 …………………………………… 235
　　　　一、禁止双重危险抗辩的概述 ………………………………… 235
　　　　二、禁止双重危险抗辩在反垄断刑事诉讼中的适用 ………… 236
　　第十一节　公共利益抗辩 ……………………………………… 237

第七章　美国反垄断合规制度 …………………………… 238

　本章提示 …………………………………………………………… 239
　第一节　美国反垄断合规制度概述 …………………………… 239
　　　　一、企业合规在多重语境中的定义 …………………………… 239
　　　　二、企业建立、落实有效的反垄断合规制度的作用 ………… 241
　第二节　美国的反垄断合规制度的构建与实施 ……………… 243
　　　　一、企业的反垄断合规文本 …………………………………… 244
　　　　二、反垄断合规培训 …………………………………………… 247
　　　　三、首席合规官的任命与赋能 ………………………………… 249
　　　　四、违规行为的报告及对检举人的保护 ……………………… 250
　　　　五、反垄断违规行为的调查与分析 …………………………… 251
　　　　六、反垄断合规奖惩 …………………………………………… 253
　　　　七、反垄断合规文化的营造 …………………………………… 255
　　　　八、反垄断合规制度的审查与更新 …………………………… 256

参考文献 …………………………………………………… 258

第一章
美国反垄断法的演变历史

本 章 提 示

作为世界上第一个制定反垄断法的国家，美国反垄断法的起点可以追溯至 19 世纪末。[①] 跨越三个世纪的美国反垄断法历久弥新，不仅在美国国内被尊崇为"经济宪法"，更对全球政治经济产生着持续不断的深远影响。历史孕育法律，历史也见证法律的变迁。为应对美国反垄断法给我国企业在对美出口贸易中所带来的挑战，我们不仅应当了解美国反垄断法的现行规则，更应当全面考察美国反垄断法的演变历史。对美国反垄断法的研究若脱离美国反垄断法的百年发展历史，就无异于水中捞月、镜里观花。本章通过分析美国反垄断法诞生前后的政治经济状况、立法的完善、司法裁判和执法政策的变化，帮助读者把握美国反垄断法今日之景的历史脉络。

美国反垄断法的历史可以追溯至美国艾奥瓦州于 1888 年颁布的艾奥瓦州反垄断法，该法是美国第一部州层级的反垄断法，也是世界上第一部反垄断法。两年之后，美国国会颁布了《谢尔曼法》，该法成为美国第一部由联邦政府颁布的反垄断成文法。至今，其已有 130 余年的发展历史。在此 130 余年间，美国反垄

[①] 对于世界上第一部反垄断法的诞生地及诞生时间，学界目前尚存争议。在九届全国人大常委会第二十七次法制讲座中，王晓晔指出，诞生于 1890 年的美国《谢尔曼法》（*Sherman Act*）是世界上最早的反垄断法，从而也被称为世界各国反垄断法之母。覃福晓认为，加拿大国会于 1889 年通过的《预防和禁止限制贸易的合并法》（*An Act for the Prevention and Suppression of Combinations Formed in Restraint of Trade*）是全球第一部反垄断法。美国学者柯林斯（Wayne D. Collins）认为，全球第一部反垄断法来源于美国艾奥瓦州，美国艾奥瓦州议会于 1888 年制定了美国第一部州层面的反垄断法。艾奥瓦州反垄断法的出台时间既早于《谢尔曼法》，也早于加拿大的《预防和禁止限制贸易的合并法》。参见王晓晔：《反垄断法律制度（九届全国人大常委会法制讲座第二十七讲）》，载中国人大网，http://www.npc.gov.cn/zgrdw/npc/xinwen/2002-07/09/content_1459927.htm，最后访问时间：2023 年 11 月 6 日；覃福晓：《究竟是哪个国家最先通过了反垄断法？》，载《学术论坛》，2013（5）；Wayne Collins, "Trusts and the Origins of Antitrust Legislation", *Fordham Law Review*, 81 (2013), 2279。

断法经历了曲折而又精彩纷呈的发展过程:从初始不被看好,难以落地,到逐渐成为保障市场竞争与维护消费者福利的"经济宪法",并对全球经济市场和国际政治局势产生着不可忽视的影响力。

对于这百余年的发展历程,综合美国学者索耶(Laura Phillips-Sawyer)[1]和我国学者李胜利[2]对美国反垄断法发展史的研究,本书将美国反垄断法的历史进程划分为以下六个历史阶段。

第一个历史阶段从19世纪60年代前后至20世纪第一个10年前后。《谢尔曼法》的诞生为美国反垄断法在该阶段的标志性事件。该阶段为美国反垄断法的萌芽期。《谢尔曼法》的颁布之后,在第26任总统西奥多·罗斯福(Theodore Roosevelt,以下简称"老罗斯福")及其继任者威廉·塔夫脱(William Taft)的推动下,美国迎来了第一个反垄断执法高潮。

第二个历史阶段从1912年至富兰克林·罗斯福(Franklin Roosevelt,以下简称"小罗斯福")第一次新政。自托马斯·威尔逊(Thomas Wilson)就任美国总统后,美国的反垄断立法得到了进一步的完善:《联邦贸易委员会法》(*Federal Trade Commission Act*)的出台推动了全国性的反垄断执法机构联邦贸易委员会(Federal Trade Commission,FTC)的诞生;《克莱顿法》(*Clayton Act*)的问世则在一定程度上填补了《谢尔曼法》的立法空白。以上两部法案的问世为美国反垄断制度的发展注入了新的血液。然而,随着大萧条的到来,为应对席卷全国的经济危机,小罗斯福政府于1933年开启了第一次新政,这使得美国反垄断法的实施进入了短暂的低潮期。

第三个历史阶段从小罗斯福政府推动的第二次新政至20世纪70年代。美国进入了强监管的反垄断时代。虽然在小罗斯福政府发起的第一次新政中,美国反垄断法一度被边缘化,但是自第二次新政开始,美国政府逐渐加强了反垄断监管。此种强监管的态势主要表现在以下三个方面:首先,哈佛学派(Harvard School)倡导的结构主义反垄断模式逐渐占据主流,本身违法原则在反垄断司法

---

[1] See Laura Phillips-Sawyer, "U.S. Antitrust Law and Policy in Historical Perspective", *Harvard Business School Working Paper*, No. 19-110, May 2019.
[2] 参见李胜利:《美国联邦反托拉斯法百年:历史经验与世界性影响》,2页,北京,法律出版社,2015。

实践中得到了广泛适用；其次，美国反垄断法域外管辖权的行使增强了美国对跨国垄断行为的监管，也导致了美国与其他国家之间的管辖权冲突；最后，《塞勒—凯弗维尔法》（Celler–Kefauver Act）等法案的出台进一步完善了美国对企业并购问题的反垄断监管。

第四个历史阶段从20世纪70年代中后期至90年代，为美国反垄断的轻监管时代。芝加哥学派（Chicago School）倡导的效率优先论对美国反垄断法的影响逐渐增强，美国政府对垄断行为的监管趋于放松。此外，在反垄断法的域外管辖权、知识产权垄断、企业并购的反垄断监管这三大议题中，美国政府的反垄断监管态势也趋于相对温和。

第五个历史阶段从20世纪90年代中后期至今，为美国反垄断法的自我重塑阶段。在20世纪后半叶，美国国内产生了诸如苹果、微软、谷歌、亚马逊等互联网巨头企业，互联网经济也随之兴起。芝加哥学派倡导的轻监管政策和效率优先的理念已无法应对互联网经济时代诸多新形态垄断问题。逐渐崛起的新布兰代斯学派（New Brandeis School）对芝加哥学派展开了激烈的批判。随着新布兰代斯学派的领军人物加入美国政府负责反垄断工作，美国反垄断法在新布兰代斯学派的推动下，在监管思路、价值理念等多方面进行了自我重塑，以应对互联网垄断带来的新挑战。

第一节　美国反垄断法的萌芽期
（19世纪60年代至20世纪初）

一、《谢尔曼法》诞生前后的历史回溯

历史法学派的代表人物，德国法学家萨维尼（Friedrich Carl von Savigny）曾

在《历史法学杂志》的创刊号中指出："法学的对象已预先被现行法的历史性所决定。"① 《谢尔曼法》的出台,并非历史的偶然。它的诞生与美国 19 世纪后半叶的经济、政治发展状况息息相关。

推动美国国会制定《谢尔曼法》的因素是多重的。本书认为影响《谢尔曼法》出台的重大历史因素包括以下六个方面:第一,自 19 世纪中后期开始,美国经济迅猛发展,由一个农业经济国向工业经济国转变;第二,高速发展的美国经济推动了垄断组织的诞生,社会财富逐渐集中在垄断组织手中;第三,深陷困境的工农阶级掀起了反对垄断资本主义的抵抗运动,进一步激化了美国社会的内部冲突;第四,对古典自由主义经济理论加以批判的社会思潮逐渐兴起,这为《谢尔曼法》的诞生提供了舆论支持与理论武器;第五,当时的美国法无力应对垄断问题,这使得美国的政治精英意识到需要新的法律用于规制日益严峻的垄断问题;第六,美国 13 个州率先制定了州一级的反垄断法,这对《谢尔曼法》的诞生发挥了示范作用。

(一)美国经济的高速发展,生产力的迅猛提高

1870—1890 年,美国国内生产总值从约 1000 亿美元增长至约 2500 亿美元。而从全球市场的产业分工上看,长期以来以农业为主导产业的美国从欧洲诸国的经济附庸转变为具备完整工业体系的工业大国。至 1885 年,美国已超越曾经的资本主义世界头号强国英国,成为当时世界上最大的工业生产国,其工业生产总值已占当时世界工业生产总值的 29%。②

促进美国经济在此阶段高速发展的原因主要有以下五点:第一,美国联邦政府在该阶段颁布了多项促进经济发展的法案;第二,科学技术的突破与广泛应用;第三,工业化的深入发展;第四,交通业与通信业的重大变革;第五,美国联邦政府在南北战争中的胜利,为美国经济的快速发展创造了"合众为一"的安定环境。

1. 美国联邦政府在各领域颁布了促进经济发展的联邦政策

(1)土地政策。美国联邦政府通过《宅地法》(*Homestead Acts*),该法案的实施保障了美国民众可以以较低的价格乃至无偿的方式取得土地,进而促使美

---

① 史大晓:《萨维尼的遗产》,载《华东政法大学学报》,2012(1)。
② See Wayne Collins, "Trusts and the Origins of Antitrust Legislation", *Fordham Law Review*, 81 (2013), 2279.

国中西部地区的土地得到前所未有的开发。尽管在该法案的实施过程中,投机商、大企业家和大农场主利用该法案对普通民众进行了盘剥,但是不容否认的是,《宅地法》的出台为美国国内的发展,尤其是对铁路网络的建设、美国国内市场的拓展,发挥了重要的推动作用。①

（2）农业政策。通过颁布《1862年莫里尔土地拨赠法案》（Morrill Land-Grant Colleges Acts of 1962），美国联邦政府向各州政府赠予了大量土地。作为获赠土地的交换条件,各州政府必须建设以农业和机械工业为主要课程的农学院。② 包括密歇根州立大学、宾州州立大学、堪萨斯州立大学、康奈尔大学等一大批赠地大学（Land-grant Universities）便在该法案的支持下发展壮大。该法案与后来颁布的《1887年哈奇法案》（The Hatch Act of 1887）和《1914年史密斯-莱弗法案》（Smith-Lever Act of 1914）为美国政府建立以赠地大学为抓手,实现农业教育、农业研究和农业推广"三位一体"的国家农业创新体系奠定了法律基础。③

（3）金融政策。19世纪60年代,美国联邦政府出台了《国家银行法案》（National Bank Acts of 1863 and 1864）。《国家银行法案》的实施除了为亚伯拉罕·林肯（Abraham Lincoln）领导的美国联邦政府在南北战争中筹备军费发挥了短线效应外,也为美国金融体系的长远发展发挥了不容忽视的促进作用。

首先,美国联邦政府得以凭借《国家银行法案》建立起了中央层级的国民银行体系,美国由此建立了"联邦—州"双轨制的银行体系。透过中央银行体系,美国联邦政府拥有了调控全国金融市场,加强金融监管的工具。在此之前,美国联邦政府曾两次试图建立中央层级的国民银行体系,但是由于州政府的阻挠以及时任美国总统安德鲁·杰克逊（Andrew Jackson）的反对,建立美国国家银行体系的前两次尝试以失败告终。由于地方银行各自为政,19世纪上半叶,美国时常出现银行承兑危机。④

其次,《国家银行法案》的实施为美国联邦政府发行全国统一货币创造了契

---

① 参见李骏阳:《试论〈宅地法〉在美国经济发展中的作用》,载《农业经济问题》,1986（4）。
② See 7 U.S.C. § 304.
③ 参见廖成东、李建军:《莫里尔法案对美国国家农业创新体系建设的影响》,载《科学管理研究》,2015（2）。
④ 参见仇京荣:《谈一谈美国银行立法的变迁》,载《当代金融家》,2014（10）。

机。由于时任美国总统安德鲁·杰克逊在1836年否决了延续美国第二中央银行的提案，美国由此进入了"自由银行时代"（Free Banking Era）。在"自由银行时代"，美国国内流通了五花八门各类机构印发的货币。据统计，到1860年，美国约有8000种纸币在市场中流通。许多货币发行机构缺乏必要的资本，它们往往地处偏远，甚至被戏称在"野猫比人多的地方"设有此类货币发行机构，也因此，将经营私有货币发行业务的机构称为"野猫银行"（Wildcat Banking）。《国家银行法案》虽然未直接禁止地方银行发行中央货币，但是其对地方银行发行中央货币额外征收10%的赋税。通过该税收举措保障了中央银行的货币发行权，为终结"野猫银行"所造成的金融乱象发挥了促进作用。①

（4）关税政策。1861年通过的《莫里尔关税法》（*Morrill Tariff Act*）终结了《沃克尔关税法》（*Walker Tariff Act*）开启的15年低关税时代。根据该法案，美国联邦政府将关税从20%提高至50%。②《莫里尔关税法》的实施不仅大大提高了美国联邦政府的财力，还为美国联邦政府在南北战争中的胜利提供了经济支持。于美国经济发展而言，在19世纪中后期，全球逐渐进入第二次工业革命时期，欧洲各国的工业生产能力大大提高，它们对于开拓新的产品市场具有迫切的需求。而美国在19世纪中叶仍然处于农业经济占主导地位的产业状况。《莫里尔关税法》阻止了其他国家在美大肆倾销商品，这为美国本土企业的发展保留了必要的国内市场。③

（5）移民政策。"在南北战争结束之时，美国正值工业化的高潮，急需各种劳动力和人才，在林肯总统大力推动下，1864年（美国）国会通过了《鼓励外来移民法》(*Act to Encourage Immigration*)。那时，美国在这个问题上与各国的斗争都是敦促别国开放移民自由。例如，英国害怕熟练工人和技术人才的流失，曾企图加以限制，美国在政府鼓励下由各企业出资在英国进行大规模的招募工作，也就是挖英国的墙脚。又如，大批有组织的华工到美国也是在那个时候。继1860年美国凭'利益均沾'原则分享的《北京条约》中规定不得禁阻华工到

---

① 参见岳庆媛：《从自由竞争到政府监管："联邦银行时代"的金融危机与启示》，载《清华金融评论》，2017（10）。
② 参见刘绪贻、杨生茂主编：《美国通史》（第三卷），79页，北京，人民出版社，2001。
③ 参见冯明好：《美国1861年莫里尔关税法及其影响》，载《沧桑》，2010（6）。

外洋工作之后，1868 年被清政府聘为中国特使的蒲安臣（Anson Burlingame）与美国政府签订《中美续增条约》，进一步加强了两国人民'自由往来'的条款，使美国得以大批招收华工。"①许多美国政客的祖先就是在这个时期移民美国的，最典型的代表是美国前总统唐纳·特朗普（Donald Trump）的祖父弗雷德里克·特朗普（Frederick Trump），他在 1885 年自欧洲移民美国。大量的外国移民，加上美国自身人口的快速增长，使得美国人口从 1860 年的 3000 余万人增加至 1900 年的近 8000 万人，人口密度也从每平方公里 10 人增至每平方公里 20 人。②充沛的人口为美国的经济发展提供了丰富的人力资源和广阔的国内市场。

（6）知识产权政策。随着新技术、新发明在第二次工业革命中发挥了不容忽视的巨大作用，美国政府加强了对知识产权的立法保护。在国内知识产权保护层面上，美国政府在 1870 年出台了《商标法》（*The Trademark Act of 1870*）。在国际知识产权保护层面，美国在 1887 年加入了《保护工业产权巴黎公约》，这为美国的知识产权在国际市场中得到保护奠定了法律基础。除了加强立法保护外，美国在该阶段还加大了知识产权引进的力度。据统计，自 1883—1900 年期间，美国政府每年为外国人签发的专利证在 1200 件以上，占专利总数的 4% 至 5%。③

2. 科学技术的突破与广泛应用

第一次工业革命的兴起推动了英国国力的快速提升，而第二次工业革命最大的受益者则是美国。第一次工业革命是以蒸汽机的广泛使用为标志。在第二次工业革命中，以电力为核心的科技浪潮为美国经济的快速发展发挥了不可或缺的推动力。

1879 年，托马斯·爱迪生（Thomas Edison）发明了可以大规模应用的电灯。之后，爱迪生又先后改进了包括发电机、馈电线和配电系统在内的照明系统。在

---

① 资中筠：《美国移民的前世今生》（上篇），https://culture.caixin.com/2017-02-17/101056420.html，载财新网，最后访问时间：2023 年 7 月 16 日。
② 参见刘绪贻、杨生茂主编：《美国通史》（第三卷），79～80 页，北京，人民出版社，2001。
③ 参见刘绪贻、杨生茂主编：《美国通史》（第三卷），80 页，北京，人民出版社，2001。

此基础上，1882年9月，世界上第一座中心发电站在美国纽约建成。美国因此被誉为电力工业的故乡。①在电力传送问题上，由于交流电具备电压高、电力传送距离远的优点。爱迪生支持的直流电模式被尼古拉·特斯拉（Nikola Tesla）所推广的交流电模式所替代。自19世纪末起，美国各大主要城市建立了以交流电为核心技术的发电厂，交流电逐渐成为美国工业、商业及民用电的主要动力来源。②除此以外，在第二次工业革命期间，美国在电话、无线电通信技术、汽车制造技术上也取得了突飞猛进的发展，并将其应用于生产与生活，推动了整个社会的进步。

3. 工业化的深入发展

19世纪60年代，美国仍然是一个以农业为主要产业的国家。1884年，美国工业比重第一次在国民经济中超越了农业。③1860年，美国的工业总产值尚不及英国的一半。到了1894年，美国的工业总产值已超越英国。④到了1900年，美国的制成品出口量已经超过了初级产品的出口量。⑤以上数据直接反映了美国的工业化进程在当时处于高速发展的状态。

具体而言，美国的钢产量从1875年的不足40万吨上升至1900年的1000万吨。钢产量的提高刺激了机械制造业的发展，机械工业的投资从1879年的2.4亿美元增加至9.24亿美元。除此之外，美国的石油工业也得到了长足的发展，到1900年，美国的原油产量已接近1亿桶。⑥

钢铁业、机械制造业、石油工业的迅速发展是美国工业化进程的缩影。工业化进程的快速发展得益于美国充足的人力资源与自然资源、统一的国内市

---

① 参见刘绪贻、杨生茂主编：《美国通史》（第三卷），81页，北京，人民出版社，2001。
② 参见裘伟廷：《特斯拉与爱迪生的"电流大战"》，载《世界文化》，2018（12）。
③ 参见刘绪贻、杨生茂主编：《美国通史》（第三卷），84页，北京，人民出版社，2001。
④ 参见张准、林敏、周密：《中美两国经济崛起之比较——镀金时代的美国与改革开放30年来的中国》，载《生产力研究》，2009（22）。
⑤ 参见贺力平：《论十九世纪美国经济增长与贸易变化的关系——兼评美国经济的"殖民地性质"问题》，载《美国研究》，1988（3）。
⑥ 参见刘绪贻、杨生茂主编：《美国通史》（第三卷），84～85页，北京，人民出版社，2001。

场、科技的创新与进步。① 而随着工业化进程的加快,其为美国提供了大量的就业机会,推动了美国能源产业的发展,加快了美国的城镇化建设,促进了美国中西部地区的开发,更是推进了新技术在工业领域的广泛应用。美国在19世纪末的工业化进程大大推动了经济的整体进步,可以说是美国社会经济发展的动力和表现。同时,美国社会各领域的整体进步也为美国的工业化创造了条件。

4. 交通业与通信业的重大变革

交通业和通信业的发展是美国经济在此阶段突飞猛进的又一大重要因素。交通业与通信业的重大变革对沟通美国国内市场发挥了不容忽视的积极作用。19世纪70年代之前,美国的铁路网主要分布在美国北部。广袤的中西部地区由于缺乏铁路运输,发展受到了严重制约。这一状况直到林肯担任美国总统后才得到改善。1862年,林肯签署了《太平洋铁路法案》(*Pacific Railroad Act*)用于推动美国铁路网的建设。在美国联邦政府的支持下,加利福尼亚中央太平洋铁路公司、西太平洋铁路公司及联合太平洋铁路联合修建了太平洋铁路(Pacific Railroad)。该条铁路的修建将美国东部的既有铁路网与美国中西部地区相连接,首次实现了以铁路的方式沟通美国东西海岸地区。因此,太平洋铁路也被称为"第一条横贯大陆铁路"(First Transcontinental Railroad)。太平洋铁路的修建加强了美国中西部地区与东部地区的经济联系与社会联系,这有利于美国国内市场的进一步开发与整合。

在邮政通信制度上,美国国会在1863年通过立法的方式在各城市内建立了城市免费投送制度(Free City Delivery)。② 在该快递制度建立以前,美国民众在寄送信件时,邮局工作人员只负责将信件从寄件人的城市运输到收件人所在的城市,收件人则需要自行前往邮局或者支付额外费用雇请第三方帮助收件人获取信件。城市免费投送制度诞生之初的目的是帮助美国联邦政府的士兵与他们在后方的亲人、朋友以更快捷的方式互通信件。南北战争结束后,该项制度得以延续,并逐步扩展至广大农村地区。除此以外,全国性的电话体系、电报系统也在该阶段形

---

① 参见欧阳峣:《美国工业化道路及其经验借鉴——大国发展战略的视角》,载《湘潭大学学报(哲学社会科学版)》,2017(9)。
② 参见美国邮政署:《邮政历史》,载美国邮政署官网, https://facts.usps.com/history/ ,最后访问时间:2023年8月10日。

成并得到了发展。交通业和通信业的长足发展，对美国的国土开发、国内市场的互联互通发挥了关键作用。

5. 南北战争的结束为美国经济的发展创造了"合众为一"的大环境

持续 4 年之久的南北战争，以北方政府（美国联邦政府）一方的胜利告终。解放黑奴只是南北战争的副产品，内战对于确立联邦政府的权威，进而促进美国形成"合众为一"的国内环境具有重要意义。南北战争所带来的"合众为一"是多维度的，进而对美国经济的发展发挥了多方面的推动作用。①

首先，南北战争促使美国联邦政府以宪法的形式推动种族上的"合众为一"。林肯及其继任者通过宪法修正案的形式促进了美国黑人的解放，这为美国经济发展提供了充沛的劳动力资源。此外，宪法上的"合众为一"有利于美国各族群之间的和解与融合，这为美国的经济发展创造了良好的社会环境。

在南北战争期间及其结束后的数年内，美国国会先后制定了宪法第十三修正案、第十四修正案和第十五修正案，以上三项修正案又被称为"重建修正案"。第十三修正案在宪法层面彻底废除了奴隶制度，实现了黑人在美国的人身大解放。第十四修正案赋予了美国各色人种得到平等保护的权利，推翻了臭名昭著的德雷德·斯科特诉桑福德案（Dred Scott v. Sandford），并为美国联邦政府在之后对有色人种公民实施平等保护、打击种族歧视创造了制度空间。② 第十五修正案则赋予了美国黑人男性投票权，有利于促进美国黑人男性实现政治平等。③ 时至今日，黑人族群仍然在美国社会遭受不同程度的不公正待遇，但不容否认的是上述三项宪法修正案的颁布与实施为美国的种族融合奠定了宪政基础。

其次，南北战争及其之后的重建工作推动了美国国内经济的"合众为一"。

---

① 参见李欧：《内战让美利坚"合众为一"》，载《看世界》，2019（15）.
② 黑人奴隶德雷德·斯科特曾随奴隶主到伊利诺伊州和威斯康星地区居住，这两个地区禁止蓄奴。之后，其回到蓄奴州密苏里州。在奴隶主去世之后，斯科特提起诉讼要求获得人身自由，案件在密苏里州最高法院和联邦法院被驳回后，斯科特上诉到美国联邦最高法院。美国联邦最高法院认为斯科特作为黑人不是美国宪法中所指的公民，无权在美国联邦法院提起诉讼。See Dred Scott v. Sandford, 60 U.S. 393 (1856).
③ 1870 年颁布的美国宪法第十五修正案，确认了非裔美国男性的投票权，并非表示该法案对黑人女性予以针对性的歧视。在美国，无论是有色人种女性还是白人女性，在投票权上皆受到了长期的、持续性的且不分种族的歧视性待遇。直到美国宪法第十九修正案通过，也即 1920 年，美国女性才获得了平等的投票权。

在南北战争爆发之前，南方农场主的棉花经济与北方的工业化生产之间产生了不可调和的矛盾，双方在黑人奴隶的存废、关税的调整等问题上存在严重分歧。不可弥合的经济矛盾产生了政治矛盾，最终引发了南北战争。在战争结束之后，美国联邦政府通过了南方重建计划，对南方社会予以重建和改造。虽然史学界对重建计划褒贬不一，但是在南北战争之后，随着南方重建工作的展开，铁路与工业的大部分资本来自北方，南方各州在经济上对北方市场的依赖度大大提高。① 美国南北双方在经济上的联系得到了加强，为美国经济的发展创造了"合众为一"的国内市场。

最后，南北战争促进了美国社会在国家认同上的"合众为一"。在南北战争爆发前夕，南方各州以宪法中的州权（States' Rights）为依据，主张加强州政府对本州事务的管理权，反对联邦政府对州内事务过度干预。② 虽然从美国宪法角度出发，州权理论并非毫无根据，但州权理论在当时的确助长了美国南北地区的分离与对立，不利于国家治理上的协同统一。③ 南北战争最终以联邦政府的胜利结束，这使得州权理论用于分裂美国的实践走向破产。自此之后，美国社会在国家认同上走向了"合众为一"的道路。

据统计，以1880年为分水岭，即南北战争结束后的15年，在美国各类公开出版物中，"The United States is/has"的使用频率逐渐超过"The United States are/have"。20世纪之后，二者之间的差距更为显著。④ 虽然这只是文字上的细

---

① 参见刘绪贻、杨生茂主编：《美国通史》（第三卷），75～76页，北京，人民出版社，2001。
② 州权理论在美国宪法中的主要依据是美国宪法第九修正案与第十修正案。第九修正案强调公民拥有的权利不仅限于宪法中列举的权利，这也是对美国联邦政府一种制约；第十修正案明确规定，没有授予给美国联邦政府的权利由各州政府或者人民享有。参见历史网：州权与内战，载历史网，https://www.historynet.com/states-rights-civil-war，最后访问时间：2021年8月11日；郭春镇：《从"限制权力"到"未列举权利"——时代变迁中的〈美国联邦宪法第九修正案〉》，载《环球法律评论》，2010（2）。
③ 州权理论者的支持者认为，在美国建国之前，最初形成美国的十三殖民地之间处于平等且独立的政治关系。各殖民地以自愿联合的方式形成了最初的美国。在州权理论视阈下，十三殖民地既然拥有形成一个新的国家的自由与权利，也当然具有退出该国之自由与权利。参见美国战场信托：《州权》，载美国战场信托官网，https://www.battlefields.org/learn/articles/states-rights，最后访问时间：2023年10月3日。
④ 参见罗比·冈萨雷斯：《"美国"何时成为了单数名词？》，载Gizmodo科技资讯网，https://gizmodo.com/when-did-the-united-states-become-a-singular-noun-949771685，最后访问时间：2023年10月5日。

微差别，但它反映出南北战争对巩固美国民众的国家认同发挥了深远的促进作用。"合众为一"的国家理念逐渐为美国社会所认可，这为美国经济的发展营造了稳定的社会环境。

（二）高速成长的美国经济推动了垄断组织的诞生，社会财富逐步集中在垄断组织手中

19世纪中后期，美国经济的高速发展推动美国经济由自由资本主义向垄断资本主义转化。垄断资本主义的一大表现为生产要素高度集中于少数企业手中。资本、技术、市场的高度集中并非天然形成的，而是通过企业间的联合实现的。生产力的高度发展，使得企业间的竞争愈发激烈。早在100多年前，美国政府已经意识到，企业间你死我活的"过度竞争"（Excessive Competition）是企业走向联合并最终形成垄断组织的重要动因。①

例如，由于企业间激烈的价格战，从芝加哥到纽约每车皮的标准运费从一开始的110美元降低至5美元，甚至出现了1美元的报价。② 激烈的价格战使得部分中小经营者走向破产，市场中经营者的数量大幅度减少，市场集中度也随之增加，这为垄断组织的诞生创造了市场结构条件。挺过价格战的大型企业为了避免过度竞争造成同归于尽的结果，采用各种联合经营的方式形成巨型商业组织，将市场、资本、技术、销售渠道集聚于一身，垄断组织逐渐在此时期成型。以垄断组织资本集中程度和生产集中程度为标准，由低到高，依次为简易联合（Simple Combination）、普尔（Pool）、托拉斯（Trust）。

1. 简易联合

所谓"简易联合"，指的是参与简易联合的经营者通过合同的形式实行联合经营，以达到共同控制价格、产出、市场范围的目的。参与简易联合组织的经营者仍然保持自身作为独立经营者的主体性，对外以自身的名义独立销售、独立承担责任。简易联合在实质上与反垄断法中的横向垄断协议无异。③ 也因此，困扰

---

① New York (State) Legislature Senate, Report of Committee on General Laws Relative to Combinations Commonly Known as Trusts, Troy Press Company, 1889, p. 6.
② 参见刘绪贻、杨生茂主编：《美国通史》（第三卷），82页，北京，人民出版社，2001。
③ See Wayne Collins, "Trusts and the Origins of Antitrust Legislation", *Fordham Law Review*, 81 (2013), 2279.

横向垄断协议的欺骗（Cheating）问题，简易联合组织同样也深受其扰。

所谓"欺骗问题"，指的是参与简易联合组织的经营者，暗地里不遵守简易联合组织在价格、产出、市场划分等问题上的约定。在其他参与简易联合的经营者遵守内部约定的情况下，实施欺骗行为的经营者暗地里进行增加产量、降低产品价格、抢夺其他参与者的客户等不符合内部约定的行为。经营者参加简易联合组织的目的是攫取在竞争环境中无法获得的利润。然而，如果经营者在简易联合组织中实施欺骗行为可以获得更多利润时，其必将拥有极强的动力实施内部欺骗行为，即使内部欺骗行为将不利于整个简易联合组织的运营。

有学者以格劳孔（Glaucon）基于隐形戒指之问对内部欺骗问题产生的根本原因作出解释。根据格劳孔的假设，持有隐形戒指之人为非作歹将不会被其他人发现。此时，持有隐形戒指之人是否会起作恶之心？或是依然保持公平正义的行为？在隐形戒指之问中，格劳孔的核心观点是贪婪是人性中的一部分。因此，人只有在受到外部力量的强制监督时才会避免作恶。将该假说适用于简易联合之中，我们可以发现，在缺乏监督的前提下，欺骗行为的隐蔽性极强，经营者正如佩戴"隐形戒指"一般将肆无忌惮地实施欺骗行为。[1] 由于欺骗行为的存在，使得简易联合这种垄断组织变得极为不稳定。因此，此种类型的垄断组织很快被之后出现的普尔组织和托拉斯组织所代替。

2. 普尔

由于参加简易联合组织的经营者之间具有较强的独立性和自主性，导致欺骗行为在简易联合组织中时常出现。为了加强对内部成员的监督，增强垄断组织的稳定性，降低内部欺骗行为发生的概率，普尔组织应运而生。与简易联合组织类似的是，参与普尔组织的经营者仍是独立自主的个体。但与简易联合不同的是，某些资源（如利润、成员所生产的产品等）先被集中于普尔组织，再由普尔组织分配给内部成员，以此达到监督与控制内部成员的目的，进而增强普尔组织的稳定性。

普尔这一类型的垄断组织最初为铁路公司所采用，被用于控制运输价格。之

---

[1] See Markus Eigruber, and Franz Wirl, "Cheating as a dynamic marketing strategy in monopoly, cartel and duopoly", *Central European Journal of Operations Research*, 28(2020), 461.

后，黄铜业、制盐业、制绳业、煤炭业、酿酒业先后成立了普尔组织。① 其中，最具有影响力的普尔组织是密歇根盐业协会（Michigan Salt Association）。加入该协会的食盐生产商必须将所生产的盐产品出售给该协会，由该协会负责盐产品的销售和利润分配。②

尽管通过控制产品销售和集中分配利润等方法可以在一定程度上减少内部欺骗行为，但是成员间的独立性依然非常强烈，这导致一些成员暗中增加产量或绕过普尔组织进行私下交易的现象仍然存在。换言之，普尔组织对成员的内部管控并不能完全有效地解决内部欺骗问题。除了内部欺骗问题外，美国在1887年通过了《州际商业法案》（*Interstate Commerce Act*），该法案将铁路普尔组织认定为非法组织。这两大因素共同导致了大公司逐渐放弃使用普尔组织实施垄断行为。③

3. 托拉斯

由于普尔、简易联合在适用过程中存在固有的缺陷，美国的经营者转而使用一种可以更加有效控制内部成员的组织形式——"信托"（Trust）。根据其音译，信托又被称为"托拉斯"。

信托制度脱胎于13世纪英国法中的"用益"制度。受英国的衡平法、《用益法令》（*The Statute of Uses*）和《遗嘱法令》（*The Statute of wills*）的影响，信托制度的相关规则逐渐形成。④ 在一项信托中，"受托人（Trustee）基于委托人的（Trustor）的信任，以名义所有人（Nominal Owner）身份，就委托人授予的财产为受益人（Beneficiary）的利益进行管理和处分"。⑤

在19世纪后期，这种源于英国的古老制度成为美国企业垄断市场的组织载体。在当时的美国，最具有代表性的托拉斯组织是由标准石油公司（Standard Oil

---

① 参见刘绪贻、杨生茂主编：《美国通史》（第三卷），96页，北京，人民出版社，2001。
② See Wayne Collins, "Trusts and the Origins of Antitrust Legislation", *Fordham Law Review*, 81 (2013), 2279.
③ 参见刘绪贻、杨生茂主编：《美国通史》（第三卷），97页，北京，人民出版社，2001。
④ 参见夏小雄：《信托法的历史起源和制度变迁——以英国信托法的发展为中心》，载《云南大学学报》（法学版），2014（6）。
⑤ 薛波主编：《元照英美法词典》，1360页，北京，北京大学出版社，2013。

Company）在 1882 年建立的。①

如图 1 所示，来自俄亥俄州、纽约州、新泽西州、宾夕法尼亚州从事石油产业经营的投资人，将个人资产投入该公司。而作为回报，投资人获得了标准石油公司的股票。之后，投资人将所获得的股票的所有权，以信托的形式转移给由 9 名成员组成的受托人理事会（Board of Trustee）。在该信托组织中，投资人既是委托人，同时也是受益人。基于信托关系，受托人理事会成为上述股票在法律上的所有权人，以此获得了标准石油公司的经营权，而投资人则凭借受托人颁发的标准石油公司的信托凭证 (Standard Oil Trust Certificate) 享受标准石油公司的分红。②

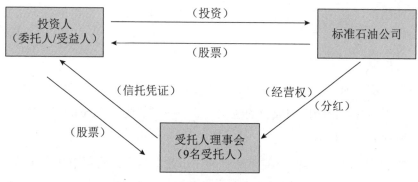

图 1　标准石油托拉斯组织结构图

在商业层面，托拉斯组织将参加该组织的经营者、投资人紧密地联系在一起，内部欺骗行为从根本上得到了杜绝，有力地统合了生产与销售。在法律层面，由于托拉斯并非公司，经营者可以通过托拉斯的组织形式，规避美国各州公司法对公司持股的限制。由于托拉斯组织在统合生产销售和规避法律风险上具有双重优势，托拉斯这一类型的垄断组织逐渐受到了企业的青睐。19 世纪 80 年代，棉籽油（1884 年）、亚麻籽（1885 年）、食糖（1887 年）等各行业均出现了托拉斯组织。③ 托拉斯组织是资本积累和生产力高度发展的产物，被视为垄断资本主义

---

① 标准石油公司建立的托拉斯组织在 1882 年正式开始经营，但在 1879 年，托拉斯协议已达成。因此，本书将 1882 年作为标准石油托拉斯组织的成立时间。
② See Wayne Collins, "Trusts and the Origins of Antitrust Legislation", *Fordham Law Review*, 81 (2012), 2279.
③ 参见李胜利：《美国联邦反托拉斯法百年：历史经验与世界性影响》，7 页，北京，法律出版社，2015。

经济的最高表现。①

（三）深陷困境的工农阶级掀起了反对垄断资本主义的抵抗运动，进一步激化了美国社会的内部冲突

以托拉斯组织为载体，垄断资本主义的快速发展，将社会财富集聚于少数大资本家手中，贫富差距被进一步拉大。经济上取得优势地位的大资本家们，其野心并不仅限于经济领域。他们将触角伸向美国政府，对各级政府施加了巨大的影响力，进而推动美国政府制定对其有利的法律法规。

例如，美国著名实业家马克·汉纳（Mark Hanna）是第 25 任美国总统威廉·麦金莱（William McKinley）的支持者。在麦金莱竞选美国总统的过程中，马克·汉纳为其筹措了大量的选举经费。在马克·汉纳的支持下，麦金莱取得了总统大选的胜利，马克·汉纳也因此有了"总统制造者"的称号。在麦金莱当选美国总统之后，马克·汉纳如愿以偿地当选了美国国会参议员。②与美国联邦政府权钱交易频发的情况类似，当时的各州政府也是权力寻租的重灾区。例如，19 世纪 60 年代，在伊利铁路（Erie Railroad）争夺战中，被称为"强盗贵族"的杰·古尔德为战胜美国交通业巨头康内留斯·范德比尔特（Cornelius Vanderbilt），不惜重金贿赂纽约州议员。③

大资本家与美国政治精英的勾结为美国的垄断资本主义压迫工农阶级大开方便之门，美国工农阶级在 19 世纪后期陷入了更为艰难的处境。1873 年，美国爆发了严重的经济危机。此次经济危机发生在垄断资本主义逐渐兴起的阶段，大机器生产已取得优势地位，其规模和程度以及持续时间都是空前的。大量的银行和工厂破产。此次经济危机持续了 5 年之久，在此期间发生了约 4.7 万起破产案件。在城市中，资本家为了转嫁损失，通过解雇工人和降低工人工资的方式压缩运营成本以达到维持企业利润的目的。1874 年，美国纽约约有 4 万名无家可归的失业工人。到了 1875 年，美国纺织工人的工资下降了 45%，铁路工人的工资下降

---

① 参见刘绪贻、杨生茂主编：《美国通史》（第三卷），98 页，北京，人民出版社，2001。
② 参见刘绪贻、杨生茂主编：《美国通史》（第三卷），215 页，北京，人民出版社，2001。
③ 参见亚当·伯恩斯：《伊利之战》，载美国铁路网，https://www.american-rails.com/erwr.html，最后访问时间：2023 年 11 月 11 日。

了 30%～40%。①

在乡村中，美国农民的处境也同样艰难。当时的美国农民通过向银行贷款的方式扩大生产规模。他们本以为农产品的价格将会提高，计划将所收获的农产品销售后，可以用来还清贷款、支付运费。然而，铁路垄断组织和银行垄断组织却借机向农民索取高价，加上农产品价格不涨反跌，使得许多农民无法清偿债务，房屋和土地被用于抵债，最终沦为佃农。②

面对日趋严峻的处境，美国的工人与农民展开了各式各样的反抗运动。在城市，美国工人展开了一系列罢工活动。例如，在 1886 年，为争取 8 小时工作制爆发了芝加哥大罢工。③ 此外，美国工人还成立了劳动骑士团（Knights of Labor）、美国劳工联合会等工人组织，为工人运动的推进奠定了组织基础。在乡村，深受剥削的美国农民展开了绿背币运动（Greenback Campaign）、格兰其运动（Grange Movement）等一系列反抗垄断资本主义的抵抗运动。在此基础上，当时的美国农民阶级组建了代表农民利益的绿背党（Greenback Party）、人民党（People's Party）等政治组织，参与了多项选举活动。④ 譬如，绿背党提名了彼得·库普（Peter Coope）代表绿背党参加 1876 年的美国总统大选。

虽然由于多重因素的制约，美国工农阶级的反抗运动未能达到预期的目标。然而，针对垄断资本主义日趋激烈的抵抗运动加剧了美国国内的阶级矛盾，这使得美国的政治精英意识到必须采取必要的手段缓和垄断企业与工农阶级之间的激烈矛盾。

（四）对古典自由主义经济理论加以批判的社会思潮逐渐兴起，为《谢尔曼法》的诞生提供了舆论支持与理论武器

古典自由主义（Classical Liberalism）认为人的权利，如生命、自由、财产或追求幸福，是与生俱来的，而非政府立法赋予的。⑤ 在经济政策上，古典自由主义最具代表性的观点是由亚当·斯密提出的"无形之手"（Invisible Hands）。

---

① 参见张友伦、陆镜生：《美国工人运动史》，297～298 页，天津，天津人民出版社，1993。
② 参见徐良：《美国"新左派"史学研究》，99 页，北京，中国社会科学出版社，2014。
③ 参见张友伦、陆镜生：《美国工人运动史》，334～340 页，天津，天津人民出版社，1993。
④ 参见徐良：《美国"新左派"史学研究》，100 页，北京，中国社会科学出版社，2014。
⑤ 参见李胜利：《美国联邦反托拉斯法百年：历史经验与世界性影响》，16 页，北京，法律出版社，2015。

亚当·斯密在其代表作《国富论》中将市场机制喻为"看不见的手",企业为了自身利益的最大化而参与市场竞争,而市场机制这只"看不见的手"的调节,最终实现社会资源在整体上的优化配置。① 古典自由主义的经济理论着眼于市场机制在资源配置中的主导作用,推崇自由放任的商贸活动,政府在经济运行中扮演"守夜人"的角色即可,即政府只应当在必要的时候对经济活动采取干预措施。

古典自由主义理论对法国大革命和美国独立战争皆起到了推动作用。然而,当欧美国家进入垄断资本主义阶段,古典自由主义所推崇的自由放任的经济政策逐渐带来了诸多负面影响。19 世纪后期,赫伯特·斯宾塞(Herbert Spencer)倡导的社会达尔文主义(Social Darwinism)逐渐抬头。有学者认为,社会达尔文主义的核心观点是,穷人是生存竞争中的"不适者",不应予以帮助。在生存竞争中,财富是成功的标志。②

在社会达尔文主义与古典自由主义相结合的思潮下,自由放任的经济政策使得垄断组织可以肆无忌惮地霸凌中小企业、农民与工人。他们在经济上和政治上处于被剥削的弱势地位,这在当时的美国是极为普遍的现象。美国当时的政治精英甚至垄断资本主义的压迫以"优胜劣汰"的名义合理化。譬如,第 22 任、第 24 任美国总统格罗弗·克利夫兰(Grover Cleveland)将美国工人阶级的艰难处境归咎于他们自身的懒惰,完全无视垄断资本家对美国工人阶级的严酷剥削。当时的美国法院也更倾向于保护大企业的利益,忽视美国工人的合理诉求。发生罢工时,美国法院常以维护合同自由、财产权为借口颁布罢工禁令。当工人不遵守

---

① 参见[英]亚当·斯密:《国富论》(下),郭大力、王亚南译,24 页,南京,译林出版社,2011。
② 对斯宾塞及其理论的评价是有分歧的。有学者认为,以斯宾塞为代表的社会达尔文主义者用"生存竞争"和"优胜劣汰"来解释资本主义经济中弱肉强食的现象,其为欧美资本主义国家走向垄断资本主义提供了理论支持。也有学者认为,赤裸裸的社会达尔文主义,并非达尔文的本意,也不是斯宾塞的初衷。狂热的社会达尔文主义思想主要来自于日本的加藤弘之。加藤弘之原是天赋人权理论的支持者,但在接触了达尔文和伯伦知理的理论之后,他的思想发生了大的转变,成为强权论的积极鼓吹者。此外,还有学者认为,斯宾塞的观点并非完全基于利己的立场。相反,斯宾塞主张将利己主义与利他主义相统一。尽管斯宾塞反对政府提供强制性的福利措施,但他也鼓励人们之间的自愿互助。斯宾塞认为,人们自愿帮助处于困顿、残疾、贫穷的弱势人群是文明的体现。参见李胜利:《美国联邦反托拉斯法百年:历史经验与世界性影响》,17~18 页,北京,法律出版社,2015;许纪霖:《现代性的歧路:清末民初的社会达尔文主义思潮》,载《史学月刊》,2010(2);舒远招:《我们怎样误解了斯宾塞》,载《湖湘论坛》,2007(2)。

禁令时,法院便授权政府对罢工运动予以武力镇压。①

面对垄断资本主义的政治压迫和经济压迫,对古典自由主义和社会达尔文主义进行理论批判成为反抗压迫的突破口。其中的代表人物有亨利·乔治（Henry George）、爱德华·贝拉米（Edward Bellamy）、亨利·劳埃德（Henry Lloyd）和爱德华·凯洛格（Edward Kellogg）。

亨利·乔治在1879年出版的《进步与贫困》（*Progress and Poverty*）一书中讨论了土地私有化加剧贫富差距的现象及成因。亨利·乔治认为,在土地私有制度的前提下,地主仅凭对土地的所有权,无需进行其他劳动,便可以榨取其他劳动者通过劳动所创造的价值,这是非正义的。为了社会的整体进步,亨利·乔治建议在尊重地主在土地上的个人财产和设施的前提下,将土地收归全体人民共有,土地生产经营所产生的增值由全体人民共享。②

爱德华·贝拉米在1888年出版的具有乌托邦色彩的小说《回顾》（*Looking Backward*,又译为《百年一觉》）中指出,每个人都拥有对劳动产品和公共所得主张平等分配的权利。为了实现该目标,贝拉米提出建立一个由国家统筹生产与分配的组织,这样可以避免私人企业互相竞争带来的资源浪费,有利于节省人力、物力、财力。贝拉米认为,在国家统筹生产与分配的制度下,生产力将会大大提高,所产出的产品也会比资本主义私有制更为丰富。③

亨利·劳埃德于1881年在《大西洋月刊》（*The Atlantic Monthly*）中发表了《大垄断的故事》（*The Story of a Great Monopoly*）。在这篇报道中,亨利·劳埃德揭露了标准石油公司如何垄断石油产业的细节,并呼吁美国政府加强立法以应对垄断资本主义带来的社会问题。④

爱德华·凯洛格在1857年去世。尽管他并未亲历美国垄断资本主义达到高潮的历史阶段,但他的代表作《劳动和其他资本》（*Labor and Other Capital*）对

---

① 参见王生团:《社会达尔文主义视域下的美国劳工问题》,载《北京社会科学》,2017（10）。
② 参见[美]亨利·乔治:《进步与贫困》,吴良健、王翼龙译,299～329页,北京,商务印书馆,2017。
③ 参见米琴:《〈回顾〉:国家社会主义理想国》,载财新网,https://culture.caixin.com/2015-07-24/100832664.html,最后访问时间:2023年10月6日。
④ 参见亨利·劳埃德:《大垄断的故事》,载明尼苏达大学法学院图书馆官网,http://moses.law.umn.edu/darrow/documents/Lloyd_Story_great_monopoly_Opt.pdf,最后访问时间:2023年10月6日。

于19世纪后期兴起的绿背币运动等反对垄断资本主义的社会运动提供了理论支撑。凯洛格认为，货币的价值并不取决于制造它的材料或是它的数量，而是取决于法律的力量。法律赋予了货币代表劳动或者劳动者价值的力量。基于此种观点，凯洛格认为，当时的美国法律使得银行资本家可以通过高利率加上自行发行货币的方式剥削普通民众。这种不合理的金融法律是造成大规模贫困的主要原因。为了解决该问题，凯洛格建议美国政府应当建立国家安全基金委员会，统一利率和货币发行。①

以上四人的批判视角虽有不同，但是他们的核心观点存在相近之处，即主张政府应当加大对市场的干预力度，修正自由放任的经济政策，防止美国经济为少数企业所控制，这与之后出台的《谢尔曼法》的立法宗旨相契合。因此，可以这样说，亨利·乔治等四人的批判理论在一定程度上为《谢尔曼法》的出台创造了有利的舆论环境，提供了理论支撑。

（五）当时的美国普通法无力应对垄断问题

在《谢尔曼法》实施之前，美国试图以普通法规制日趋严重的垄断问题，但是这一尝试并未取得良好的效果。普通法无法有效规制垄断问题的原因主要有以下四点。

第一，当时的美国普通法只能规制垄断行为的载体，即经营者达成的限制竞争或贸易的协议，无法对垄断行为的实施主体予以规制。针对垄断行为，当时的美国法院采用的法律救济措施是认定限制竞争的协议无效或者拒绝强制执行此类协议。②具体而言，美国普通法借鉴了英国普通法的经验，将限制竞争的协议分为一般限制性协议（General Restraint）和部分限制性协议（Partial Restraint）两大类。所谓"一般限制性协议"，指的是通过达成此类协议的方式禁止协议承诺人（Covenantor）在任何时间、任何地点参与竞争。由于一般限制性协议对商业或贸易具有极强的限制效果，法院通常判决其无效或不予执行。所谓"部分限制性协议"，指的是协议承诺人仍然具有参与市场竞争的机会，只不过这种机会在

---

① 参见张友伦、陆镜生：《美国工人运动史》，277～280页，天津，天津人民出版社，1993。
② 参见李胜利：《美国联邦反托拉斯法百年：历史经验与世界性影响》，13页，北京，法律出版社，2015。

时间上或地域上受到一定程度的限制。部分限制性协议的效力通常会被法院推定为无效，但如果寻求执行限制协议的一方能够证明限制协议是基于合理的目的时，对部分限制性协议的无效推定将被推翻。法院可以通过受限的范围、公共利益、协议的商业目的等角度考察合理性的存在与否。[①] 美国法院采取宣告垄断协议无效或者不予强制执行协议的方式可以阻止垄断协议的实施，但对于达成垄断协议的主体却无能为力。在《谢尔曼法》颁布以后，不仅限制商业或贸易的垄断协议属于非法协议，且达成、实施垄断协议的经营者也需要承担相应的法律责任。个人责任的落实有利于增强法律的威慑力，这对于遏制垄断协议的产生具有极为重要的作用。

第二，美国各州法院的司法判决存在地区差异性导致当时的美国普通法对垄断行为的规制效果大打折扣。美国是联邦制国家，各州法院之间并无隶属关系，一州法院的判决对其他州的法院而言，仅具有参考价值，而无强制拘束力。以公共政策为根据，各州法院通常会判决限制商业或贸易的协议无效或者不予执行此类协议。但在具体实践中，何为普遍限制、何为部分限制、何为合理限制、何为不合理限制，各州法院对于法律的解读时常存在差异。各州法院之间的分歧导致同一类型的协议被一州法院视为普遍限制，却被另一州法院认定为部分限制。例如，一方经营者承诺不在约定的地域范围内与另一方经营者展开商业竞争。对于此类地域限制协议，有些州法院将其视为一般型限制协议并判决此类协议因违反公共政策而无效。[②] 有些州法院则认为应当对此类地域限制协议的合理性做进一步考察。[③]

第三，当时的美国普通法对垄断行为的规制是基于合同关系展开的，无法给予协议以外的第三方（如消费者）参与诉讼、维护自身合法权益的权利。如前文所述，美国法院将限制商业或贸易的协议宣告无效或者不予强制执行，此类救济措施是根据合同关系展开的。基于合同的相对性，案件的当事人是合同的当事人及其权利继受者。除此以外的第三方往往无权参与诉讼。仅仅宣告协议无效或不予执行无法弥补私人第三方因垄断行为所遭受的经济损失。与当时的美国普通法

[①] See Wayne Collins, "Trusts and the Origins of Antitrust Legislation", *Fordham Law Review*, 81 (2013), 2279.

[②] See More v. Bonnet, 40 Cal. 251 (Cal. 1870).

[③] See Morse Twist Drill & Machine Co. v. Morse, 103 Mass. 73 (1869).

不同，《谢尔曼法》赋予了所有受垄断行为侵害的受害者以诉权，并允许受害者主张三倍赔偿。①

第四，美国普通法对垄断行为的规制具有滞后性，无法对垄断行为展开及时的法律规制。美国普通法对垄断协议的规制主要是为了阻止协议进一步实施。与之相比，《谢尔曼法》可以对垄断协议进行更为及时的法律规制。申言之，根据《谢尔曼法》第一条的规定，不仅实施垄断协议属于违法行为，而且共谋（Conspiracy）达成垄断协议同样属于违法行为。② 即便共谋者（Conspirator）在之后并未实施共谋中所约定的垄断行为，他们仍必须对共谋行为单独承担法律责任。就广义上的预防功能而言，对尚未实施的垄断协议共谋者予以法律制裁，有利于增强美国反垄断法对垄断行为的预防功能。

（六）州一级反垄断法的出台为《谢尔曼法》的诞生提供了借鉴

美国国会于 1890 年 7 月 2 日通过了《谢尔曼法》。在此之前，已有艾奥瓦州等 13 个州制定了本州的反垄断法（见图 2）。其中，艾奥瓦州于 1888 年 4 月 16 日颁布了该州的反垄断法，它是美国第一部反垄断法，也是世界上第一部反垄断法。③

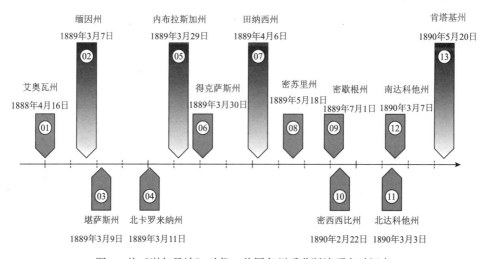

图 2　前《谢尔曼法》时代，美国各州反垄断法颁布时间表

---

① See 15 U.S.C. § 15.
② See 15 U.S.C. § 1.
③ See Wayne Collins, "Trusts and the Origins of Antitrust Legislation", *Fordham Law Review*, 81 (2013), 2279.

以上13个州的反垄断法为《谢尔曼法》的制定提供了重要的参考价值,具体表现在以下四个方面。

第一,对垄断行为予以类型化的规制,有利于反垄断规则的实施与遵守。如前文所述,当时的美国普通法将限制贸易或商业的协议分为一般限制性协议和部分限制性协议两大类。法官需要辨别涉案的协议究竟属于二者中的哪一类。在部分限制性协议的案件中,法官还需要进一步考察协议的合理性问题。对于以上问题的判断,极大地依靠法官的自由裁量权。此外,由于各州法官对以上问题的解读存在差异,有时会出现同案不同判的现象。

与充满模糊性的普通法规则不同,上述13个州反垄断法对垄断行为予以了较为清晰的分类,实行了类型化的法律规制。以1889年的北卡罗来纳州反垄断法为例,其第二条至第五条对垄断行为进行了分类,并对每一种垄断行为的定义、法律责任作出了较为详细的规定。①

对垄断行为予以类型化的反垄断规制,增加了州反垄断法在适用上的确定性,并对法官的自由裁量权起到了适度的约束作用和指引作用。对于社会公众而言,更为明晰的反垄断条款为公众遵守反垄断法和利用反垄断法维护自身合法权益提供了便利与引导。《谢尔曼法》对此项立法经验予以吸收,对垄断协议和非法垄断市场行为等垄断行为制定了专门的条款予以规制。

第二,以刑事处罚机制规制垄断行为,有利于提高美国反垄断法的威慑力。在普通法中,实施垄断行为的违法成本至多是协议被法院宣告无效。垄断协议的组织者、实施者并不会因此承担巨大的违法成本。艾奥瓦州等13个州在本州的反垄断法中设置了以自由刑为核心的刑事责任制度,这一规则显著增强了这13个州反垄断法的威慑力。艾奥瓦州等13个州在本州反垄断法中设置刑事处罚的经验为之后的《谢尔曼法》所吸收。美国国会在《谢尔曼法》中设置了刑事责任条款用于规制垄断协议、非法垄断市场行为等垄断行为。针对垄断行为设置自由刑是《谢尔曼法》保持充足威慑力的前置条件之一,是美国反垄断法立法亮点之一。

第三,赋予受垄断行为侵害的私人主体发起反垄断民事诉讼的权利,弥补了

---

① See Act of March 11, 1889, ch. 374, 1889 N.C. Sess. Laws 372.

普通法无法给予私人第三方充分救济的缺陷。如前文所述，美国普通法对垄断行为的规制是基于合同关系展开的，通过将承载垄断行为的协议宣告无效的方式，达到制约垄断行为的目的。然而，对于因垄断行为受到经济损失的第三方（例如消费者），仅仅宣告协议无效对于弥补其损失并无实质帮助。举例来说，如果两家汽油销售商达成的提高汽油零售价格的横向垄断协议被宣告无效，消费者在普通法的范畴之内，无权要求汽油销售商退还多支付的购油款项。

由于普通法存在无法保护私人第三方合法权益的缺陷，美国内布拉斯州和堪萨斯州在它们的州反垄断法中赋予了所有因垄断行为受损的私人主体获得民事赔偿的诉权。美国内布拉斯州和堪萨斯州的反垄断法打破了合同相对性对于私人第三方的桎梏。[①] 其中，内布拉斯州的反垄断法不仅允许私人主体提出赔偿损失的请求，而且允许私人主体向垄断行为参与者主张因发起反垄断民事诉讼而产生的律师费。[②] 此项规则起到了鼓励私人原告积极发起反垄断诉讼的作用，这有利于缓解私人原告无力承担维权成本的困境。上述立法经验为之后的《谢尔曼法》第七条所吸收，成为《谢尔曼法》的又一立法亮点。[③]

第四，赋予州检察长代表州政府起诉垄断行为实施者的权力，构建以公力诉讼为核心的反垄断公力实施机制（Public Enforcement）。上述13个州中的大部分州在本州反垄断法中赋予了州检察长代表州政府起诉垄断行为人的权能。部分州甚至制定了奖励措施以实现激励州检察长调查、起诉垄断行为的目的。例如，密苏里州将反垄断罚金中的四分之一至三分之一设定为州检察长的奖金。[④]

垄断行为不仅对私人主体的合法权益产生了负面影响，还会对公共利益造成损失。通过引入公力实施机制，有利于保障消费者福利、经济民主等公共利益。当垄断行为的实施者是巨头企业时，可能因财力、人力或社会影响力的不足，受到侵害的私人主体难以胜诉。州检察长代表州政府发起公诉，能够在很大程度上保证反垄断诉讼是在原被告双方力量均衡的情况下展开的。《谢尔曼法》吸收了

---

① See Wayne Collins, "Trusts and the Origins of Antitrust Legislation", *Fordham Law Review*, 81 (2013), 2279.
② See Act of March 29, 1889, ch. 69, 1889 Neb. Laws 516.
③ See 15 U.S.C. § 15.
④ See Act of May 18, 1889, 1889 Mo. Laws 96.

州反垄断法引入公力实施机制的立法经验，通过授权美国司法部代表联邦政府起诉垄断行为实施者，初步建立了美国联邦政府的反垄断公力实施机制。①

二、《谢尔曼法》的初期实施情况：从碌碌无为到逐渐奋起

（一）《谢尔曼法》碌碌无为的前十年

本是被民众寄予厚望用于规制垄断问题、维护公共福利的《谢尔曼法》，在其诞生后的第一个十年间，并没有发挥其所应有的作用。《谢尔曼法》在该阶段更多地被用于限制工会、打击罢工，而非用于规制大企业的垄断行为。②造成这一现象的主要原因有以下四点。

第一，尽管《谢尔曼法》针对垄断行为建立了类型化的法律规制，但《谢尔曼法》的立法语言过于模糊，使得该法在适用过程中屡屡产生争议，进而加剧了《谢尔曼法》在适用中的不确定性。例如，《谢尔曼法》将限制跨州商业或跨州贸易的协议定性为非法协议。但何为对商业或贸易的限制？是否只有直接作用于商业或贸易的限制行为受到《谢尔曼法》的规制？对于上述问题，美国国会在《谢尔曼法》中并没有给出明确的回答，这就导致了该法在司法实践中产生了诸多争议。

其中，最富有争议性的问题是垄断行为对商业或者贸易的限制是否包括对制造业的限制。在美国诉奈特公司案（United States v. E. C. Knight Co.，以下简称"奈特公司案"）中，制造业与《谢尔曼法》的关系成为该案争议焦点。

对于该问题，当时的美国联邦最高法院有两种截然不同的意见。以时任首席大法官富勒（Melville Weston Fuller）为首的多数派法官将目光局限于《谢尔曼法》的文本，多数派法官据此认为《谢尔曼法》规制的对象为跨州商业、跨州贸易，不能用于规制仅与跨州商业、跨州贸易具有附带关系或间接关联的制造业。对制造业的管制权属于美国各州政府，联邦政府不得在《谢尔曼法》没有明确授权的情况下越权干预本属于州权管理的制造业。简而言之，多数派法官认为，在法律

---

① See 15 U.S.C. § 4.
② See United States v. Workingmen's Amalgamated Council, 54 Fed. 994 (C.C.E.D. La. 1893).

没有明确授权的前提下，通过《谢尔曼法》规制制造业的行为属于侵犯州权的违法行为。① 本书将富勒大法官的观点称为"适用范围限缩派"。

对于多数派法官的观点，哈伦大法官（John Marshall Harlan）提出了异议意见。哈伦大法官认为，即使该案中的精炼糖产品生产公司属于制造业，且它的生产活动仅发生在一州内部，但该案中的股份收购计划一旦实施，必然对精炼糖产品的跨州销售活动产生影响。美国国会在制定《谢尔曼法》时，并无意将并购行为明确、完全排除在该法的适用范围之外。由于美国各州政府的权能无法有效地规制间接限制跨州商贸的垄断行为，如果美国国会将间接限制排除于《谢尔曼法》的适用范围之外，美国民众的公共利益将处于缺乏保护的危险状态。本书将哈伦大法官的观点称为"适用范围扩张派"。

从当今的观点来看，哈伦大法官的异议意见确实颇具洞察力。对股份收购行为予以反垄断监管在全球范围内已取得基本共识。然而，《谢尔曼法》的立法语言过于模糊和抽象，这导致美国联邦最高法院在奈特公司案中就《谢尔曼法》的适用范围问题产生了严重的误判。立法语言的模糊性加剧了《谢尔曼法》在适用过程中的不确定性，从而削弱了其本应具备的反垄断监管功能。

第二，执法资源不足问题制约了当时的反垄断执法工作。如今，美国联邦政府的反垄断执法工作是由美国司法部反垄断局（Antitrust Division）和美国联邦贸易委员会竞争局（Bureau of Competition）共同承担。它们在组织架构上都设立了专门的执法部门，并得到了美国国会的资金支持。但在《谢尔曼法》颁布后的前十年，美国联邦贸易委员会尚未成立。当时，美国国会没有为反垄断执法工作向司法部提供专项经费，也没有在司法部内设立专门负责反垄断执法工作的机构。直到1903年，美国司法部下属的反垄断局才得以成立。②

第三，美国精英阶层的虚伪性和功利性使得他们并非真心实意地推动反垄断工作。我国学者郭梦蝶认为，谢尔曼议员作为《谢尔曼法》的缔造者，其在美国国会大力推销《谢尔曼法》的主要目的并非打击美国国内的垄断资本主义，而是

---

① See United States v. E. C. Knight Co., 156 U.S. 1 (1895).
② 参见刘绪贻、杨生茂主编：《美国通史》（第三卷），213页，北京，人民出版社，2001。

为了博得美国俄亥俄州选民的支持。① 当时，使用槽车运输成品油的成本低于使用油罐车运油的成本。除了经济上的优势，使用槽车运输发生火灾、爆炸的风险也更低。因此，使用槽车运油不仅受到了大型的石油公司（如标准石油公司）的青睐，也受到了铁路运输公司的欢迎。基于安全性等因素的考量，铁路运输公司往往愿意给予使用槽车运油的公司更多的优惠。俄亥俄州使用油罐运输的中小型石油公司认为，铁路运输公司给予使用槽车运输的大型企业以折扣，使得自己在市场竞争中处于劣势。为了对抗槽车运输，俄亥俄州的石油公司找到了谢尔曼议员，试图通过谢尔曼议员在美国国会通过反对槽车运输的法案，但是这一企图最终以失败告终。在反对槽车运输的法案胎死腹中之后，《谢尔曼法》则承继了俄亥俄州选民打击标准石油公司的希望。

在推动反垄断立法工作的同时，谢尔曼议员还是一名高关税政策支持者。19世纪后期，为了遏制垄断资本主义，美国社会出现了一股降低关税、引入外资以增强市场竞争的风潮。② 然而，谢尔曼议员对高关税政策的支持却在某种程度上与他主张的反垄断立法相互矛盾，这进一步暴露了谢尔曼议员在推动反垄断立法问题上并非完全以公共利益为导向，而是夹杂了诸多个人利益因素。

可以这样说，以谢尔曼议员为代表的美国政治精英，他们对反垄断法的鼓吹，在很大程度上是为了满足个人的政治利益需求。《谢尔曼法》的问世在一定程度上暴露了美国的政治精英的虚伪嘴脸和功利心态。在垄断资本主义盛行的19世纪末，被卷入时代大潮中的普通民众充满了焦虑。在这样的时代背景下，《谢尔曼法》更像是美国的政治精英用于缓解社会焦虑的"安慰剂"，而非治理垄断问题的"特效药"。

第四，美国国会在制定《谢尔曼法》时，把规制重点放在了垄断协议、非法垄断市场行为上，其在制度设计上忽视了对经营者集中问题的反垄断监管。在1890年版的《谢尔曼法》中，并没有直接针对企业并购等经营者集中问题的法律条文。这一立法漏洞在司法实践中引起了诸多争议，譬如下文介绍的北方证券公司诉美国案（Northern Securities Co. v. United States，以下简称"北方证券公司

---

① 参见郭梦蝶：《两部法案的"身世"之谜：对〈克莱顿法〉和〈谢尔曼法〉立法背景的分析》，载《兰州学刊》，2016（12）。

② See William Kolasky, "Senator John Sherman And the Origin of Antitrust", *Antitrust*, 24 (2009), 85.

案")。① 在美国国会通过《克莱顿法》弥补这一立法漏洞之前，只得依靠美国法院制定的判例法将经营者集中行为纳入《谢尔曼法》的监管范围之内。

（二）逐渐奋起的《谢尔曼法》与"托拉斯克星"老罗斯福

1901年，由于第25任美国总统威麦金莱被刺身亡，西奥多·罗斯福（老罗斯福）以副总统的身份继任第26任美国总统。老罗斯福就任以后推动了美国反垄断执法的第一个高潮。在其任期内（1901年至1909年），老罗斯福政府共发起了44起针对大企业的反垄断诉讼，胜诉的有25起，胜诉率接近60%。② 其中，对之后的美国反垄断法产生了深远影响的北方证券公司案正是由老罗斯福政府一手推动。

在该案中，摩根大通（J.P. Morgan）与美国铁路大王詹姆斯·希尔（James J. Hill）成立了北方证券公司（Northern Securities Company）。该公司通过持有大北方铁路公司（Great Northern Railway Company）75%的股份和北太平洋铁路公司（Northern Pacific Railway Company）97%的股份获得了对上述两家具有竞争关系的铁路公司的控制权。这两家铁路公司拥有了美国五大湖地区和密西西比河至太平洋地区的大部分铁路运输网。北方证券公司由此成为一家控制美国铁路运输市场的巨头企业。由于北方证券公司的持股行为，使得上述两家铁路公司之间的竞争被排除。为了打击铁路垄断，在老罗斯福总统的支持下，时任美国司法部长菲兰德·诺克斯（Philander Knox）对北方证券公司发起了反垄断诉讼。美国联邦最高法院以5∶4的微弱优势支持了美国司法部，判决北方证券公司违反了《谢尔曼法》。

本案争议焦点之一是北方证券公司通过持股的方式控制两家具有竞争关系的铁路公司这一行为是否违反《谢尔曼法》。以哈伦大法官为首的多数派法官认为，《谢尔曼法》在美国宪法的基础上赋予了美国国会规制任何可能对跨州贸易或跨州商业产生限制效果的行为，无论其外在表现如何，也无论该种限制是否合理。在该案中，北方证券公司通过购买股份的方式控制了具有竞争关系的大北方铁路

---

① See Northern Securities Co. v. United States, 193 U.S. 197 (1904).
② 参见李胜利：《美国联邦反托拉斯法百年：历史经验与世界性影响》，33~34页，北京，法律出版社，2015。

公司和北太平洋铁路公司。虽然当时的《谢尔曼法》中并没有对收购股份问题做出明确规定，但无论是北方证券公司用于控制两家铁路公司的股份收购协议，还是透过该协议形成的一个垄断跨州铁路运输行业的企业联合（Combination），这些行为均为《谢尔曼法》第一条、第二条所禁止。多数派法官据此认定北方证券公司的股份收购行为不仅属于《谢尔曼法》的规制范围，而且已经违反了《谢尔曼法》。

老罗斯福政府在北方证券公司案中取得了胜利，该案在美国反垄断历史中的重要意义主要体现在以下三个方面。

首先，在北方证券公司案中，美国联邦政府的胜利表明加强反垄断监管已被美国的政治精英接纳为基本共识。而在前文提到的奈特公司案中，美国联邦最高法院以 8∶1 的大幅优势将《谢尔曼法》的适用范围限缩于贸易和商业领域，只有哈伦大法官提出了异议意见，认为《谢尔曼法》可以用于规制商业和贸易领域以外的垄断行为。但在北方证券公司案中，哈伦大法官得到了另外四名大法官的支持，这一变化趋势进一步表明反垄断理念得到了更进一步的认可。

其次，北方证券公司案对于《谢尔曼法》本身而言，发挥了弥补立法漏洞的作用。对垄断协议、非法垄断市场的反垄断规制在《谢尔曼法》的条文均有体现。然而，在1890年版的《谢尔曼法》中，美国国会并没有制定直接规制企业并购等经营者集中行为的条文，这是一大立法漏洞。当北方证券公司以股票收购的方式企图垄断美国的铁路市场时，老罗斯福政府和多数派法官并没有因为《谢尔曼法》中的立法空白而对北方证券公司的垄断行为坐视不管。多数派法官通过对《谢尔曼法》的解释，将通过收购股份控制具有竞争关系的北太平洋铁路公司和大北方铁路公司的北方证券公司的行为界定为《谢尔曼法》所禁止的企业联合，以判例法的方式弥补了《谢尔曼法》的缺陷，实现了对企业并购行为的反垄断监管。

最后，老罗斯福政府在北方证券公司案中的胜利，为老罗斯福赢得了"托拉斯克星"（Trust Buster）的美誉。在老罗斯福的领导下，美国联邦政府逐步在美国社会树立起积极监管垄断问题的正面形象。得益于老罗斯福政府的推动，在其任上，美国联邦政府对铁路、肉类、烟草行业的垄断组织相继发起了反垄断调查，并取得了良好的效果。

老罗斯福的继任者塔夫脱承继了老罗斯福积极打击垄断企业的政策。塔夫脱在其任上共发起了 90 起针对大型企业的反垄断诉讼。其中就包括了对美国反垄断法的发展产生深远影响的新泽西标准石油公司诉美国案（Standard Oil Co. of New Jersey v. United States，以下简称"标准石油公司案"）和迈尔斯医疗公司诉约翰·帕克家族公司案（Dr. Miles Medical Co. v. John D. Park & Sons Co.）。前者不仅将新则西标准石油公司拆分为了 33 个小型石油公司。后者奠定了以本身违法原则（Per Se Rule）规制纵向价格垄断协议的判例法基础。[①]

第二节　立法的完善阶段与美国反垄断执法的休眠期（1912 年至 1936 年）

《谢尔曼法》的诞生虽然为美国的反垄断法事业提供了第一部联邦级的成文法，但由于当时的《谢尔曼法》只有 8 个条文，且文意模糊，仅仅依靠《谢尔曼法》并不能对垄断行为产生良好的规制效果。在威尔逊就任美国总统之后，美国国会逐步加强了反垄断立法工作，先后制定了《联邦贸易委员会法》《克莱顿法》《韦伯—波默斯法》（Webb-Pomerene Act）等反垄断成文法。上述法案的通过使得美国的反垄断成文法规则体系得到了进一步的完善。其中，《联邦贸易委员会法》与《克莱顿法》这两部法案对美国反垄断制度的完善产生了深远的影响力。与逐步取得进展的反垄断立法工作相比，美国的反垄断执法工作在这一阶段却陷入了低潮。

一、《联邦贸易委员会法》的出台与美国联邦贸易委员会的成立

早在 1912 年，来自俄克拉何马州的国会议员摩根（Dick Morgan）已在美国国会提出立法草案，建议成立一个规范跨州商贸和保护消费者合法权益的政府机构。虽然该提案最初并没有通过，但摩根的这一构想在美国国会中得到了广泛的认可。最终，在时任美国总统威尔逊的推动下，《联邦贸易委员会法》在 1914

---

① See Standard Oil Co. of New Jersey v. United States, 221 U.S. 1 (1910); Dr. Miles Medical Co. v. John D. Park & Sons Co., 220 U.S. 373 (1911).

年 9 月由美国国会通过，其为美国联邦贸易委员会的诞生奠定了制度基础。

作为美国联邦政府的两大反垄断执法机构之一，美国联邦贸易委员会的创立和权力基础均来自《联邦贸易委员会法》第一条。与作为内阁部的美国司法部相比较，美国联邦贸易委员会在法律性质上属于跨党派的独立机构（Independent Agency）。[1] 美国联邦贸易委员会下设消费者保护局（Bureau of Consumer Protection）、竞争局和经济局（Bureau of Economics）三大部门。消费者保护局负责处理消费者权益保护、反不正当竞争的执法工作。竞争局则是负责联邦反垄断执法工作。经济局的职责则是为消费者权益保护、反不正当竞争执法、反垄断执法提供支持。

虽然美国司法部和联邦贸易委员会均负责反垄断执法工作，但在责任分工上二者存在三点区别：第一，美国司法部在刑事领域和民事领域，均有权发起调查和提起诉讼。联邦贸易委员会与美国司法部分享了民事类垄断案件的调查权和起诉权，但联邦贸易委员会无权处理刑事垄断案件。反垄断刑事案件的调查权和起诉权专属于美国司法部。第二，联邦贸易委员会内设行政法法官（Administrative Law Judge），有权对联邦贸易委员会所调查的反垄断案件作出内部裁判。[2] 也因此，联邦贸易委员会也被称为"准司法机构"（Quasi Judicial Body）。第三，《联邦贸易委员会法》第五条赋予了联邦贸易委员会对包括垄断行为、不正当竞争行为在内的所有影响公平竞争的不法行为发起调查与诉讼的权利。

二、《克莱顿法》对企业并购的反垄断规制

如前文所述，美国国会未在 1890 年版的《谢尔曼法》中制定用于规制企业并购等经营者集中行为的专项条款。为了弥补《谢尔曼法》的缺陷，美国国会于 1914 年 10 月出台了《克莱顿法》。该法的通过对美国反垄断制度的完善具有以

---

[1] 根据《联邦贸易委员会法》第一条的规定，来自同一个政党的委员之人数不能超过 3 人，这使得美国联邦贸易委员会在人员组成上具有跨党派的特征。
[2] 例如，2022 年 2 月 24 日，美国联邦贸易委员会内的行政法法官驳回了美国联邦贸易委员会对阿尔特里亚集团和朱尔实验室的股份收购案的起诉。参见美国联邦贸易委员会：《阿尔特里亚集团和朱尔实验室案件情况》，载美国联邦贸易委员会官网，https://www.ftc.gov/legal-library/browse/cases-proceedings/191-0075-altria-groupjuul-labs-matter，最后访问时间：2023 年 10 月 30 日。

下两个方面的积极意义。

首先,《克莱顿法》的出台丰富了垄断行为的类型,该法以类型化的规制模式,将价格歧视、排他性交易、搭售、连锁董事、企业并购纳入美国反垄断法的规制范围内。其中,《克莱顿法》最为后世称道的一点在于其第七条,其以成文法的形式将企业并购行为纳入美国反垄断法的规制范围内。至此,针对经济垄断,美国反垄断法初步形成了以垄断协议、非法垄断市场、企业并购为三大规制对象的实体法体系。①

其次,《克莱顿法》的颁布发挥了拨乱反正的作用,即反垄断法应当被用于促进市场竞争与维护消费者福利,而非被用于打击工人阶级的合理罢工活动。在《谢尔曼法》颁布之初,本是应被用于打击垄断行为的《谢尔曼法》却在实践中出现了异化,该法被用于打击工人的联合罢工运动。例如,在 1893 年的美国诉新奥尔良工人联合委员会案(United States v. Workingmen's Amalgamated Council of New Orleans)中,美国路易斯安那东区联邦地区法院判决,《谢尔曼法》既可以被用于规制垄断企业,也可以被用于规制工人的联合行动。② 将《谢尔曼法》用于打击工人运动,这与反垄断法的宗旨是相悖的。为了解决《谢尔曼法》在实践中的异变,《克莱顿法》在第六条中明确规定,人的劳动不属于商品,美国的所有反垄断法不适用于非营利的劳工组织、园艺组织、农业组织。③

三、经济危机与《国家产业复兴法》及"休眠"的反垄断法

20 世纪 20 年代,美国经历了一个高速发展时期,称为"咆哮的 20 年代"(Roaring Twenties)。然而,由于美国共和党的自由放任政策和资本主义制度固有的结构性缺陷,美国遭遇了历史上最大的一次经济危机,也由此进入了大萧条时代。为缓解经济危机所带来的社会危机,小罗斯福政府开启了以加强政府干预

---

① 与我国类似,美国也存在诸如地方政府排斥外地企业等行政垄断问题。但是与我国不同的是,美国主要依靠宪法及其相关判例而非反垄断法来解决行政垄断问题。因此,在此处,本书着重强调"经济垄断",以示区分。
② See United States v. Workingmen's Amalgamated Council, 54 Fed. 994 (C.C.E.D. La. 1893).
③ See 15 U.S.C. § 17.

为核心的罗斯福新政（the New Deal）。

在罗斯福新政的第一阶段（1933—1934年，史称"第一次新政"），美国于1933年颁布了《国家产业复兴法》（National Industrial Recovery Act）与《农业调整法》（Agricultural Adjustment Act），这部法案的通过使得美国反垄断法进入了"休眠"状态。申言之，这两部法案为企业合谋大开绿灯，为推动商品价格提升、提高企业经济利润、保障劳工工资收入扫清制度障碍，以期实现遏制通货紧缩、恢复经济景气之目标。① 因此，过去为美国反垄断法所禁止的价格协议、产量协议等垄断行为在第一次新政时期走向了合法化。

小罗斯福政府决定暂停实施反垄断法的决定引发了广泛的争议。美国反垄断法的"休眠"在一定程度上为小罗斯福政府实现其经济恢复目标，包括缓解通货紧缩、产业复兴、恢复就业以及保障最低工资等，提供了制度上的空间。在实施第一次新政期间，美国的经济形势的确出现了一定程度的恢复迹象。例如，在1933年至1935年期间，美国的工业产值增长了22%。② 另一方面，《国家产业复兴法》《农业调整法》等法案对垄断行为的宽容态度使得美国工农业中的垄断问题进一步加剧。曾于奥巴马政府担任经济咨询委员会主席的美国经济学家罗曼（Christina Romer）指出，《国家产业复兴法》的重大影响是降低价格变化对产量偏离趋势的响应性以帮助美国应对通货紧缩问题，但《国家产业复兴法》也阻碍了市场经济发挥应有的自我复苏作用。③ 冻结美国反垄断法为小罗斯福政府推进经济复苏政策扫除了制度障碍。然而，小罗斯福政府对垄断行为的放任政策给美国社会带来了严重困扰，进而成为小罗斯福政府在第二次新政中重启反垄断监管的"催化剂"。

---

① See Harold Cole, and Lee Ohanian. "New Deal Policies and the Persistence of the Great Depression: A General Equilibrium Analysis", *Journal of Political Economy*, 112(2004), 779.
② 参见高世楫、张军扩：《罗斯福新政及对中国的启示》，载《中国产业经济动态》，2009（10）。
③ See Christina Romer. "Why Did Prices Rise in the 1930s?", *Journal of Economic History*, 59(1999), 167.

第三节　美国反垄断法的强监管时代
（20世纪30年代末至70年代）

在罗斯福新政的第一阶段，美国反垄断法一度被束之高阁。当小罗斯福政府开启第二次新政时，美国反垄断法又逐渐得到了美国政府的重视。[①] 自此，从20世纪30年代中后期开始至70年代，美国反垄断法迎来了强监管时代。在该阶段，美国反垄断制度呈现了4个新的发展方向：第一，哈佛学派对美国反垄断法的影响力日渐强大与结构主义反垄断模式的崛起；第二，美国反垄断法域外管辖权规则的新发展；第三，经营者集中领域的反垄断监管规则得到了进一步完善；第四，本身违法原则的广泛适用。

一、罗斯福第二次新政与美国反垄断执法的复兴

虽然在第一次新政中，小罗斯福政府冻结了美国的反垄断制度，但小罗斯福本人并非完全排斥反垄断法。罗伯特·杰克逊（Robert Jackson）曾担任过小罗斯福政府的司法部部长，后成为美国联邦最高法院的大法官。根据他的回忆录所述，小罗斯福既不是市场竞争的支持者，也不赞成垄断经济。相反，小罗斯福认为，"排斥市场竞争是有害的，市场竞争本身也是有害的，他也尚未完全确定哪一方的危害更甚"。[②] 而随着第一次新政中具有限制市场竞争和国家干预特色的《国家产业复兴法》《农业调整法》被美国联邦最高法院宣布违宪，[③] 对反垄断法具有实用主义视角的小罗斯福在第二次新政中逐渐重拾对竞争政策的关注。

1938年，小罗斯福任命瑟曼·阿诺德（Thurman Arnold）担任美国司法部反垄断局局长。虽然在提名之初，阿诺德因其著作《资本主义的民间传说》（*The*

[①] 参见李胜利：《美国联邦反托拉斯法百年：历史经验与世界性影响》，41～44页，北京，法律出版社，2015。

[②] Robert Jackson, *That Man: An Insider Portrait of Franklin D. Roosevelt*. New York: Oxford University Press, 2004, p.124.

[③] See A.L.A. Schechter Poultry Corp. v. United States, 295 U.S. 495 (1935); United States v. Butler, 297 U.S. 1 (1936).

Folklore of Capitalism）而广受争议，但在其就任后，美国司法部的反垄断执法工作取得了亮眼的表现。从 1935 年至 1937 年，美国司法部共起诉了 16 起案件。而自 1938 年至 1940 年，在阿诺德的领导下，美国司法部起诉的案件数量总计达 106 起。[1] 在这一时期，美国联邦政府的反垄断执法取得了显著成效。这不仅仅得益于美国社会对垄断行为的普遍反感和小罗斯福政府的支持，阿诺德的反垄断执法策略以及他在美国司法部执法能力建设方面的贡献，也起到了至关重要的作用。

首先，阿诺德敏锐地察觉了以自由刑为核心的刑事处罚对威慑、纠正垄断行为的积极作用。通过实证考察，阿诺德发现当美国司法部对参与垄断行为的自然人发起刑事诉讼时，即便案件尚在审理过程中，因垄断行为而升高的产品价格常常出现回落的迹象，被指控的垄断行为也随之终止。[2] 基于对反垄断刑事责任制度的认可，阿诺德积极运用刑事诉讼打击垄断巨头。在其任内，多家巨头企业被美国司法部发起过刑事诉讼。

例如，在当时的美国汽车市场中，由于大部分购车人无法一次性全款购车，汽车消费贷款因此非常受欢迎。也因此，汽车生产商也想在汽车消费贷款市场中分一杯羹。当时的美国三大汽车厂商之一的通用汽车公司以拒绝供货等方式相威胁，逼迫汽车经销商给予通用汽车公司旗下负责金融业务的通用汽车验收公司（General Motors Acceptance Corporation）以各种优待，进而达到排斥其他金融企业、垄断汽车信贷市场的目的。对此，美国司法部对通用汽车公司发起了反垄断刑事诉讼并最终胜诉。[3] 此外，在阿诺德的领导下，美国司法部还对三大汽车厂商中的福特公司和克莱斯勒公司发起了反垄断刑事诉讼并与上述两家企业达成和解协议以此规范这两家企业在汽车信贷市场中的经营行为。[4]

其次，在阿诺德的推动下，美国司法部反垄断局的人力资源与执法经费得到了充分的保障。在阿诺德任内，美国司法部反垄断局的员工人数从 1933 年的 18

---

[1] See Richard Posner, "A Statistical Study of Antitrust Enforcement", *The Journal of Law and Economics*, 13 (1970), 365.
[2] See Spencer Waller, "The Antitrust Legacy of Thurman Arnold", *St. John's Law Review*, 78 (2004), 569.
[3] See United States v. General Motors Corp, 121 F.2d 376 (7th Cir. 1941).
[4] See Chrysler Corp. v. United States, 316 U.S. 556 (1942); Ford Motor Co. v. United States, 335 U.S. 303 (1948).

人增加至约 500 人，阿诺德培育了一批献身于美国反垄断事业的杰出人才，其中包括后来曾担任美国联邦最高法院大法官和美国司法部部长的托马斯·克拉克（Thomas Clark），以及担任过芝加哥大学校长和美国司法部部长的爱德华·利瓦伊（Edward Levi）。此外，阿诺德也为美国司法部反垄断局争取到了充足的办案经费。根据统计，美国司法部反垄断执法经费在 1942 年已达到 232.5 万美元。[①]经费与人员的双重保障为美国司法部应对数量更多、案情更为复杂的垄断案件提供了必要的支持。

二、哈佛学派的盛行与结构主义反垄断模式的崛起

（一）哈佛学派的盛行

反垄断语境中的哈佛学派指的是以爱德华·张伯伦（Edward Chamberlin）、爱德华·梅森（Edward Mason）和乔·贝恩（Joe Bain）为代表的经济学家基于产业经济学研究所提出的反垄断理论。以上三位学者均在哈佛大学有过求学经历，哈佛学派也因此得名。

这一学派的思想源于爱德华·张伯伦提出的垄断竞争理论，他认为现实生活中的大多数市场并非严格意义上的完全竞争或完全垄断，而是既包含竞争因素，也包含垄断因素，即大多数的市场处于完全竞争和完全垄断之间。在张伯伦的理论基础上，乔·贝恩等人进而发展出哈佛学派反垄断思想的理论核心，即 SCP 模型。SCP 模型中包含三个关键因素：市场结构（Structure）、行为（Conduct）和绩效（Performance）。根据 SCP 模型，市场结构影响市场主体的行为，而这些行为最终反映在市场的整体绩效上。因此，哈佛学派认为，一旦市场结构趋向于集中，企业就更有可能采取反竞争的垄断策略。[②]

哈佛学派的反垄断理论除了将产业经济学作为理论基础，该学派的支持者还从美国反垄断法的立法史中寻求法理依据。他们认为《谢尔曼法》是一部反映平

---

① See Richard Posner, "A Statistical Study of Antitrust Enforcement", *The Journal of Law and Economics*, 13 (1970), 365.
② See Herbert Hovenkamp, "The Rationalization of Antitrust Antitrust Law", *Harvard Law Review*, 116(2003), 917.

民主主义精神的法律，立法者制定《谢尔曼法》的初衷是保护美国的民主制度免受垄断经济的侵害。[1] 通过制定反垄断法，确保经济力量和政治力量可以被更广泛、更均匀地分配，而非被集中于少数人之手。[2] 哈佛学派对市场结构的关注与《谢尔曼法》捍卫经济民主的核心理念不谋而合。

（二）结构主义反垄断模式的崛起

哈佛学派以市场结构为切口的经济理论被引入到反垄断实践中，这为结构主义反垄断模式（Structural Approach）的崛起奠定了理论基础。结构主义反垄断模式是一种以市场结构为分析重点的垄断问题分析模式。企业的市场份额是市场结构的主要表现。当市场中出现具有较大市场份额的企业时，该企业即具有提高产品价格、排斥其他竞争者的主观动机。此外，较大的市场份额也说明该企业具备排斥其他竞争者和剥削消费者的客观能力。

作为一起标志性案件，美国诉美国铝公司案（United States v. Aluminum Co. of America，以下简称"美国铝公司案"）展现了结构主义反垄断模式的核心特征。该案的被告美国铝公司在加拿大开设了一家由美国铝公司全资控股的子公司。这家位于加拿大的子公司与一家瑞士公司、一家法国公司、一家英国公司、两家德国公司共同制定了一项控制国际铝锭制品销售数量的国际卡特尔协议。该案的争议点之一是被告美国铝公司是否因为具有庞大的市场份额和影响美国市场的市场力量而违反了《谢尔曼法》第二条。在该案的终审判决中，汉德法官（Learned Hand）对该项争议点的剖析堪称结构主义反垄断模式最为经典的表述。

首先，汉德法官以市场份额的高低作为垄断状态（Monopoly）的判断标准。他认为企业拥有 90% 的市场份额时，足以构成垄断；企业拥有 60% 至 64% 的市场份额时，是否构成垄断尚存疑点；当企业仅拥有 33% 的市场份额时，则当然不会构成垄断。在此基础上，汉德法官进一步指出，美国国会在反垄断法中对于"好的"托拉斯和"坏的"托拉斯均一视同仁地予以谴责。也即当企业的市场规模大

---

[1] See David Millon, "The Sherman Act and the Balance of Power", *Southern California Law Review*, 61 (1988), 1219.
[2] See Herbert Hovenkamp, "Distributive Justice and the Antitrust Laws", *George Washington Law Review*, 51 (1982), 1.

到使得该企业成为一个垄断者（Monopoly）时，该企业将产生违反《谢尔曼法》第二条的风险。

其次，尽管汉德法官在美国铝公司一案的判决中引用了美国国会对于托拉斯组织不分"好"与"坏"均予以谴责的观点，但汉德法官并不主张对所有大企业赶尽杀绝。申言之，汉德法官在美国铝公司案中提出了强加理论（Thrust Upon Theory），为大企业保留了免受反垄断制裁的空间。根据该理论，当企业的垄断地位是市场强行赋予的时，拥有垄断地位的企业不应受到反垄断法的谴责。汉德法官指出，强加理论的适用情形主要有三种：第一，自然垄断产生了该企业垄断市场的状态；第二，由于市场的变化导致了该企业垄断了市场；第三，该企业基于卓越的技术、产业和商业眼光达成了垄断状态。[1]

在美国铝公司案中，由于被告美国铝公司在相关市场上具有超过90%的市场份额，美国法院因此认定其为垄断者。同时，被告并不符合"强加理论"的三种例外情况，据此，汉德法官作出了被告违反美国反垄断法的判决。

根据汉德法官对美国铝公司案作出的判决，美国学者爱德华·卡瓦纳（Edward Cavanagh）对结构主义反垄断模式作出了以下总结：如果垄断企业符合强加理论中的三种情形之一，即企业的垄断地位是市场强加于它时，也即企业是被动地淘汰了其他竞争者时，美国反垄断法将不谴责此类具有垄断地位的企业。除此之外，当企业的规模大到足以垄断市场时，这一类企业便违反了《谢尔曼法》第二条。一言以蔽之，结构主义反垄断模式的核心观点是"大即恶"（Bigness is Badness）。[2]

这种"大即恶"的观点在当时广为美国司法界所认可，对美国反垄断实践产生了深远的影响。譬如，在1962年的布朗鞋业公司诉美国案（Brown Shoe Co., Inc. v. United States）中，虽然涉案的两家鞋类产品生产商在合并以后可以为消费者提供更为物美价廉的产品，但这项合并交易将创造一家更大规模的鞋类产品生产商，这对于市场中其他中小型生产商极为不利。最终，美国联邦最高法院否决了该项合并案。[3] 在该案中，美国联邦最高法院再次重申了《谢尔曼法》的立法

---

[1] See United States v. Aluminum Co. of America, 148 F.2d 416 (2d Cir. 1945).
[2] See Edward Cavanagh, "Antitrust in the Second Circuit", *St. John's Law Review*, 65(1991), 795.
[3] See Brown Shoe Co., Inc. v. United States, 370 U.S. 294 (1962).

目的，即美国国会期望通过反垄断法保护小型的、能够独立生存的、本土化的商业进而促进市场竞争。①

哈佛学派反垄断思想的盛行与结构主义反垄断模式的崛起有着深刻的历史原因与社会基础。英法德等欧洲强国因为两次世界大战等原因普遍衰弱。"二战"结束之后，美国正式成为资本主义世界的执牛耳者，20世纪五六十年代更是成为美国经济的"黄金时代"。随着国力的空前强大，美国国内的企业也随之做大做强。哈佛学派的反垄断思想与结构主义的反垄断规制模式对于规制大型企业，预防垄断危险具有得天独厚的优势。面对日益强大的垄断企业，美国政府需要一种有力的工具用于规制垄断问题，结构主义反垄断规制模式恰逢其时地满足了美国政府的需求。

三、美国反垄断法域外管辖权的全面拓展

在《谢尔曼法》实施初期，美国政府并未赋予《谢尔曼法》域外管辖权。在1909年的美国香蕉公司诉联合水果公司案（American Banana Co. v. United Fruit Co.，以下简称"美国香蕉公司案"）中，霍姆斯大法官（Oliver Wendell Holmes）明确指出，美国法的管辖范围通常以美国领土为界。即便美国人在外国实施了《谢尔曼法》所禁止的垄断行为，或在外国受到此类行为的侵害，《谢尔曼法》亦不对这一类型的案件具有管辖权。②

1909年的国际形势是，英法等欧洲老牌资本主义强国余威尚存，德意日等后起之秀的实力也不容小觑。当时的美国并不具备开展全球反垄断执法的综合实力。此外，当时的美国政府在对外政策上深受具有孤立主义色彩的"门罗主义"（Monroe Doctrine）的影响。与后来热衷于扮演"世界警察"的美国相比，当时的美国对于参与国际事务尤其是涉入西半球以外的国际事务兴致缺乏。因此，在该阶段，对于域外管辖权的行使，美国法院的态度极为保守。

美国法院的自我克制并未长时间持续下去，在之后的美国诉太平洋和北极铁

---

① See Thomas Piraino, "Reconciling the Harvard and Chicago Schools: A New Antitrust Approach for the 21st Century", *Indiana Law Journal*, 82(2007), 345.
② See American Banana Co. v. United Fruit Co., 213 U.S. 347 (1909).

路航运公司案（United States v. Pacific & Arctic Ry & Nav. Co., 以下简称"太平洋和北极铁路航运公司案"）[①]与美国诉剑麻销售公司案（United States v. Sisal Sales Corp., 以下简称"剑麻销售公司案"）[②]中，美国联邦最高法院根据共谋规则（Conspiracy Test）将美国反垄断法的管辖范围拓展至美国境外的垄断行为。

以剑麻销售公司案为例，虽然当时的美国联邦最高法院并未完全推翻美国香蕉公司案，但另辟蹊径地阐释了美国香蕉公司案和剑麻销售公司案之间的区别，使得美国香蕉公司案中以属地原则排除美国反垄断法域外管辖权的观点不能适用于剑麻销售公司案。美国联邦最高法院在剑麻销售公司案中指出，虽然被告游说墨西哥政府所实施的歧视行为发生在美国境外，但被告的行为不仅影响美国的剑麻贸易，而且该案中的垄断共谋发生在美国境内，美国反垄断法据此对该案产生了域外管辖权。美国联邦最高法院在剑麻销售公司案中的判决缩小了美国香蕉公司案的适用范围：如果垄断共谋在美国境内产生，而共谋者所计划的垄断行为于美国境外实施时，美国香蕉公司案中的判例法规则不再适用于此种情形。

之后的美国铝公司案进一步拓展了域外管辖权在反垄断问题上的适用空间。在该案中，就《谢尔曼法》是否有权规制域外垄断行为这一问题，汉德法官提出了意图效果规则（Intended Effects Test，又称"效果规则"）。根据意图效果规则，当域外垄断行为的实施者意图影响美国市场并产生实际影响时，《谢尔曼法》对这种域外垄断行为产生域外管辖权。意图与效果缺一不可，如果域外垄断行为的实施者具有影响美国的跨州或跨国商贸的意图，但他们的垄断行为并未产生实际影响，则《谢尔曼法》并不对此类域外垄断行为具有管辖权。

与共谋规则相比，意图效果规则不需要借助发生在美国境内的垄断共谋就可以规制域外垄断行为。意图效果规则对域外垄断行为的规制更为全面，也更为直接，这有利于美国政府对跨国垄断行为展开监管。但意图效果规则的确立导致美国反垄断法突破地域限制，这对其他国家的主权带来了严重的冲击。美国反垄断法域外管辖权的行使逐渐引起了其他国家的不满。

---

① See United States v. Pacific & Arctic Ry & Nav. Co., 228 U.S. 87 (1913).
② See United States v. Sisal Sales Corp., 274 U.S. 268 (1927).

四、企业并购反垄断规则的发展

(一)《塞勒—凯弗维尔法》对《克莱顿法》的补充

如前文所述,《克莱顿法》的出台缓解了《谢尔曼法》对于企业并购行为缺乏规制的困境。然而,最初版本的《克莱顿法》第7条主要适用于股权收购,对于通过收购企业核心资产实现控制企业目的的财产收购,早期的《克莱顿法》并未作出明确规定。美国国会于1950年颁布了《塞勒—凯弗维尔法》,该法补充了《克莱顿法》的立法漏洞,将财产收购行为明确纳入《克莱顿法》的规制范围之内。

此外,在对企业并购的反垄断审查标准上,《塞勒—凯弗维尔法》确立了更为严格的审查标准。在《塞勒—凯弗维尔法》颁布之前,《克莱顿法》第7条对企业并购的反垄断审查标准表述为:"任何从事商业活动的公司不得直接或间接收购另一家从事商业活动的公司的全部或部分股票或其他股本,如果这种收购可能大大削弱被收购股票的公司与进行收购的公司之间的竞争,或限制任何地区或社区的商业活动,或可能造成任何商业活动的垄断。"《塞勒—凯弗维尔法》将该条文修改为:"任何从事商业活动或影响商业活动的人不得直接或间接收购另一家从事商业活动或影响商业活动的人的全部或部分股票或其他股本,受联邦贸易委员会管辖的人也不得收购另一家从事商业活动或影响商业活动的人的全部或部分资产,如果在该国任何地区的任何商业活动或影响商业活动的任何活动中,这种收购可能大大减少竞争,或可能造成垄断。"《塞勒—凯弗维尔法》将"大大削弱被收购股票的公司与进行收购的公司之间的竞争"这一表述删除,这使得美国反垄断法对于混合并购有了更强的监管力度。

(二)企业并购事前申报制度的建立

作为《克莱顿法》的重要补充,《哈特—斯科特—罗迪诺反垄断改进法》(*Hart-Scott-Rodino Antitrust Improvements Act*)于1976年9月30日正式生效。根据该法的规定,在达到规定的申报门槛时,企业必须在实施合并或收购之前提交事前申报。在美国联邦贸易委员会与司法部作出审查决定或者等待期(Waiting

Period）结束之前，参与并购的企业不得擅自开始并购进程。这项事前申报制度不仅解决了企业在并购中"先斩后奏"的问题，而且赋予了监管机构更为及时的干预权。《哈特—斯科特—罗迪诺反垄断改进法》建立的事前申报制度得到了包括中国在内的许多国家的借鉴，成为全球反垄断监管中的主流标准。

（三）界定相关市场成为判断企业并购是否违反《克莱顿法》的前提

在布朗鞋业公司诉美国案（Brown Shoe Co., Inc. v. United States）中，布朗鞋业公司和金尼公司计划通过交换股票的方式实现企业合并。在该案中，时任美国联邦最高法院首席大法官沃伦指出，界定企业所处的相关市场（Relevant Market）是判断企业是否违反《克莱顿法》的必要前提。只有市场竞争存在时，市场竞争才会被垄断经济所伤害。因此，对于市场竞争的判断，要求法院必须明确划定相关市场的范围。对相关市场的分析，最重要的考察内容有两项：相关产品市场（Relevant Product Market）和相关地域市场（Relevant Geographic Market）。对前者的分析，是为了寻找哪些产品在性能、需求、价格等方面与涉案企业的产品具有可替代性。对后者的分析，是为了考察竞争发生的地域范围，即具有竞争关系的产品是否处于同一地理范围。① 以相关市场作为判断企业并购是否违反反垄断法的依据，有助于增强反垄断实践的科学性，这一理论被大多数国家和地区所采纳。

（四）颁布美国历史上第一部企业并购反垄断监管指南

1968年，美国司法部颁布了历史上第一部企业并购反垄断监管指南，即《1968合并指南》（1968 Merger Guidelines）。该指南为企业在横向集中、纵向集中和混合集中提供了具有量化性的参考指标。但这部合并指南的审查标准过于依赖包括市场份额、市场集中度在内的结构性指标，使得《1968合并指南》因审查标准过于机械和片面而广受争议。②

---

① See Brown Shoe Co. v. United States., 370 U.S. 294 (1962).
② See Hillary Greene, "Guideline Institutionalization: The Role of Merger Guidelines in Antitrust Discourse", *William & Mary Law Review*, 48(2006), 771.

五、本身违法原则的广泛适用

所谓"本身违法原则",又称自身违法原则、当然违法原则,是一种推定某种类型的行为违背反垄断法的分析模式,这是一种具有浓厚经验主义色彩的垄断行为分析模式。根据本身违法原则,一旦经营者实施了反垄断法所禁止的行为,即被认定为违反了反垄断法,无论该行为是否有经济上或者其他方面的合理性。自 20 世纪 40 年代至 70 年代前期,本身违法原则在美国反垄断实践中得到了广泛的应用。在该阶段,包括固定价格协议[1]、搭售安排[2]、纵向非价格限制协议[3]、集体抵制[4]、横向分割市场协议[5]、区域独家销售协议[6]等诸多类型的商业行为被视为本身违法。本身违法原则在该阶段呈现出广泛适用的态势。

本身违法原则的广泛适用有利于降低私人原告和美国反垄断执法机构的举证责任,这对于打击垄断行为起到了促进作用。但在另一方面,对本身违法原则的过度依赖也导致美国的反垄断监管在这个阶段过于严苛。部分垄断行为同时具有限制市场竞争和提高消费者福利的双重作用,以本身违法原则规制此类具有两面性的垄断行为缺乏合理性。

第四节 美国反垄断法的轻监管时代
(20 世纪 70 年代至 90 年代)

在结构主义反垄断模式的影响下,美国在 20 世纪中叶经历了最严厉的反垄断监管。当历史的车轮自"二战"后的黄金时代行驶至 20 世纪 70 年代中后期时,哈佛学派和结构主义反垄断规制模式在美国反垄断大舞台上不复过去的统治地位。这一变化与美国当时所处的国际、国内环境密切相关。在国际市场中,伴随

---

[1] See Interstate Circuit, Inc. v. United States, 306 U.S. 208 (1939).
[2] See United States v. Socony-Vacuum Oil Co., Inc., 310 U.S. 150(1940).
[3] See United States v. Arnold Schwinn & Co., 388 U.S. 365(1967).
[4] See Klor's Inc., v. Broadway-Hale Stores, Inc., 359 U.S. 207(1959).
[5] See Timken Roller Bearing Co., v. United States, 341 U.S. 593(1951).
[6] See United States v. Topco Associates, 405 U.S. 596(1972).

战后20余年的休养生息，德国、日本等国的经济得到了恢复与发展，美国企业在国际市场中面对的竞争也随之日趋激烈。在美国国内，整个美国经济进入了持续多年的滞胀期。美国经济在国际市场与国内市场中均缺乏亮眼的表现。因此，主张加强反垄断监管的哈佛学派与结构主义反垄断模式与美国经济在该阶段亟待振兴的内在需求产生了冲突，这导致加强反垄断监管的理论失去了经济基础。

此外，哈佛学派与结构主义反垄断规制模式在理论上与实践中也遭遇了多方的质疑与批评。其中，推崇市场效率和主张放松反垄断监管的芝加哥学派成为哈佛学派和结构主义的反垄断模式最为有力的挑战者。芝加哥学派的兴起拉开了美国反垄断法轻监管时代的序幕。自20世纪70年代中后期至90年代后期，美国反垄断法进入了轻监管时代。轻监管时代的降临，既来自美国经济发展的内在需求，也与美国社会对哈佛学派与结构主义反垄断规制模式的反思息息相关。除了芝加哥学派的兴起之外，合理原则的广泛适用、美国对反垄断法域外管辖权的限制、知识产权反垄断规则的完善、放松对企业并购的反垄断监管皆成为轻监管时代的重要特征。

一、芝加哥学派的兴起

在反垄断领域，芝加哥学派的代表人物有理查德·波斯纳（Richard Posner）、罗伯特·博克（Robert Bork）、弗兰克·伊斯特布鲁克（Frank Easterbrook）、乔治·斯蒂格勒（George Stigler）、富兰克·奈特（Frank Knight）等人。他们与美国芝加哥大学有很深的渊源，或执教于芝加哥大学，或曾在芝加哥大学求学，芝加哥学派也因此得名。

芝加哥学派在反垄断问题上的基本观点是，在不存在经营者共谋的前提下，市场竞争足以保证没有任何一家企业可以长期将价格控制在竞争价格之上。[①] 换言之，在芝加哥学派看来，即使在集中度较高、企业数量较少的市场中，当企业将产品价格保持在垄断价格时，潜在的竞争者会因为有利可图而进入该市

---

① See George Stigler, "A Theory of Oligopoly", *Journal of Political Economy*, 72 (1964), 44.

场，现存企业将面临新的竞争，此即为市场的自我纠正。①与市场的自我纠正相比，政府的反垄断干预未必能够取得更有效的调控效果，而且对市场的干预本身也需要成本。部分垄断行为，譬如企业的纵向并购，具有提高企业效率进而反哺消费者的优点，反垄断法应当对具有经济效率的垄断行为保持一定程度的容忍。②

芝加哥学派对经济效率的关注与对垄断行为的宽容不仅在美国学术界刮起了美国反垄断二次革命的理论旋风，而且对美国反垄断法的实践工作产生了具有实质意义的影响。在20世纪六七十年代，时任美国总统尼克松（Richard Nixon）先后提名了沃伦·伯格（Warren Burger）、路易斯·鲍威尔（Lewis Powell）和威廉·伦奎斯特（William Rehnquist）担任美国联邦最高法院法官。随着这三名大法官加入美国联邦最高法院，美国联邦最高法院由"沃伦法院"（Warren Court）时代进入了"伯格法院"（Burger Court）时代。"伯格法院"时代的一大特点是，芝加哥学派所推崇的市场效率理论在美国反垄断实务界大放异彩。

在"沃伦法院"时代，以第14任美国首席大法官厄尔·沃伦（Earl Warren）为首的大法官们深受结构主义反垄断模式和司法能动主义的影响，美国联邦最高法院在反垄断司法实践中追求多维度的反垄断价值。在"沃伦法院"看来，经济效率并非美国反垄断制度的唯一价值追求。相反，"沃伦法院"认为，实现"杰斐逊式民主"（Jeffersonian Democracy）是美国反垄断法的立法目标之一。通过结构主义反垄断模式和本身违法原则对大企业予以规制，有利于保护经济民主和小企业，这符合"杰斐逊式民主"这一政治价值的基本要求。③

但在"伯格法院"时代，作为司法克制主义的支持者，"伯格法院"认为只有美国国会具有权衡各项利益的权能。④类似于"杰斐逊式民主"之类的社会价值、

---

① See William Baumol, "Contestable Markets: An Uprising in the Theory of Industry Structure", *American Economic Review*, 72(1982), 1.
② 参见李胜利：《美国联邦反托拉斯法百年：历史经验与世界性影响》，116页，北京，法律出版社，2015。
③ Richard Posner, "Antitrust Decisions of the Burger Court, The Fresh View from the High Court - A Review of the Supreme Court's Antitrust Philosophy", *Antitrust Law Journal*, 47(1978), 819.
④ See National Society of Professional Engineers v. United States, 435 U.S. 679 (1978).

政治价值被"伯格法院"隔绝在美国反垄断法的分析框架之外。[1] 受芝加哥学派的影响,"伯格法院"以企业行为的效率为基点,构建了以行为主义与合理原则相结合的反垄断分析模式。过去,一些被视为本身违法的垄断行为,"伯格法院"更倾向于使用合理原则对它们予以评价。

以具有竞争关系的经营者之间的信息交换行为为例,"沃伦法院"认为,在一个集中度较高的市场中,即使出现了产品价格下降的趋势,具有竞争关系的经营者之间价格信息交换行为会增强经营者之间的相互依赖性,最终导致产品价格趋于稳定,这对消费者来说是不利的。因此,对于信息交换行为,"沃伦法院"视之为本身违法。[2] 然而,在"伯格法院"看来,具有竞争关系的经营者交换信息的行为并不当然违法。"伯格法院"认为,交换包括与价格有关的信息并不必然产生反竞争效果。在特定的市场环境下,竞争者之间交换信息可以增加经济效率并使得市场具有竞争活力,进而提高消费者福利。与"沃伦法院"相反,"伯格法院"主张使用合理原则分析信息交换行为。[3]

二、合理原则适用范围的大拓展

所谓"合理原则",是一种以特定行为合理性为核心,用于判断该行为是否违反反垄断法的分析模式。它的核心要求是法院或反垄断执法机构在审查具体垄断案件时,应当结合案件中的具体情况考察经营者的行为是否具有反垄断法上的合理性,而非推定特定类型的行为必然为反垄断法所禁止。对具有合理性的行为,反垄断法或给予一定程度的宽容。行为合理性的判断标准主要包括经济效率、消费者福利等因素。在合理原则的支持者看来,如果一个行为能够被证明在总体上推动了竞争或者增进了消费者福利,即使它可能限制了某些方面的竞争,这一行为即具有合理性,反垄断法应当对其予以宽容。

美国反垄断法中的合理原则肇始于20世纪初的标准石油公司案。在"伯格

---

[1] See Thomas Sullivan, "Economic Jurisprudence of the Burger Court's Antitrust Policy: The First Thirteen Years", *Notre Dame Law Review*, 58(1982), 1.
[2] See United States v. Container Corp., 393 U.S. 333 (1969).
[3] See United States v. United States Gypsum Co., 438 U.S. 422 (1978).

法院"时代之前，相对于本身违反原则，合理原则的适用范围较小。随着"伯格法院"时代的降临，"合理原则"在美国反垄断舞台上大展身手。除了前文提到的经营者之间的信息交换行为外，"伯格法院"在分析纵向非价格限制协议①、搭售协议②、排他性交易协议（俗称"二选一"协议）③等限制性行为时，更倾向于使用合理原则而非本身违法原则。合理原则的适用范围在"伯格法院"时代得到了进一步拓展，进而使得更多类型的商业行为得到了美国反垄断法的宽容，这一变化与美国反垄断法在该时期推崇经济效率的特点相契合。

三、徘徊于礼让他国与扩张适用之间的反垄断法域外管辖权

如前文所述，汉德法官在美国铝公司案中确立了意图效果规则，使得美国反垄断法具备了极为广泛的域外管辖权，美国反垄断法的国际影响力得以逐渐增强。然而，该规则具有极强的单边主义色彩和美国本位主义色彩，在适用过程中可能对其他国家的主权产生冲击，因而遭到了其他国家的反对。譬如，英国制定了《贸易利益保护法》（Protection of Trading Interests Act）用于反制包括美国反垄断法在内的美国法的域外管辖权。随着全球化的趋势在20世纪后半段继续加强，美国反垄断法的域外管辖权与他国法律间的对抗也随之不可避免地增多。

由于反垄断法域外管辖权的行使带来了不小的争议，经济合作与发展组织（Organization for Economic Cooperation and Development，OECD）在1967年和1973年先后发表两次理事会建议，呼吁成员国在行使本国反垄断法域外管辖权之时对其他国家予以适当尊重。随着国际社会中对限制反垄断法域外管辖权的呼声渐渐高涨，美国政府在20世纪后半叶采取了多种手段，对美国反垄断法的域外管辖权进行了一定的限制和规范化。

需要注意的是，美国政府对域外管辖权的自我克制是较为有限的，其仍然会出于维护自身经济霸权等种种原因在个案中减弱这种自我克制。整体而言，在20世纪中后期，美国反垄断法域外管辖权的整体基调是自我克制的，但在个案中，

---

① See Continental T.V., Inc. v. GTE Sylvania, Inc., 433 U.S. 36 (1977).
② See United States Steel Corp. v. Fortner Enterprises, Inc., 429 U.S. 610 (1977).
③ See Jefferson Parish Hospital District No. 2 v. Hyde, 466 U.S. 2 (1984).

这种自我克制有时也会被突破。

(一)美国对反垄断法域外管辖权的限制举措

1. 以判例的方式在反垄断法域外管辖问题上引入消极礼让原则

国际礼让原则(International Comity)是指,基于国家之间主权平等的关系,一个国家对另一个国家的立法、行政或司法行为的尊重。根据礼让的方式不同,国际礼让可以分为消极礼让原则(Negative Comity)与积极礼让原则(Positive Comity)。在反垄断领域,将受该案影响的其他国家的国家利益作为是否行使反垄断法域外管辖权的考量因素,此即为消极礼让原则在反垄断领域的体现。有学者也将消极礼让原则称为美国反垄断法的"单边自我约束"。① 所谓"积极礼让原则",又被称为"积极合作原则",是指各国反垄断法域外管辖权在行使的过程中不仅应当被动地考虑其他国家的利益并对其予以尊重,还应当积极进行必要的国际合作以降低国与国之间因域外管辖权而产生的冲突。②

在20世纪后半叶,以"消极礼让原则"限制美国反垄断法域外管辖权的司法实践中,最具有代表性的案件是廷布莱恩木材公司诉美国银行案(Timberlane Lumber Co. v. Bank of America,以下简称"廷布莱恩木材公司案")。在该案中,原告廷布莱恩木材公司是一家位于美国俄勒冈州的木材公司。在洪都拉斯境内一家木材厂破产后,廷布莱恩木材公司通过其子公司自该破产木材厂的两名债权人手中获得了该破产木材厂的控制权。这两名债权人也是该破产木材厂的前员工。除了以上两名前员工外,该破产木材厂的债权人还有来自美国、加拿大等国的企业。原告廷布莱恩木材公司指控上述企业合谋阻碍廷布莱恩木材公司将其在洪都拉斯生产的木材出口至美国,这一行为违反《谢尔曼法》。本案的争议焦点之一为美国反垄断法域外管辖权是否应当适用于此案。③

美国联邦第九巡回上诉法院于廷布莱恩木材公司案中将三步分析法(Three-Part Test)用于判断美国反垄断法域外管辖权是否应当适用于特定的域外垄断行

---

① 参见刘宁元:《反垄断法域外管辖冲突及其国际协调机制研究》,88～95页,北京,北京大学出版社,2013。
② 参见戴龙:《反垄断法域外适用制度》,85页,北京,中国人民大学出版社,2015年。
③ See Timberlane Lumber Co. v. Bank of America, 549 F.2d 597 (9th Cir. 1977).

为：第一步，涉案的域外垄断行为是否影响或者意图影响美国的对外贸易？第二步，涉案行为是否被认为违反《谢尔曼法》？第三步，基于国际礼让和公平因素的考量，美国反垄断法域外管辖权是否应当在特定案件中适用？

在判断美国反垄断法域外管辖权是否符合消极礼让原则和公平原则时，美国联邦第九巡回上诉法院在廷布莱恩木材公司案中对7个分析因素进行了综合考察，权衡这7个分析因素，确定哪些是支持美国反垄断法域外管辖权适用于该案的，哪些因素则不支持美国反垄断法域外管辖权适用于该案。美国联邦第九巡回上诉法院在此案中的分析方法也被称为"利益平衡规则"（Balancing Test）。[①]

在廷布莱恩木材公司案中，美国联邦第九巡回上诉法院使用了以下7个分析因素判断美国反垄断法域外管辖权是否符合国际礼让原则和公平原则：

第一，美国法与外国法律法规及国家政策的冲突程度。此种法律冲突可以是潜在的或者是已发生的。严重的法律冲突将导致当事人可能无法同时遵循两个国家的法律。两国间的法律冲突程度愈强，美国政府行使反垄断法域外管辖权的合理性就越低。

在廷布莱恩木材公司案中，美国联邦第九巡回上诉法院在考察洪都拉斯法律和经济政策后发现，当时的洪都拉斯政府推崇的是扩大产业规模的经济政策。与此种经济政策相匹配，当时的洪都拉斯政府并未制定反垄断法，经营者实施限制价格、产量的横向垄断协议等垄断行为并不违法。由于美国反垄断法与洪都拉斯的法律、政策存在严重冲突，美国联邦第九巡回上诉法院据此认定，在该案中，除非其他相关因素在消极礼让原则中的重要性超过法律冲突因素，美国与洪都拉斯的法律冲突已使得美国法院拒绝对该案中的垄断行为行使域外管辖权具备了充足的合理性。

第二，相关人员的国籍、经常居住地及公司主营业地的位置。值得注意的是，美国联邦第九巡回上诉法院不仅考察了该案当事人的国籍，并且将证人的国籍及经常居住地也纳入了消极礼让原则的分析范围。在此案中，关键证人或是拥有洪都拉斯国籍或是洪都拉斯的居民，而所有的当事人则是美国国籍，美国联邦第九

[①] Edward Binkowski, "Timberlane: Three Steps Forward, One Step Backwards", *International Lawyer*. 15(1981), 419.

巡回上诉法院据此认定，在该案中，国籍因素略微支持美国法院对该案中的垄断行为行使域外管辖权。

第三，法律在美国及其他相关国家能够得到执行的程度。在该案中，任何针对被告的判决在美国均可以得到顺利执行，而判决是否能够在洪都拉斯得到顺利执行，则无法确定。美国联邦第九巡回上诉法院据此认定，在该案中，法律执行因素支持美国反垄断法对此案行使域外管辖权。

第四，将域外垄断行为对美国的影响与对其他相关国家的影响进行比较。在该案中，通过对美国的木材消费情况进行调查，美国联邦第九巡回上诉法院发现，美国从洪都拉斯进口的木材量在美国全部木材进口量中所占的比例极少。因此，涉案垄断行为对美国商贸的影响是微不足道的。与之相比，涉案垄断行为对洪都拉斯的就业、税收、外汇都存在不可忽视的影响。通过比较二者，美国联邦第九巡回上诉法院认定，在该案中，域外垄断行为的影响程度这一因素不支持美国反垄断法域外管辖权的行使。

第五，是否存在故意损害或者影响美国商业之主观意图。当涉案垄断行为是在损害美国商业的意图驱使下实施的，主观意图因素将支持美国反垄断法域外管辖权的行使。在该案中，被告实施垄断行为的目的是获取更大的投资回报，原告也未能证明被告意图通过涉案垄断行为影响美国。因此，主观意图因素支持美国不在该案中行使反垄断法域外管辖权。

第六，涉案行为的可预见性。在涉案行为实施时，如果行为人在实施域外垄断行为时已经可以预见该行为的实施将对美国产生影响，则可预见因素将支持美国行使反垄断法域外管辖权。在该案中，美国联邦第九巡回上诉法院认为，被告实施的涉案垄断行为是为了拯救濒临破产的企业。作为一个理性的经营者，其在实施上述行为时无法预见涉案垄断行为将对美国商业产生微不足道的影响。因此，美国联邦第九巡回上诉法院认定，可预见性因素在该案中不支持美国行使反垄断法域外管辖权。

第七，域外垄断行为对美国的重要性和对相关国家的重要性。该因素适用于分析域外垄断行为所在的地理位置对于美国反垄断法域外管辖权的影响。在该案中，所有的域外垄断行为均发生在洪都拉斯境内。因此，本案中，该分析因素不支持美国反垄断法域外管辖权的行使。

通过对以上7个因素的综合分析，美国联邦第九巡回上诉法院最终判决，美国法院不应当对此案中的域外垄断行为实施反垄断法域外管辖权。相较于意图效果规则，利益平衡规则既保留了美国反垄断法管辖域外垄断行为的可能性，又通过引入消极礼让原则对美国反垄断法域外管辖权进行适度限制。利益平衡规则的确立表明美国法院已经意识到，若毫无节制地适用意图效果规则将对美国的国家利益造成消极影响。

利益平衡规则不仅为美国联邦第九巡回上诉法院所采纳，也为其他美国法院所认可。譬如，在曼宁顿米尔斯公司诉刚果乐姆公司案（Mannington Mills, Inc. v. Congoleum Corp., 以下简称"曼宁顿米尔斯公司案"）中，美国联邦第三巡回上诉法院基于消极礼让原则驳回了原告的诉讼请求，美国联邦第三巡回上诉法院的论证思路脱胎于廷布莱恩木材公司案中的利益平衡规则。①

2. 制定《对外贸易反垄断改进法》对美国反垄断法域外管辖权予以限制

在国内立法上，美国政府于1982年颁布了《对外贸易反垄断改进法》（Foreign Trade Antitrust Improvement Act，FTAIA），美国国会制定该法的主要目的是对美国反垄断法域外管辖权进行适度限制，这种限制主要表现在以下两个方面：第一，除美国的进口贸易外，域外的垄断行为只有对美国的对外贸易产生直接的、实质的且具有可预见性的影响时，《谢尔曼法》的域外管辖权才可以适用于此类案件。第二，上述限制效果必须能够赋予原告根据《谢尔曼法》提起诉讼的请求权，《谢尔曼法》方能适用于该域外行为。

尽管美国国会通过制定成文法的方式意图限制美国反垄断法域外管辖权，但由于《对外贸易反垄断改进法》中的立法语言极具概括性和模糊性，导致该法在适用过程中频发争议。例如，如何界定域外垄断行为对美国的影响是直接的、实质的且具有可预见性的，美国国会在制定该法时，并没有明确规定，这为之后的争议埋下了伏笔。

3. 以积极礼让原则为依归，加强与欧盟的反垄断合作

20世纪90年代，美国与欧共体（欧盟的前身）先后达成了《美国和欧共体

---

① See Mannington Mills, Inc. v. Congoleum Corp., 595 F.2d 1287 (3rd Cir.1979).

关于适用反垄断法的协定》①和《美国和欧共体关于执行竞争法时适用积极礼让原则的协定》②。两次反垄断合作协定的签订，标志了积极礼让原则被正式引入美欧反垄断合作机制之中。消极礼让原则要求美国法院在审理域外垄断行为案件时对他国主权予以适当尊重，这是一种单方面实施的礼让。积极礼让原则则更进一步，其要求缔约双方在反垄断跨境执法中给予对方尊重与协助，这是一种互动的、双边的礼让。

以《美国和欧共体关于执行竞争法时适用积极礼让原则的协定》为例，根据该协定第三条，美欧双方在调查跨境垄断行为时可以寻求对方反垄断执法部门之协助，无论请求方所调查的垄断行为是否违反被请求方所在地的反垄断法。积极礼让原则的引入不仅为美国与欧洲之间建立更为紧密的反垄断合作机制奠定了基础，也说明国际社会逐渐意识到反垄断法域外管辖权的行使可能造成负面效果，通过引入积极礼让原则进而加强国际合作有利于缓和反垄断法域外管辖权造成的不利影响。

4. 在《法律重述》中提出以"合理性"限制美国反垄断法的域外管辖

美国各部门法的法律重述是由美国法律协会（American Law Institute）根据美国成文法、判例、政府政策进行归纳、总结而成的学术专著。虽然法律重述并非美国政府制定的强制性法律规则，但在美国的司法实务中却具有极高的影响力，常常在司法判决中被引用，作为法官裁判案件的重要说理依据。③

在1987年版的《第三次外国关系法重述》中，美国法律协会提出了以合理性标准限制美国法域外管辖权的观点。根据合理性标准，即便实施域外垄断行为的主体意图对美国境内的商业、贸易产生限制效果，或者域外垄断行为已经对美国境内的商业、贸易产生限制效果，但反垄断法域外管辖权的行使不符合合理性标准时，美国反垄断法域外管辖权不应当适用。④ 在反垄断案件中，对于合理性

---

① 《美国和欧共体关于适用反垄断法的协定》这一条约的英文全称是"Agreement between the Government of the United States of America and the Commission of the European Communities regarding the Application of their Competition Laws"。
② 《美国和欧共体关于执行竞争法时适用积极礼让原则的协定》这一条约的英文全称是"The U.S. Department of Justice: Agreement between the European Communities and the Government of the United States of America on the Application of Positive Comity Principles in the Enforcement of their Competition Laws"。
③ See West v. Caterpillar Tractor Company, Inc., 336 So. 2d 80 (Fla. 1976).
④ See Restatement (Third) of Foreign Relations Law of the United States § 403 (Am. Law Inst. 1987).

的判断，《第三次外国关系法重述》第 403 条给出了以下 8 个分析因素。

第一，涉案垄断行为与美国领土的关联性。譬如，该行为对美国产生了实质的、直接的且具有可预见的影响或者发生在美国领土范围内。

第二，基于国籍、定居、经济行为而产生的联系，包括美国与垄断行为责任人之间的联系、美国与美国反垄断法域外管辖权所意图保护的对象之间的联系。

第三，被美国规制的垄断行为之特征；反垄断法域外管辖权规则对于美国的重要性；其他国家对垄断行为规制的程度；美国反垄断法域外管辖权规则监管被广泛接受的程度。

第四，被美国反垄断法域外管辖权规则所保护或损害的合理预期。

第五，美国反垄断法域外管辖权规则对国际政治、法律或者经济体系的重要性。

第六，美国反垄断法域外管辖权在多大程度上符合国际体系的传统。

第七，其他国家对规制涉案垄断行为拥有多大程度的利益。

第八，与其他国家的监管产生冲突的可能性有多大。

与美国联邦第九巡回上诉法院在廷布莱恩木材公司案中的判断标准相似，《第三次外国关系法重述》在分析域外管辖权问题时将各个相关因素纳入考察范围之内用于判断行使域外管辖权是否具备合理性。这套判断标准不仅将目光投射于美国、受影响的其他国家、涉案垄断行为及三方之间的关联，更将视野拓展至美国反垄断法域外管辖权规则与全球政治、经济、法律体系之间的互动，形成一套更具多边主义色彩的反垄断法域外管辖权规则。然而，这种具体问题具体分析的判断标准因过于复杂而被批评者认为其在司法实践中缺乏可行性。①

（二）美国反垄断法域外管辖权重现扩张态势

1. 美国联邦最高法院对消极礼让原则的否定

在 1993 年由美国联邦最高法院审判的哈特福德火灾保险公司诉加利福尼亚州案（Hartford Fire Insurance Co. v. California，以下简称"哈特福德火灾保险公

---

① See William Dodge, "Jurisdictional Reasonableness Under Customary International Law: The Approach of the Restatement (Fourth) of Foreign Relations Law", *Question of International Law*, 62 (2019), 5; F. Hoffmann-La Roche Ltd. v. Empagran S. A., 542 U.S. 155 (2004).

司案"）中，原告指控英国和美国的保险公司采取联合行动限制美国再保险市场中的竞争。相较于廷布莱恩木材公司案和曼宁顿米尔斯公司案，美国联邦最高法院未将上述两案中所采用的利益平衡规则用于判断消极礼让原则是否可以阻止美国反垄断法域外管辖权的适用。

以苏特大法官（David Souter）为首的多数派大法官认为，当域外垄断行为的实施者意图影响美国并产生实际影响时，此类域外垄断行为将受到美国反垄断法的管辖，这一观点是意图效果规则的体现。在满足意图效果规则的前提下，只有在美国法与涉案其他国家的法律产生"真实冲突"（A True Conflict）时，美国反垄断法域外管辖权才会受到限制，此即为真实冲突规则。

就是否可以根据消极礼让原则阻止美国反垄断法域外管辖权的行使这一问题，多数派大法官认为，美国国会在制定《对外贸易反垄断改进法》时并没有给出明确的观点。在分析美国反垄断法域外管辖权是否适用于该案时，多数派法官认为，不需要在该案中考察消极礼让原则的适用与否。即便在该案中适用消极礼让原则，也不能排除地区法院对该案的管辖权。[1]

多数派法官在哈特福德火灾保险公司案中的观点在一定程度上否定了消极礼让原则对美国反垄断法域外管辖权的限制作用。因此，可以说，哈特福德火灾保险公司案是美国反垄断法域外管辖权重现扩张态势的标志性案件之一。

2. 美国反垄断法域外管辖权在刑事诉讼中的适用

20世纪中后期，随着日本经济的恢复与发展，经济实力突飞猛进的日本逐渐对美国的全球经济霸权产生严重的冲击。为应对日本带来的挑战，美国对日本经济采取了一系列打压措施。在金融领域，美国通过《广场协议》逼迫日元升值。除此之外，美国还运用法律手段对日本经济进行了多方面的干扰和打击。除了美国惯用的"301调查"外，反垄断法同样成为美国削弱日本企业的一手利器。在美国诉日本纸业公司案（United States v. Nippon Paper Industries Co.，以下简称"日本纸业公司案"）中，美国首次将刑事责任制度用于完全发生在美国境外的垄断案件之中。[2]

---

[1] See Hartford Fire Ins. Co. v. California, 509 U.S. 764 (1993).
[2] See United States v. Nippon Paper Industries Co., 109 F.3d 1 (1st Cir. 1997).

在该案中，被告方日本纸业公司位于日本，因热敏传真纸供应过剩及反倾销问题，日本纸业公司选择与其他热敏传真纸制造商合谋达成一项固定价格的横向垄断协议，将每平方米热敏传真纸的价格设置为20美元。包括日本纸业公司在内的所有参与此协议的生产商都没有在美国国内开设销售网点。这些生产商通过一家日本的贸易公司将其热敏传真纸出售给一家美国贸易公司。然后，这家美国贸易公司会将纸张裁剪到消费者所需的尺寸，再以更高的价格转卖给美国的消费者。

此案的审判过程可谓一波三折。在一审中，美国马萨诸塞联邦地区法院基于涉案垄断行为完全发生在美国境外而驳回了美国政府针对日本纸业公司发起的反垄断刑事诉讼。在该案二审中，美国联邦第一巡回上诉法院推翻了一审判决，美国联邦第一巡回上诉法院法官赛利亚（Bruce Selya）指出，在日本纸业公司案之前，尽管美国的反垄断法域外管辖权案件集中于非刑事领域，但此项域外管辖权的适用范围并不仅限于反垄断民事诉讼。换言之，《谢尔曼法》中的刑事处罚也被允许适用于反垄断法域外管辖权案件之中。

在该案被发回一审法院重审后，重审法官盖特纳（Nancy Gertner）发现，在达成垄断协议后，被告日本纸业公司等参与涉案横向价格垄断协议的日本企业于美国热敏传真纸市场中并未取得商业上的成功，参与涉案横向垄断协议的日本企业在美国市场中仍然面对来自美国企业的激烈竞争，其市场份额在20世纪90年代甚至出现降低的趋势。基于以上情况，根据实质影响规则（Substantial Effects Test），由于作为公诉方的美国政府无法证明被告日本纸业公司对美国的商业、贸易带来了实质影响，美国马萨诸塞联邦地区法院最终作出了支持日本纸业公司的无罪判决。①

虽然美国法院最终作出了无罪判决，但就美国反垄断法域外管辖权规则的整体发展趋势而言，日本纸业公司案是继哈特福德火灾公司案后，美国反垄断法域外管辖权再度呈现扩张性态势的又一标志性案件。得出这一结论的主要依据有两点：首先，在符合意图效果规则的前提下，美国反垄断法中的刑事处罚可以被适

---

① See United States v. Nippon Paper Industries Co., Ltd., 62 F. Supp. 2d 173 (D. Mass. 1999); United States v. Nippon Paper Industries Co., 109 F.3d 1 (1st Cir. 1997).

用于完全发生在美国境外的垄断行为,这一观点在日本纸业公司案中得到了美国法院的确认。其次,在哈特福德火灾公司案中,美国联邦最高法院对消极礼让原则予以否认的态度在日本纸业公司案中得到了延续。在该案中,美国联邦第一巡回上诉法院认为,对他国的礼让是一种恩惠和愿望,而非固定的规则或义务。

综上所述,美国法院在哈特福德火灾保险公司案和日本纸业公司案中的判决说明,在这一阶段,美国反垄断法域外管辖权重现扩张适用之态势。美国反垄断法域外管辖权的行使仍然受到一定程度的制约,但其所受到的限制整体上逐渐趋于放松。

四、放松对企业并购的反垄断监管

罗纳德·里根(Ronald Reagan)于1981年就任美国总统。在其任内,美国政府对并购交易的反垄断监管趋于放松。在《1982年合并指南》(*1982 Merger Guidelines*)中,美国司法部表示,"不应批准将创造或增强市场力量的合并"。然而,在《1968年合并指南》中,规制合并的首要原则是,"保护和促进有利于市场竞争的市场结构"。尽管从字面上理解,《1982年合并指南》似乎并未背离美国反垄断法的基本要求,但与《1968年合并指南》相比,《1982年合并指南》对竞争结构的保护远不及前者。除了对竞争结构的忽视外,里根政府对于纵向集中的监管更是极为宽松,在里根任内,其未禁止任何一起纵向集中交易。[①]

五、平衡知识产权保护与反垄断之间的冲突

美国对知识产权予以法律保护的历史并不短于美国反垄断法的历史。通过授予知识产权人在特定时间段内独占使用知识产权的权利,能够发挥鼓励知识转化、促进商业发展的作用。在反垄断法的视角下,赋予知识产权人独占使用知识产权

---

① See William Kovacic, "Built To Last? The Antitrust Legacy of the Reagan Administration", *Federal Bar News*, 35(1988), 244.

的权利实际上为知识产权人创造了一项合法的垄断。然而,知识产权权利人可能滥用这一合法垄断。早在美国反垄断法诞生之前,美国的政治精英已经意识到了知识产权滥用可能对市场竞争造成负面影响。例如,在 1873 年判决的亚当斯诉伯克案(Adams v. Burke)中,美国联邦最高法院根据首次销售原则(the "First Sale" Doctrine),要求专利权人在专利产品首次销售后,不得对之后的再销售施加地理范围限制。①

在《谢尔曼法》颁布后,美国的知识产权法与反垄断法之间的冲突呈现了持续化的态势。譬如,在 1926 年的美国诉通用电气公司案(United States v. General Electric Co.)中,通过专利授权,作为专利权人的通用电气公司固定了它的经销商销售灯具产品的转售价格。美国司法部认为,通用电气公司通过专利授权排除了被授权人之间的价格竞争,这一专利授权模式涉嫌违反美国反垄断法。然而,美国联邦最高法院并未对本案中的专利授权模式多加谴责。② 除此之外,在知识产权滥用案件中,以知识产权法作为裁判依据,还是以反垄断法作为裁判依据,这一问题也常常发生争议。

关于知识产权法和反垄断法相互冲突的起因问题,美国联邦第二巡回上诉上诉法院在 SCM 公司诉施乐公司案(SCM Corp. v. Xerox Corp.)中作出深入而精辟的阐述。美国联邦第二巡回法院指出,反垄断法与专利法之间的冲突来源于它们为实现相互的目的而采取的方法。反垄断法禁止对竞争施加不合理的限制,专利法却奖励发明人暂时的垄断权,使其免受(竞争者)对其专利技术的竞争性利用。通常情况下,当专利产品仅仅是在特定的产品市场上有效竞争的众多产品之一时,很少产生反垄断问题。然而,当专利产品获得(商业)成功时,专利法和反垄断法不可避免地会产生冲突。③

为缓和反垄断法与知识产权法之间的冲突,美国司法部和联邦贸易委员会于 1995 年联合颁布了《知识产权许可的反垄断指南》(*Antitrust Guidelines For The Licensing Of Intellectual Property*)。该指南提出了三项基本原则,用于分析知识产权垄断问题:第一,在反垄断分析中,将知识产权与其他财产权利同等对待;

---

① See Adams v. Burke, 84 U.S. 453 (1873).
② See United States v. General Electric Co., 272 U.S. 476 (1926).
③ See SCM Corp. v. Xerox Corp., 645 F.2d 1195 (2d Cir. 1981).

第二，拥有知识产权的经营者不应被假定为具有市场支配力量的经营者；第三，知识产权许可使得企业可以结合具有互补性的生产要素，这在总体上具有促进竞争的效果。[①] 指南的颁布不仅为美国政府处理知识产权垄断案件提供了指引，也有利于协调反垄断法与知识产权法之间的关系，推动二者从早期的相互冲突逐渐走向协调共进。

第五节　互联网垄断问题与美国反垄断监管的自我革新时代（20世纪末至今）

自20世纪后半叶起，陆续崛起了微软、脸书、谷歌、苹果、亚马逊等一批巨头型互联网企业，美国的互联网经济进入了蓬勃发展的时期。美国的互联网经济快速发展的主要原因有3个：第一，新自由主义的盛行为互联网巨头的诞生提供了宽松的监管环境；第二，全球化进程的加速，为美国的互联网巨头提供了广阔的市场；第三，新技术、新理念的诞生，为互联网企业的发展注入了科技动力。

伴随着互联网经济的兴盛，互联网垄断问题在美国日趋严重。与传统行业相比，马太效应在互联网行业更为明显。为维持、增强市场力量，赢家通吃的互联网巨头企业更有能力，也更有动力实施违反竞争规则的垄断行为。20世纪90年代末爆发了美国诉微软公司案（United States v. Microsoft Corp）。[②] 进入千禧年后，互联网巨头企业涉及的垄断案件日渐增多。例如，亚马逊透过纵向一体化、轴辐协议、掠夺性定价等方式使得传统书商的生存空间急剧减少。脸书透过"掐尖"收购的方式收购了照片墙（Instagram）等社交应用，进一步巩固了其在社交领域的市场优势。

面对新兴的互联网垄断问题，美国反垄断法迎来了前所未有的挑战，过去的

---

① 参见美国司法部、联邦贸易委员会：《1995年版知识产权许可的反垄断指南》，载美国司法部官网，https://www.justice.gov/atr/archived-1995-antitrust-guidelines-licensing-intellectual-property，最后访问时间：2023年10月10日；王黎明、周羽中：《美国反垄断法在知识产权领域的应用及启示》，载《法治论坛》，2019（4）。

② See United States v. Microsoft Corp, 253 F.3d 34 (2001).

理念与规则往往无法适应互联网垄断问题。比如，芝加哥学派认为市场结构分为完全垄断、完全竞争、不完全竞争三大类。然而，在互联网经济领域，出现了"新垄断竞争市场结构"，即基础平台端的自然垄断状态与增值服务端的完全竞争状态相结合的上下双层结构。以苹果公司的应用商店为例，苹果公司的应用商店通过提供免费服务，实现了完全垄断。但是该应用商店中的应用软件开发者之间仍存在完全竞争。这带来一个悖论：平台端通过免费服务达到100%市场份额，可能带来增值服务端的完全竞争。这种完全垄断与完全竞争相结合的商业模式突破了芝加哥学派的市场结构理论。[①] 又比如，互联网巨头多处于双边市场，作为平台方的互联网企业向用户端免费提供服务，以此吸引更多的用户。由于客户端的服务价格为零，以价格为基础的假定垄断者测试在客户端中的适用将受到严重限制。面对互联网巨头所带来的新形态垄断问题，美国反垄断法从批判芝加哥学派的反垄断理念和加强互联网反垄断立法两个维度，试图实现从理念到规则的自我重塑，以规制日趋严重的互联网垄断问题。

一、对芝加哥学派所倡导的"消费者福利中心主义"予以批判

如本章第四部分所述，芝加哥学派将消费者福利与经济效率视为美国反垄断法的主要价值目标，甚至是唯一价值目标。在芝加哥学派看来，当企业的行为具有经济效率，消费者也能够从中获益时，反垄断法不应当对此类行为过多干涉。本书将这一观点称为"消费者福利中心主义"。客观而言，芝加哥学派所推崇的"消费者福利中心主义"并非毫无根据，而且价格、产量等经济指标为美国法院在处理个案时提供了一套具有可操作性的标尺。

然而，在千禧年后，美国的互联网垄断问题日趋严重。以"消费者福利中心主义"为主导的美国反垄断机制无法对互联网垄断问题展开有力的监管。"消费者福利中心主义"也因此遭到了多方的批判。其中，最具有代表性的批评者来自以美国联邦贸易委员会新任主席可汗（Lina Khan）为首的新布兰代斯学派（New Brandeis School）。在可汗的代表作《亚马逊的反垄断悖论》（*Amazon's*

---

① 参见姜奇平：《互联网真的存在"垄断"吗？》，载《光明日报》，2013年12月16日，第2版。

Antitrust Paradox）中，她从美国反垄断法的立法目的、消费者福利的概念、消费者群体以外的其他群体的正当利益和美国反垄断法的预防作用这四个维度，对"消费者福利中心主义"展开了反思与批判。①

（一）"消费者福利中心主义"忽视了美国反垄断法本应具有的多元价值

可汗对于"消费者福利中心主义"的第一重批判源于对芝加哥学派对美国反垄断法立法目的的误解。可汗认为，美国国会在制定美国反垄断法时的首要目标并非保护消费者的合法利益，而是规制当时具有庞大经济势力和政治势力的大型托拉斯组织。

可汗的这一观点可以从谢尔曼议员在美国国会的发言中得到印证。作为《谢尔曼法》的"培育者"，谢尔曼议员曾在美国参议院指出，"如果我们无法忍受作为政治势力的国王，我们也不该忍受任何一位、掌握任何一种生活必需品的生产、运输与销售的国王。如果我们不愿对一位帝王屈服，我们也不应该对任何一位拥有阻止竞争、固定任何一种商品价格的贸易独裁者屈服"。从谢尔曼议员的上述发言中可以看出，可汗对《谢尔曼法》立法目的的判断是有一定依据的。

经济力量集聚在少数人手中使得他们具有影响政府的能力，这一担忧并非毫无依据。近年来，美国互联网巨头企业投入大量资金用于资助反垄断研究、提供政治献金、游说美国政府。仅在2019年，亚马逊、脸书、ComCast、AT&T和谷歌这五家企业就投入了超过7000万美元用于政治游说。②

除了保障政治民主的立法，可汗进一步指出，美国的政治精英制定《谢尔曼法》《联邦贸易委员会法》等反垄断法律法规的目的还包括对小企业主的倾斜性保护。然而，自进入20世纪70年代以来，在"消费者福利中心主义"的主导下，美国反垄断法的价值判断以经济效率的提升与否为尺度，这背离了美国反垄断法本应保护的多元价值。

---

① See Lina Khan, "Amazon's Antitrust Paradox", *Yale Law Journal*, 126 (2016), 710.
② 参见沈伟伟：《迈入"新镀金时代"：美国反垄断的三次浪潮及对中国的启示》，载《探索与争鸣》，2021（9）。

（二）芝加哥学派对消费者福利的理解过于狭隘

可汗对芝加哥学派的第二重批判则是从如何诠释"消费者福利"这一概念的内涵与外延着手。可汗认为，即便将消费者福利列为美国反垄断法所倡导的重要目标，芝加哥学派对消费者福利的理解也过于狭隘，导致芝加哥学派忽视了本应属于消费者福利的多元价值。

芝加哥学派使用价格、产量等短期指标来评判企业行为对消费者福利的影响，忽视了产品质量、产品多样性和商业创新等对消费者而言同样重要的长期福利。可汗以亚马逊公司对出版商的剥削进而减少出版物的多样性为例，阐述了产品多样性对于消费者福利的重要意义。在美国的出版物市场中，出版商的传统商业模式是交叉补贴，即通过出版畅销书的利润补贴严肃作品或者需要大量前期投入的高风险作品。由于亚马逊公司不断提高对出版商的收费，出版商已经无力负担用于补贴严肃作品、高风险作品的成本。这些小众作品得不到出版商的支持，最终导致读者能够选择的出版物的种类减少，构成了对读者的消费者福利损害。

（三）"消费者福利中心主义"忽视了其他群体的正当利益

可汗对"消费者福利中心主义"的第三重批判集中在"消费者福利论"忽视了其他群体的正当利益。申言之，芝加哥学派把注意力主要集中在消费者这一群体，忽视了工人的利益、制造商的利益、企业家的利益甚至公民的政治权利等其他群体的正当利益。

以亚马逊公司为例，亚马逊公司对出版商的剥削，不仅使得读者无法获得具有多样性的出版物，出版商投资小众书籍的客观能力与主观动力也遭到了大幅度的削弱，进而导致整个美国的思想市场陷入贫困，产生了削弱言论自由和出版自由的消极影响。

（四）"消费者福利中心主义"削弱了美国反垄断法的预防作用

可汗对"消费者福利中心主义"的第四重批判则是立足于美国反垄断法的预防作用。可汗认为，对垄断问题的预防作用是美国反垄断法的应有之义。对趋向集中的市场结构等初露苗头的垄断问题展开及时的反垄断规制，不仅符合美国国会的立法目的，而且能够取得更好的规制效果。芝加哥学派将消费者福利与高价格、低产出挂钩，并将损害消费者福利作为美国反垄断法介入的触发条件，这导致反垄断监管的时机被大大推迟，直到企业提高价格、降低产出的时候才采取监管行动。当企业已经拥有控制价格、产出的能力时，整个市场结构很有可能早已趋向于集中。在集中度较高的市场中，企业往往没有动力改善产品质量或是提供新产品。预防作用的不完备将使得消费者的长期利益受损。

（五）小结

可汗从以上四个维度对"消费者福利中心主义"予以批判。其批判的目的与内容不仅仅局限于"消费者福利中心主义"之缺陷，更是为了从理念上重塑美国反垄断法。可汗等人所倡导的新布兰代斯运动（New Brandeis Movement）将美国反垄断法的核心宗旨定义为市场竞争本身而非狭隘的消费者福利和短期的经济效率。通过对市场结构与竞争过程的及时干预，实现维护市场竞争和保障多元价值的反垄断目标。尽管新布兰代斯运动暴露了芝加哥学派的诸多缺陷，但新布兰代斯学派本身也存在一定的不足。对新布兰代斯运动的批评视角之一在于，新布兰代斯运动的倡导者不应当止步于对芝加哥学派的批判，他们更需要做的是如芝加哥学派一般提供一套直观的、具有可操作性的反垄断分析理论。①

尽管面临外界的质疑与批评，但随着新布兰代斯学派的代表人物可汗担任美国联邦贸易委员会主席，新布兰代斯运动逐步从理论界向实务界进军。这场掀起美国反垄断理念变革的运动究竟会对美国反垄断法带来多大程度的变革，值得进一步观察。

二、加强规制互联网垄断的反垄断立法

为了应对互联网垄断问题，美国政府正在加强针对互联网垄断问题的立法工作。2021年6月，美国国会众议院司法委员会推出了五部针对互联网垄断问

---

① David Teece, "Innovation, Governance, and Capabilities: Implications for Competition Policy", *Industrial and Corporate Change*, 29(2020), 1075.

题的立法草案：《美国选择和创新在线法案》（American Choice and Innovation Online Act）、《终止平台垄断法案》（Ending Platform Monopolies Act）、《平台竞争和机会法案》（Platform Competition and Opportunity Act）、《通过启用服务交换增强兼容性和竞争性法案》（Augmenting Compatibility and Competition by Enabling Service Switching Act）和《并购申请费的现代化法案》（Merger Filing Fee Modernization Act）。

互联网垄断问题的主要症结是平台垄断问题。针对平台垄断问题，美国政府提出了主导性平台（Covered Platform）这一概念，通过加强对主导型平台的反垄断监管，以期达到遏制平台垄断问题的目的。以《美国选择和创新在线法案》为例，根据该立法草案第二条的规定，主导性平台对自营业务的优待行为、对自营业务的竞争对手的歧视行为均为该法所禁止。此外，《美国选择和创新在线法案》对歧视行为的规定极为详细与广泛，这将使得主导性平台可能面临更为全面的反垄断监管。

第六节　美国反垄断法发展历史的小结与启示

纵观美国反垄断法130余年的发展史，历经了两次世界大战、10余次经济危机等重大国际国内事件，其从理念到规则均已逐渐成熟，形成了一套较为自洽的反垄断制度。在这130余年中，这套日趋成熟的反垄断制度体现出两大特征：第一，关于美国反垄断监管的强度问题，呈现出放松管制与加强监管相互交替的钟摆式态势；第二，关于美国反垄断法的宗旨问题，消费者福利中心主义派与多元价值派的分歧长期存在，这两种观点呈现"你方唱罢我登场"的态势。

一、钟摆式的反垄断监管态势

在130余年的发展进程中，美国反垄断法总体上呈现了"加强监管"与"放松监管"互相交替的态势。我国学者应品广将这种互相交替的态势称为"钟摆式演变轨迹"，并提出了造成上述现象的四种假说：第一，经济学理论的影响（以下简称"经济学理论影响说");第二,政党政治的影响(以下简称"政党政治影响说");第三,包括经济危机、政治危机在内的各种危机的影响(以下简称"危机影响说");第四,美国社会内两大利益集团(生产者团体和消费者团体)政治博弈的影响(以下简称"政治博弈影响说")。应品广认为,其他三种假说或多或少存在难以自圆其说的缺陷。政治博弈影响说是造成"钟摆式轨迹"的主要原因,即主张放松反垄断监管的生产者集团与主张加强反垄断监管的消费者集团之间的政治博弈造成了美国的反垄断监管态势的变化。①

虽然经济学理论影响说、政党政治影响说、危机影响说这三种理论的确存在无法完全自洽的问题,但是将美国反垄断监管的"钟摆式轨迹"完全归因于生产者团体和消费者团体之间的利益博弈,这一假说同样存在一定程度的不合理性。

以美国出版市场中的五大出版商所涉及的垄断案件为例,在亚马逊公司与五大出版商的垄断争议中,根据政治博弈影响说的分类标准,可以将亚马逊公司划入生产者团体,这种归类的确符合亚马逊公司如今的市场地位与其支持轻监管的态度。作为亚马逊公司垄断行为的受害人,五大出版商在亚马逊的垄断争议中,主张加强监管的态度与消费者团体主张加强互联网反垄断执法的诉求具有一致性。②

然而,若仅仅依据亚马逊公司与五大出版商的垄断争议将五大出版商视为反垄断监管的支持者,并将其纳入消费者利益团体,这一判断可能过于轻率。五大出版商受到亚马逊公司的垄断剥削,并不能说明五大出版商站在消费者一边。相反,五大出版商同样具有实施垄断行为的客观能力和主观动力。例如,在2013年,五大出版商与苹果公司共谋提高固定电子书的价格,这一行为被美国司法部指控属于违反《谢尔曼法》的垄断行为。③ 此外,在2021年,美国五大出版商中的企鹅兰登书屋试图收购西蒙与舒斯特出版社,此项收购可能对图书市场带来的反竞争效果引起了美国司法部的警惕。美国司法部于2021年11月针对该项交易发

---

① 参见应品广:《美国反垄断法的演变轨迹——政治博弈的视角》,载《太平洋研究》,2013(2)。
② 在美国出版市场中占有主要市场份额的五大出版社分别是阿歇特图书集团(Hachette Book Group)、哈珀柯林斯出版社(HarperCollins Publishers)、麦克米伦出版社(Macmillan Publishers)、西蒙与舒斯特出版社(Simon & Schuster Publishers)和企鹅兰登书屋(Penguin Random House)。
③ See United States v. Apple Inc., 952 F. Supp. 2d 638 (S.D.N.Y. 2013).

起了反垄断诉讼。①

以是否支持"强监管"为标准，政治博弈影响说过于简单粗糙地将美国国内的利益群体划分为生产者团体和消费者团体，忽视了企业对美国反垄断法的工具化态度。根据五大出版商在上述三起案件中的表现，五大出版商时而是垄断行为的实施者，时而是垄断行为的受害者。五大出版商的双重角色表明，它们将美国反垄断法作为实现商业利益的工具，而非真心实意地站在消费者的立场上支持反垄断监管。企业作为"理性人"的自利性使得它们更倾向于灵活地对待反垄断监管。申言之，当加强反垄断监管对其自身有利时，企业往往会支持美国政府加强反垄断监管。当放松反垄断监管有利于实现自身利益最大化时，企业则更可能倾向于反对反垄断监管，甚至亲自实施垄断行为。

综上所述，将政治博弈作为解释美国反垄断法"强弱交替"态势的主要因素并不完全准确。除了政治博弈，经济学理论、危机事件及政党政治等因素也对美国反垄断法的演变产生了重要影响，这些因素同样不容忽视。因此，我们不应将某一社会因素视为决定美国反垄断监管态势的唯一力量，而应从美国反垄断法的功能角度探讨其监管态势的变化。

美国反垄断法自诞生之日起，便肩负了保障经济民主、维护市场竞争等多元使命。以免疫监视为类比，侵害经济民主、削弱市场竞争的垄断问题如人体内的病毒，而反垄断法宛如人体的免疫系统，它发挥的是免疫监视的作用，负责识别并杀死垄断病毒。当经济势力膨胀为垄断力量，试图侵蚀市场竞争和经济民主时，反垄断法作为免疫系统会对垄断病毒展开反击以维护社会的整体利益。

然而，作为免疫系统的反垄断法何时展开反击？反击的力度如何？美国政府在回答上述问题时受到包括政党政策、社会危机、经济学理论、利益集团博弈等多种力量的影响。多重社会因素的合力作用下，使得美国反垄断法在特定时期内展现了或"强监管"或"轻监管"的态势。

回顾美国反垄断法的百年历史，作为免疫系统的反垄断法并不能对所有的垄断病毒实现百分百的准确打击。过度的强监管恰似超敏反应的人体免疫系统一般，

---

① 美国司法部：《司法部发起诉讼以阻止企鹅兰登书屋收购竞争对手西蒙与舒斯特出版社》，载美国司法部官网，https://www.justice.gov/opa/pr/justice-department-sues-block-penguin-random-house-s-acquisition-rival-publisher-simon，最后访问时间：2023 年 10 月 15 日。

将正常的商业活动错误地识别为垄断病毒予以打击。例如,在1968年的阿尔布雷希特诉先驱公司案(Albrecht v. Herald Co.)中,美国联邦最高法院将最高转售价格维持协议认定为本身违法。[①] 实际上,最高转售价格维持协议并不必然排斥竞争,反而可以使消费者享受价格更为低廉的产品,有利于增进消费者利益。在另一个极端,过度的轻监管政策正如陷入免疫耐受的人体免疫系统,对危害市场竞争的垄断病毒熟视无睹。譬如,在里根担任美国总统时期,政府对于纵向集中过度宽容,未禁止任何一起纵向集中案件,忽视了纵向集中可能带来的负面影响。

美国反垄断法在实施的过程中带有深刻的历史烙印。在时代的洪流中,利益集团之间的博弈、政党间的角力、经济学家的争论、国际国内形势的变化等国际国内因素均对美国反垄断法的演变趋势产生了不可忽视的影响。作为美国反垄断法的制定者与实施者,美国政府同样不可避免地受到上述社会因素的制约与影响。多重社会因素的合力,使得美国反垄断法在不同的历史阶段呈现出或强或弱的监管态势。监管态势的强弱变化并不必然契合美国社会发展的需求,也并不必然符合美国人民的整体利益。尽管如此,美国反垄断法的监管态势的演变趋势具有重要的历史价值。无论是对于美国而言,还是对于包括我国在内的其他国家而言,了解美国反垄断法在监管态势上的变化及其背后的成因,对于各国建立宽严相济的反垄断监管机制而言具有重要的参考意义。

二、长期存在的目标之争

美国反垄断法在演变趋势上的第二大特征是反垄断法的目标之争。争议的核心在于,美国反垄断法是应当以保护消费者福利为主要宗旨,还是追求多元化的反垄断价值。一方认为应当以产出、价格等短期经济效率为尺度,衡量企业行为对消费者福利的影响。另一方则支持美国反垄断法将民主自由、中小企业的发展空间、多元化的产品与服务等多元价值纳入美国反垄断法的保护范围,而不应仅将目光局限于消费者福利问题。

---

① See Albrecht v. Herald Co., 390 U.S. 145 (1968).

如前文所述,美国反垄断法的目标之争是长期存在的。在"沃伦法院"时代,当时美国联邦最高法院在反垄断法实施过程中,将"杰斐逊式民主"作为美国反垄断法的重要价值。透过反垄断法保护中小企业进而实现经济民主与政治民主。但是,在"伯格法院"时代,"伯格法院"对多元化的反垄断价值论缺乏认同,其更多地受到芝加哥学派的影响,将反垄断法的实施重点置于消费者福利和经济效率。

自20世纪70年代中期开始,"消费者福利中心主义"对美国反垄断法产生了前所未有的影响力。进入21世纪之际,互联网垄断问题日趋严重。在此背景下,莉娜·可汗等新布兰代斯学派的代表人物,对芝加哥学派坚持的"消费者福利中心主义"进行了深刻的批判。他们呼吁美国政府应该将平民主义的民主价值以及市场竞争结构等多元化的价值目标纳入美国反垄断法的目标体系之内。

长期存在的反垄断目标之争,在一定程度上反映了不同的利益群体对美国反垄断法抱有各自的期待。在制定、实施美国反垄断法的过程中,美国政府应当如何平衡不同群体之间的利益冲突?如何兼顾多元化的利益诉求?又如何保证反垄断法具备适度的稳定性?这些问题一直是对美国政府的考验。美国政府在目标问题上的得与失也为其他国家提供了极具参考价值的经验。

第二章
美国反垄断法的规则体系

本 章 提 示

美国是一个判例法国家，也是一个联邦制国家，这使得美国反垄断法的规则体系更为复杂。本章将首先介绍成文法规则与判例法规则在美国反垄断法规则体系中所扮演的角色。在此基础上，按照一般法与特别法的分类标准，对美国联邦政府制定的成文法规则予以探讨。对于美国各州[①]制定的反垄断法，本章将从州政府的立法权基础、州反垄断法与联邦反垄断法的关系两个维度予以讨论。

一、美国反垄断法的规则体系概述

提到美国反垄断法，大家往往会首先想到《谢尔曼法》等成文法规则。但作为一个判例法国家，判例法规则在美国的反垄断法律实践中同样发挥了重要的作用。判例法规则与成文法规则共同组成了美国反垄断法的规则体系。例如，在《谢尔曼法》颁布之时，对于《谢尔曼法》是否具备域外管辖权这一问题，美国国会并没有给出明确的回答。之后，美国联邦法院通过一系列司法判例赋予了《谢尔曼法》域外效力并形塑了美国反垄断法域外管辖权的基础框架。

按照制定机关和适用范围为划分标准，可以将美国的反垄断成文法规则分为美国联邦政府制定的成文法规则和州政府制定的成文法规则。作为一个典型的联

[①] 美国华盛顿哥伦比亚特区虽然在法律地位上不等同于州，但特区委员会也具有制定本地区反垄断法的权力。因此，为方便读者阅读，在本书中，除非有特别说明，"各州"一词包括华盛顿哥伦比亚特区，"州反垄断法"一词包括了特区反垄断法。

邦制国家，美国的立法权由中央政府（联邦政府）与地方政府（州政府）共享，二者均享有制定反垄断成文法规则的权力。联邦政府与州政府共享国家权力的政治格局与美国的历史传统息息相关。无论是发起独立战争的北美 13 州，还是之后加入美国的得克萨斯共和国等地区，它们在加入美国之前，已经具备合法管理本州事务的权力。在并入美国之后，州政府的立法权为美国宪法所确认并延续至今。关于反垄断立法，如本书第一章中所述，早在联邦政府制定《谢尔曼法》之前，以艾奥瓦州为首的 13 个州先于美国联邦政府制定了州一级的反垄断法。美国各州的反垄断成文法规则对于保护本州的市场竞争和打击垄断行为具有不可忽视的作用。

在美国联邦政府制定的反垄断成文法中，又可以细分为两个部分：一般法与特别法。前者作为规制垄断行为的通用规则，构成美国联邦反垄断法律的核心部分。后者则是应对特殊行业垄断问题的特别法规则。特别法作为普通法的重要补充，在适用过程中，按照普通法优先于一般法的原则进行适用。

二、美国联邦政府的反垄断成文法规则

（一）成文法规则中的一般法

按照垄断行为的实施主体为分类标准，垄断行为可以分为经济性垄断行为与行政性垄断行为。前者的实施主体主要是市场中的经营者，后者的主要实施主体主要是行使公权力的行政组织。美国与我国类似，也存在行政性垄断问题。但是对于规制行政性垄断的方法，美国则是更多依靠宪法、行政法及相关司法判例，而非反垄断法。[1] 因此，此处的"一般法"指的是适用于绝大多数经济型垄断行为的法律规则，所涉及的反垄断成文法主要是《谢尔曼法》《克莱顿法》和《联邦贸易委员会法》。

1.《谢尔曼法》的核心内容

（1）对垄断协议和非法垄断市场这两大类垄断行为予以法律规制。根据《谢

---

[1] 参见李海涛：《美国行政垄断管制及其启示——兼评我国〈反垄断法〉关于行政垄断的规定》，载《东方法学》，2008（3）。

尔曼法》第一条的规定，任何限制美国跨州商业贸易或者美国对外商业贸易的协议皆为该条款所禁止。与我国《反垄断法》的相关规定相比，《谢尔曼法》对垄断协议、非法垄断市场行为的法律规制呈现两大特点。

第一，《谢尔曼法》的立法语言具有高度的抽象性和模糊性。以垄断协议为例，我国的《反垄断法》中使用了7个条款对垄断协议的定义、构成要件、分类、表现形式、抗辩事由、法律责任分别予以规定。① 与我国《反垄断法》不同，《谢尔曼法》第一条既没有对垄断协议的定义予以明确的界定，也没有对垄断协议的类型予以划分，更没有对垄断协议的表现形式予以说明。

立法语言的抽象性和模糊性对美国的反垄断实践工作产生了利弊共存的影响。

一方面，通过这种"在神不在形"的立法语言，《谢尔曼法》第一条为美国政府规制各种类型的垄断协议保留了灵活的适用空间。《谢尔曼法》第一条的灵活性在轴辐协议问题上体现得最为明显。

所谓"轴辐协议"，指的是由一个位于"轴心"的经营者与多个位于"辐条"的经营者达成的横纵结合型混合协议。轴辐协议的本质是位于"轴心"的经营者借助自身与位于"辐条"的经营者之间的纵向关系，组织、帮助位于"辐条"的经营者达成、实施横向垄断协议。

对轴辐协议问题的立法缺失，是我国原《反垄断法》的一大缺陷。在2022年修订《反垄断法》之前，我国原《反垄断法》将垄断协议分为横向垄断协议和纵向垄断协议。这种二分法忽视了现实生活中存在的轴辐协议问题，即垄断协议并不是非横即纵的。该立法缺陷的存在导致原《反垄断法》无法有效规制轴辐协议问题。例如，在安徽信雅达等三家密码器企业垄断协议案中，人民银行合肥中心支行组织具有竞争关系的三家密码器公司达成分割支付密码器销售市场的横向垄断协议。由于原《反垄断法》并未将垄断协议组织、帮助行为纳入规制范围，安徽省工商行政管理局无权对该横向垄断协议的组织者人民银行合肥中心支行予

---

① 参见《中华人民共和国反垄断法》第十六至二十一条、第五十六条。

以反垄断处罚。①

相较于我国原《反垄断法》对垄断协议采取二分法的规定，美国国会并没有在《谢尔曼法》第一条中对垄断协议的类型作出明确的分类，而是使用"任何"一词将所有限制竞争的协议纳入该条款的规制范围，使得《谢尔曼法》第一条可以有效规制轴辐协议问题。

但在另一方面，由于《谢尔曼法》使用诸多模糊且抽象的立法语言，这导致该法在适用过程中需要依靠美国法院对其进行进一步的解释。例如，美国国会在《谢尔曼法》中将其所禁止的垄断行为表述为限制交易或贸易的行为，美国国会并未对何为限制交易或贸易行为作出明确规定。在标准石油公司案中，如何理解限制交易或贸易的行为成为美国联邦最高法院面对的一大挑战。由此可见，抽象模糊的立法语言可能削弱《谢尔曼法》的确定性，不利于美国反垄断法的实施。

第二，通过自由刑规制垄断协议和非法垄断市场行为以确保美国反垄断法的威慑效力。根据《谢尔曼法》的规定，达成、实施垄断协议或参与非法垄断市场行为的自然人，不仅需要承担民事赔偿责任和缴纳反垄断罚款，还可能面临最高10年以内的刑事处罚。通过引入以自由刑为核心的刑事处罚，美国反垄断法的威慑效力得到充分保障。

根据统计数据显示，2014年至2023年期间，美国司法部发起的反垄断刑事诉讼案件的年度数量从45起下降至9起。在这10年间，涉嫌参与垄断犯罪的犯罪嫌疑人的数量也呈现减少趋势。② 由此可见，刑事责任制度的引入对垄断行为的治理具有显著的促进作用。

（2）赋予私人原告发起反垄断民事诉讼的权利。发达的私人反垄断诉讼是美国反垄断制度的另一大特点。根据《谢尔曼法》第七条的规定，包括自然人、公司等在内的私人主体的合法权益受到该法所禁止的垄断行为侵害时，私人主体

---

① 参见安徽省市场监督管理局：《竞争执法公告安徽信雅达等三家密码器企业垄断协议案》，载安徽省市场监督管理局官网，https://amr.ah.gov.cn/public/5248926/116990792.html，最后访问时间：2023年10月16日。
② 参见美国司法部：《刑事执法趋势图》，载美国司法部官网，https://www.justice.gov/atr/criminal-enforcement-fine-and-jail-charts，最后访问时间：2023年10月16日。

有权在美国联邦法院对垄断行为的实施者发起反垄断民事诉讼。一旦原告胜诉，其不仅可以获得三倍损失的赔偿，包括律师费在内的维权费用也将得到偿付。

该条款的积极作用主要有三点：首先，三倍赔偿规则可以极大地激发私人主体发起反垄断民事诉讼的主观动力。垄断行为不仅对私人主体的合法权益造成损害，更有损社会公共利益。虽然私人主体发起反垄断民事诉讼的动机往往是维护自身合法利益，但私人主体发起的反垄断诉讼最终有利于打击垄断行为进而维护公共利益。其次，将原告的律师费等维权成本转嫁于垄断行为实施者，有助于更合理地平衡原被告双方的诉讼力量。由于反垄断诉讼的专业性，律师的专业能力对于案件的走向具有极为重要的影响。因此，聘请高水准的反垄断律师的费用往往极为高昂。在反垄断诉讼中，被告通常是大中型企业，它们具备雄厚的财力用于聘请业务水平出众的反垄断律师，但原告未必能够负担如此高昂的律师费。如果不将律师费等维权费用转嫁于垄断行为实施者，原告可能因为无法承担高昂的律师费用而丧失维权动力，最终会削弱私人诉讼对垄断行为的规制作用。最后，《谢尔曼法》第七条使得原告能够获得远超实际损失的赔偿，突破了侵权法中的填平原则，赋予了美国的反垄断民事诉讼以惩罚作用和威慑作用，大大增加了垄断行为实施者的违法成本，有利于降低垄断行为的发生概率。

2.《克莱顿法》的核心内容

（1）对价格歧视行为的反垄断监管。《克莱顿法》第二条禁止用于限制竞争、垄断市场的价格歧视行为（Price Discrimination）。[①] 该条款后被《罗宾逊—帕特曼法》（Robinson-Patman Act）所吸收和细化。以价格歧视行为所影响的对象为划分标准，可以将《克莱顿法》所禁止的价格歧视行为分为两大类：第一种价格歧视限制的是卖方之间的竞争，即实施价格歧视的一方与它的竞争者之间的竞争受到价格歧视行为的限制。忠诚折扣、目标返点等定价策略属于这一类价格歧视。第二种价格歧视即限制的是买方之间的竞争，即从价格歧视行为中受益的买家与因为价格歧视而受损的买家之间的竞争受到价格歧视行为的限制。例如，在上游市场具有支配地位的企业对子公司客户和非子公司客户实行不同的定价策

---

① See 15 U.S.C. § 13.

略，使得非子公司客户受到排斥。①

（2）对排他性交易的反垄断监管。《克莱顿法》第三条禁止有碍竞争的排他性交易（Exclusive Dealing）。② 所谓"排他性交易"，指的是"指一个经营者在特定的市场范围内，要求与之存在上下游关系的（一个或几个）特定交易对象只能与之进行购买或者销售的交易方式"。③ 排他性交易的本质是一种纵向的协议控制，其在全球范围内是一种较为常见的垄断行为。例如，2021年，阿里巴巴集团控股有限公司在我国境内网络零售平台服务市场实施"二选一"交易政策被处以182.28亿元人民币的反垄断行政罚款。在全球范围内，互联网企业的"二选一"交易政策是排他性交易的一种常见表现形式，但是排他性交易并不局限于线上交易，在线下商业活动中同样存在。

需要注意的是，美国规制排他性交易的法律依据不仅限于《克莱顿法》第三条。排他性交易行为的实施载体是交易双方达成的协议，这一协议可能构成《谢尔曼法》第一条所禁止的垄断协议。当实施排他性交易的企业具有市场力量时，可能构成《谢尔曼法》第二条所禁止的非法垄断市场行为。

（3）对搭售行为的反垄断规制。《克莱顿法》第三条除了禁止排他性交易行为外，也禁止搭售行为（Tie-in）。所谓"搭售行为"，又称"搭售安排"（Tying Agreement），是指买方购买某种产品、服务时，必须以接受另一种产品、服务为条件。④ 需要注意的是，美国规制搭售行为的反垄断规则并不仅限于《克莱顿法》第三条。申言之，由于搭售行为需要借助企业与消费者之间的销售协议作为实施载体，《谢尔曼法》第一条在此产生了适用空间。此外，当企业通过它所具备的市场力量实施搭售行为时，该企业的搭售行为可能构成《谢尔曼法》第二条所禁止的非法垄断市场行为。

（4）对并购交易（经营者集中）的反垄断规制。《克莱顿法》第七条规制的是企业间的并购交易。《克莱顿法》语境中的"并购"除了股票收购外还包括

---

① 参见许光耀：《价格歧视行为的反垄断法分析》，载《法学杂志》，2011（11）。
② See 15 U.S.C. § 14.
③ 参见张晨颖：《排他交易反垄断规制的结构性反思》，载《法律适用》，2020（7）。
④ 参见[美]赫伯特·霍温坎普：《联邦反托拉斯政策竞争法律及其实践》，许光耀、江山、王晨译，433页，北京，法律出版社，2009。

资产收购、合同控制等一切引发企业控制权变化的行为。① 虽然在现实的商业世界中，并购的实施往往以公司为载体，但是《克莱顿法》的适用对象并不仅限于公司。包括自然人组成的非公司形态的组织也属于《克莱顿法》第七条语境中的人（Person）。② 值得注意的是，当企业的非法并购行为是为了达到非法垄断市场之目的时，《谢尔曼法》第二条可以适用于此类非法并购行为。并非所有的并购行为都会受到《克莱顿法》第七条的监管，只有该项并购交易可能减少竞争或者易于造成垄断时，方为该条款所禁止。③

（5）对连锁董事的反垄断规制。《克莱顿法》第八条被称为连锁董事条款。所谓"连锁董事"是指，同一人在两家以上具有竞争关系的公司担任董事或董事会任命的高级管理人员。④ 美国国会之所以在《克莱顿法》中禁止连锁董事，是因为连锁董事是滋生垄断行为的温床。譬如，两家具有竞争关系的公司可以通过连锁董事为这两家公司之间的价格协同行为或敏感信息共享行为提供便利。基于预防垄断行为的立法目的，美国国会立法禁止连锁董事这种具有潜在危害性的垄断行为。⑤

近年来，连锁董事问题已成为美国政府的反垄断监管重点之一。例如，美国司法部针对包括科力斯公司（Qualys, Inc）在内的多家公司的连锁董事问题展开了反垄断调查，被调查的公司采取了包括撤回董事任命等多项整改措施以遵循《克莱顿法》第八条和美国司法部的合规要求。⑥ 需要进一步说明的一点是，并非所有公司设置连锁董事的行为都违反《克莱顿法》第八条的规定。只有当公司的财务状况达到美国政府所设置的门槛条件时，设置连锁董事的行为方产生违反《克莱顿法》第八条的可能性。美国联邦贸易委员会根据美国国民生产总值设置了《克

---

① See McTamney v.Stolt Tankers and Terminals, 678 F. Supp. 118 (E.D. Pa. 1987).
② See 15 U.S.C. § 12.
③ See 15 U.S.C. § 18.
④ See 15 U.S.C. § 19.
⑤ See United States v. Sears, Roebuck & Co., 111 F. Supp. 614 (S.D.N.Y. 1953).
⑥ 参见美国司法部：《司法部正在进行的〈克莱顿法〉第8条执法工作旨在防止更多潜在的非法连锁董事》，https://www.justice.gov/opa/pr/justice-department-s-ongoing-section-8-enforcement-prevents-more-potentially-illegal，载美国司法部官网，最后访问时间：2023年6月2日。

莱顿法》第八条的适用范围。①

3.《联邦贸易委员会法》的核心内容

作为美国联邦政府两大反垄断执法机构之一，其与美国司法部共享代表美国联邦政府发起反垄断民事诉讼的权力。② 美国联邦贸易委员会开展反垄断执法的权力基础是《联邦贸易委员会法》。该法第五条授予美国联邦贸易委员会的监管权力极为广泛。根据该条款，包括垄断协议、非法垄断市场、搭售、排他性交易、非法并购等直接违反《谢尔曼法》《克莱顿法》的垄断行为受《联邦贸易委员会法》第五条监管。此外，即便企业的行为并没有直接违反《谢尔曼法》或《克莱顿法》，但当企业的行为与美国反垄断法的立法精神相悖时，这种行为将构成《联邦贸易委员会法》中的不公平竞争行为，同样受《联邦贸易委员会法》第五条的规制。③

（二）成文法规则中的特别法

如本节开篇所述，美国联邦政府制定的反垄断特别法指的是美国联邦政府为规制特殊行业的垄断问题所制定的法律。在适用的优先级问题上，特别法优先于普通法适用。美国政府颁布反垄断特别法的主要目的是在特殊行业为垄断行为设置"安全港"，以反垄断特别法为名，行产业政策之实。

对于美国是否存在明确的、全国性的产业政策这一问题，一直存在两种对立的观点。有一派学者认为，美国没有明确的、全国性的产业政策。另一派学者反

---

① 参见美国联邦贸易委员会：《修订后的〈克莱顿法〉第八条管辖门槛》，载美国联邦公报官网，https://www.federalregister.gov/documents/2022/01/24/2022-01215/revised-jurisdictional-thresholds-for-section-8-of-the-clayton-act#:~:text=Section%208(a)(5,a)(2)(A)，最后访问时间：2023年5月29日。

② 由美国司法部或联邦贸易委员会发起的反垄断民事诉讼（Civil Suit），并不是传统意义上维护私人民事权益的民事诉讼，而是以维护美国公共利益为目发起的诉讼，类似于我国人民检察院以公益诉讼起诉人身份发起的公益诉讼。

③ 《联邦贸易委员会》第五条授权美国联邦贸易委员会监管所有旨在影响竞争的不公平竞争行为，无论该行为是否违反《谢尔曼法》或《克莱顿法》。因此，从比较法的角度出发，《联邦贸易委员会法》所规制的不公平竞争行为对应的是我国《反垄断法》所禁止的垄断行为和《反不正当竞争法》所禁止的不公平竞争行为。换言之，该条款既可以用于规制《谢尔曼法》和《克莱顿法》所禁止的垄断行为，也可以用于规制虚假宣传、商业贿赂等不公平竞争行为。参见美国联邦贸易委员会：《根据〈联邦贸易委员会〉第五条对不公平竞争行为范围的政策声明》，载美国联邦贸易委员会官网，https://www.ftc.gov/system/files/ftc_gov/pdf/P221202Section5PolicyStatement.pdf，最后访问时间：2023年5月6日；刘孔中：《美国联邦交易委员会法第五条之研究》，载《人文及社会科学集刊》，1995（1）。

对美国不存在产业政策的观点，他们认为美国的产业政策隐藏在美国的政治精英所吹捧的自由竞争的表象之下。① 实际上，产业政策在美国的确存在，也对美国的国民经济产生了实质影响。譬如，美国众议院 2022 年通过了《2022 年美国竞争法》（America COMPETES Act of 2022）。法案授权美国政府将加大对半导体等先进技术产业的财政支持力度，以求在相关产业具备与中国展开竞争之实力，进而维持其全球经济霸权。通过美国国会为本国半导体行业的发展制定《2022年美国竞争法》这一立法实践可知，美国在发展本国经济的过程中同样依靠产业政策的助力。

就产业政策与竞争政策的关系而言，美国的产业政策与竞争政策并不矛盾，二者的目的殊途同归，皆是为美国的经济发展提供必要的动力。美国政府制定的反垄断特别法正是体现了美国的产业政策与竞争政策相辅相成的特点。通过制定、实施反垄断特别法，美国政府为特定行业的垄断行为"开绿灯"，而其背后的主要目的是以放松反垄断监管为代价推动特定产业的发展，实现竞争政策与产业政策的协同，进而促进本国经济的进步。本书以美国政府在农业领域的反垄断特别法为例，对美国联邦反垄断特别法予以简要介绍。

1. 放宽农业发展限制的《农业合作社法》与《农产品合作销售法》

如第一章中所述，《克莱顿法》第六条将人的劳动排除在商品范围外，使非营利的劳工组织、园艺组织、农业组织免受美国反垄断法的打击。但与此同时，《克莱顿法》第六条禁止上述组织或其成员从事限制贸易的违法行为。为了促进美国农业的发展和推动美国农业组织的建设，缓解《克莱顿法》对美国农业经营者的过度限制，美国国会先后于 1922 年和 1926 年通过了《农业合作社法》（Co-operative Marketing Associations Act）和《农产品销售合作法》（Cooperative Marketing Act）。这两部反垄断特别法在《克莱顿法》第六条的基础上进一步放宽了美国反垄断法对农业生产和销售活动的限制。

《农业合作社法》，又称《库珀-沃尔施特德法》（Capper-Volstead Act），该法使得美国农民有权成立合作社，通过合作社对农产品进行集中处理和销售。更具体地说，这项立法使得农场主可以通过组织自己的合作社来集体加工、处理、

---

① 参见贺俊：《制度逻辑、竞争位势与政府干预：美国产业政策的分解与合成》，载《国际经济评论》，2023（4）。

营销他们自己生产的农产品。① 只要上述联合经营行为不会导致农产品的价格过度上涨，美国农业部部长就不会对其予以干涉。② 美国国会制定《农业合作社法》的主要目的是帮助美国农民在与大型食品加工企业或分销企业商业谈判的过程中拥有更为优势的谈判地位，以此确保美国农民在农业生产、销售活动中不会受到大企业的剥削。

与《农业合作社法》类似，《农产品销售合作法》也是一部在农业领域设置反垄断豁免的特别法。该法允许农业生产者交换农作物的相关市场信息。③ 具有竞争关系的经营者之间交换与产品有关的敏感信息，为《谢尔曼法》第一条所禁止。但作为反垄断特别法的《农产品销售法》在农产品市场设置了反垄断豁免，使得农产品生产者不会因为实施信息交换行为而受到《谢尔曼法》的制裁。

2. 缓解奶制品生产过剩的《农产品销售协定法》

美国国会于1937年通过了《农产品销售协定法》（*Agricultural Marketing Agreement Act*）。当时的美国正经历严重的经济危机。这次经济危机的一大特点是产品生产过剩，这一特点在奶制品市场的表现尤为明显。1929年甚至发生了密西西比倾倒牛奶事件。为了应对奶制品生产过剩所带来的一系列问题，美国政府出台了一系列法律法规用于缓解产能过剩和无序生产，其中就包括《农产品销售协定法》。

根据该法的规定，根据经营者的申请，美国农业部可以组织牛奶产品的经营者就牛奶产品的营销活动达成协议或进行裁决，且上述协议或裁决的制定与实施不会被视为违反美国反垄断法。④ 《农产品销售协定法》的实施，在稳定农产品市场，避免农产品价格过低产生谷贱伤农的问题，以及确保农产品稳定供应方面发挥了重要的保障作用。

可以这样说，作为美国产业政策的一部分，反垄断特别法在一定程度上具备弥补竞争政策不足的功能，《农业合作社法》《农产品合作销售法》与《农产品销售协定法》这三部反垄断特别法正是竞争政策与产业政策协同效应的典范。

除了农业领域的反垄断特别法，美国国会还制定了《体育赛事转播法》（*Sports*

---

① See 7 U.S.C. § 291.
② See 7 U.S.C. § 292.
③ See 7 U.S.C. § 455.
④ See 7 U.S.C. § 671.

Broadcasting Act)、《国家合作研究与生产法》(National Cooperative Research and Production Act)等一些反垄断特别法。它们的相似点是,这些反垄断特别法对特定行业中的垄断行为设置了行业豁免,使特定行业中的部分垄断行为免受美国反垄断法的谴责,以此达到促进产业发展之目的。

三、美国州政府制定的反垄断法

美国不仅有联邦政府的反垄断法,同时也存在地方层面的反垄断法,即各州政府制定的反垄断法。除了宾夕法尼亚州外,美国其他各州均已制定了本地区的反垄断成文法。美国各州反垄断法与联邦反垄断法一同发挥维护市场竞争、打击垄断行为的作用。

在对美出口贸易中,我国企业不仅会因为违反美国联邦反垄断法而陷入争端之中,其同样受美国各州反垄断法的规制。以宁波舜宇案为例,原告发起反垄断诉讼的法律依据不仅包括美国联邦反垄断法,还包括加利福尼亚州反垄断法(Cartwright Act)。[①] 因此,了解美国各州反垄断法的基本情况,对于提高我国企业应对对美出口贸易中的垄断风险能力具有重要意义。

(一)州政府制定本州反垄断法的权力基础

美国是一个联邦制国家,联邦政府与州政府之间并非完全的上下级关系。根据美国宪法第十修正案,美国宪法未明确授予美国联邦政府的权力,也未禁止州政府行使的权力,则归属于美国各州或美国人民。因此,美国各州政府对于本州事务享有广泛的立法权,其中就包括制定本州反垄断法的权力。

(二)州反垄断法与联邦反垄断法的关系

1. 州政府可以制定与联邦反垄断法相矛盾的州反垄断法

美国联邦反垄断法对各州反垄断法的制定与实施产生了深远的影响。自《谢尔曼法》颁布之后,各州政府在制定本州反垄断法之时或多或少地会借鉴联邦反

---

① See Optronic Technologies, Inc. v. Ningbo Sunny Electronic Co. Ltd., No. 20-15837 (9th Cir. 2021).

垄断法。然而，各州政府在制定本州反垄断法时并非完全照搬联邦反垄断规则，甚至可以制定出与联邦反垄断法相矛盾的州法。

以纵向价格垄断协议问题为例，美国联邦最高法院和美国司法部整体上趋向于采用更宽容的政策对待纵向价格垄断协议。美国联邦最高法院在丽晶皮革制造公司诉 PSKS 公司案（Leegin Creative Leather Products, Inc. v. PSKS, Inc.）中，推翻了以本身违法原则规制纵向价格垄断协议的先例，转而以合理原则规制纵向价格垄断协议。① 此外，美国司法部对纵向价格垄断协议采取的是非刑事化规制政策，最近一起由美国司法部针对纵向价格垄断协议发起刑事诉讼需要追溯到 20 世纪 80 年代。② 与美国联邦反垄断法不同，美国马里兰州不仅继续以本身违法原则规制纵向价格垄断协议，而且对纵向价格垄断协议的实施者予以刑事制裁。根据马里兰州反垄断法的规定，纵向垄断协议的实施者将被处以不超过 50 万美元的刑事罚金，单处或者并处不超过 6 个月的有期徒刑。③

再比如，美国联邦反垄断法允许胜诉的私人原告要求被告支付其维权所产生的律师费，这是美国联邦反垄断法赋予私人原告的一项法定权利。但在科罗拉多州，当原告基于该州反垄断法胜诉时，法院拥有自由裁量权决定是否判令败诉的被告承担原告的维权费用。④

由此看来，美国各州在反垄断立法问题上拥有高度的自主权，它们不必追随美国联邦政府在反垄断问题上的观点，这一点充分体现了美国作为一个联邦制国家的特征。

2. 经营者或同时触发州反垄断法和联邦反垄断法

由于美国存在联邦反垄断法与州反垄断法并行的格局，企业在实施垄断行为时可能同时违反美国联邦反垄断法和州反垄断法。以美国诉微软案（United States v. Microsoft Corp.）为例，微软公司将 Windows 操作系统和 IE 浏览器捆绑销售。不仅美国联邦政府指控微软公司的搭售行为有违《谢尔曼法》第二条，而且美国多个州政府也指控微软公司违反各州的反垄断法。⑤

---

① See Leegin Creative Leather Products, Inc. v. PSKS, Inc., 551 U.S. 877 (2007).
② See In Re Grand Jury Investigation of Cuisinarts, Inc., 516 F. Supp. 1008 (D. Conn. 1981).
③ See Md. Code Ann., Com. Law § 11-204(a) (2020).
④ See CO Code § 6-4-114 (2022).
⑤ See United States v. Microsoft Corp, 253 F.3d 34 (D.C. Cir. 2001).

四、小结

　　诚然，在参与对美出口贸易的过程中，美国联邦政府的反垄断规则一般法与我国企业的关联更为密切。因此，大部分中国企业对《谢尔曼法》等美国联邦反垄断法更为熟悉。然而，美国联邦政府反垄断特别法和美国各州的反垄断法对我国企业的影响不应当被忽视。对于美国联邦反垄断特别法，其为个别行业的垄断行为大开"绿灯"，我国企业应当适当把握特别法创造的"安全空间"，积极拓展在美商业版图。对于美国的州反垄断法，我国企业则应当保持审慎态度，不应轻视州反垄断法可能带来的法律风险。综上所述，我国企业在对美出口贸易过程中，应当全面把握美国的反垄断法律体系，实现反垄断法律风险有效防控。

# 第三章
对美国出口与美国反垄断法域外管辖权

本 章 提 示

本章对美国反垄断法域外管辖权规则的研究置于对美出口的情景之中，根据概念、体系和历史背景三重视角，对美国反垄断法域外管辖权问题进行全面的研究。

第一节聚焦于概念的探讨。通过界定美国反垄断法域外管辖权的定义，明确其与相关概念的联系与区别，确保概念研究的准确性。

第二节的研究重点是规则体系的梳理。虽然美国的反垄断规则最早出现在成文法中，但判例法在美国反垄断法域外管辖权规则体系的构建过程中发挥了更为重要的作用。通过一系列的司法判例，美国联邦法院赋予了《谢尔曼法》域外管辖权。而后出台的《对外贸易反垄断法》等成文法规则与判例法规则共同组成了美国反垄断法域外管辖权规则体系。本节将对判例法规则与成文法规则分别予以探讨。

第三节着重于美国反垄断法域外管辖权规则的历史发展轨迹。美国反垄断法域外管辖权规则经历了漫长的演变过程，作为美国对外干预政策的重要组成部分，它不仅反映了美国内部政策的演变，也与国际政治经济局势交互影响。本节将借助门罗主义和干预主义的分析框架，梳理并总结美国反垄断法域外管辖权规则的历史脉络，旨在深化对其发展趋势的理解，并为中国面对相关挑战时提供参照和启示。

第一节　域外管辖权与相关概念

一、域外管辖权与域外适用

在美国法的语境中，域外适用（Extraterritorial Application）与域外管辖权（Extraterritorial Jurisdiction）是一对既有关联又有区别的法律术语。在我国学者对美国反垄断法的早期研究中，常将二者的内涵混同，无论使用"域外适用"一词，或是"域外管辖权"一词，他们的研究对象均指向了美国反垄断法对美国境外的垄断行为产生拘束力这一现象。[①] 随着我国学者对美国法研究的进一步深入，二者之间的异同点成为新的研究热点。杜涛认为，域外管辖权指的是美国法院的事项管辖权（Subject Matter Jurisdiction），其不同于美国法的域外适用。[②] 李庆明认为，域外管辖权是一国在其域外行使管辖权，包括域外立法管辖、域外执法管辖和域外司法管辖。美国法的域外适用是美国行政机关和司法机关将美国国会立法适用于在美国境外的人和事。[③]

我国学者近期的研究表明，我国学术界已经认识到美国法的域外适用与域外管辖权之间存在内涵上的差异，不应将二者混为一谈。目前的研究更侧重于对二者之间的差异进行一种静态的、局部的、微观的比较。的确，美国法中的域外管辖权和域外适用在概念、内涵和法律实践上均存在差异，但二者也是相互关联的。过分地强调二者的差异而忽视它们之间的联系，有可能导致我们无法准确把握它们在美国法中的真实定位。

美国法的域外适用与域外管辖权皆强调美国法的域外性，也即美国法被赋予域外效力（Extraterritorial Effect）。美国法的域外效力是指美国法突破属地原

[①] 参见王晓晔：《美国反垄断法域外适用析评》，载《安徽大学法律评论》，2002（1）。王中美，《美国反托拉斯法域外管辖权研究》，载《美国研究》，2007（4）；刘宁元，《自我约束的单边方法和国际协调——以美国反垄断法域外管辖实践为视角》，载《政治与法律》，2011（11）。
[②] 参见杜涛：《论反垄断跨国民事诉讼中域外管辖权和域外适用问题的区分——以中美新近案例为视角》，载《国际经济法学刊》，2019（1）。
[③] 参见李庆明：《论美国域外管辖：概念、实践及中国因应》，载《国际法研究》，2019（3）。

则，对美国领土外的人员、事物、行为发生拘束力。在不考虑通过冲突规范适用美国法的情况下，美国法的域外效力产生的法律依据是美国政府的立法管辖权（Jurisdiction to Prescribe）。①

在美国法的语境中，管辖权一词包含更为复杂的内涵。根据美国《第四次对外关系法重述》第401节的规定，美国法中的管辖权包括立法管辖权、司法管辖权（Jurisdiction to Adjudicate）和执法管辖权（Jurisdiction to Enforce）三大类。②这里的立法管辖权指的是制定法律法规用于规制人、事、物、行为的权力。也因此，享有立法管辖权的权力机关有权通过立法管辖权赋予特定法律法规以域外效力。

美国《宪法》第一条将立法权授予美国国会，其当然可以行使立法管辖权赋予特定美国法以域外效力。例如，1977年颁布的《反海外腐败法》（*Foreign Corrupt Practices Act,* FCPA）中，美国国会通过制定该法使得美国司法部有权规制跨境腐败行为。③

虽然美国国会是美国联邦政府的主要立法机构，但立法管辖权并非美国国会所独有。在美国宪法和法律允许的情况下，以美国总统为代表的行政分支（Administrative Branch）、以美国联邦法院为代表的司法分支（Judicial Branch）与美国国会一同分享立法管辖权。申言之，当美国国会的立法出现空白或不明确的状况时，美国总统和美国法院有权行使各自的立法管辖权以弥补美国国会的立法缺失。

在域外管辖权问题上，美国法院有权通过制定判例法的方式使得美国法产生域外效力。例如，在美国铝公司案中，汉德法官通过重新解释《谢尔曼法》，使得《谢尔曼法》凭借意图效果规则能够管辖完全发生在美国境外的垄断行为。

以美国总统为代表的行政分支可以通过制定行政法规、执法指南等规范性文

---

① "Jurisdiction to Prescribe" 翻译为 "规制管辖权" 用于指代 "立法管辖权"（Legislative Jurisdiction）。无论是立法管辖权抑或是规制管辖权，二者均指立法机关通过立法对人、事、物、行为展开规制的权力。为方便阅读，本书将 "Jurisdiction to Prescribe" 统一翻译为 "立法管辖权"。
② See Restatement (Fourth) of Foreign Relations Law § 401 (Am. Law Inst. 2018).
③ See 15 U.S.C. §§ 78dd-1, et seq.

件的方式赋予美国法以域外效力。例如，根据《美国反海外腐败法信息指引》（*A Resource Guide to the U.S. Foreign Corrupt Practices Act*），美国司法部将合谋共犯责任理论（Conspiracy and Accomplice Liability Theories）引入《反海外腐败法》，使得该法的域外效力扩展至本身不受该法规制的外国人、外国组织。当原本不受《反海外腐败法》规制的主体与受该法直接规制的主体共谋实施该法所禁止的贿赂行为，或教唆、帮助受该法直接规制的主体实施贿赂行为时，前者同样受该法的规制。

综上所述，美国立法、司法、行政三大机关皆具有赋予美国法域外效力的权力。透过立法管辖权赋予美国法以域外效力，此即为美国法的域外管辖权。当美国法被赋予域外效力时，该法即成为行政分支执法和司法分支裁判之依据，用于在具体案件中规制美国境外的人、事、物、行为，此即为美国法的域外适用（见图3）。

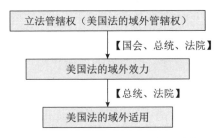

图 3　美国法的域外管辖权、域外效力与域外适用的关系

根据美国《第四次对外关系法重述》第407节，美国政府有权行使立法管辖权用于规制相应的人、事、物、行为。行使立法管辖权的首要前提是美国政府与规制对象之间存在真实联系（Genuine Connection）。根据美国《第四次对外关系法重述》，产生真实联系的方式有6种：第一，属地管辖；第二，效果管辖；第三，积极的属人管辖；第四，消极的属人管辖；第五，保护管辖；第六，普遍管辖。① 美国反垄断法的域外效力主要依靠效果管辖构建而成。

二、域外管辖权与长臂管辖权

近年来，长臂管辖权（Long-arm Jurisdiction）一词在我国的舆论语境中被广泛地使用。我国通常将其用于形容美国政府利用美国法的域外管辖权干涉他国内

---

① See Restatement (Fourth) of Foreign Relations Law §§ 408-413 (Am. Law Inst. 2018).

政的单边主义行径。① 回归美国法的语境中，长臂管辖权是一个具有清晰内涵的法律术语。具体而言，根据美国的民事诉讼规则，美国法院对特定案件产生管辖权的前提之一是法院对被告具有对人管辖权（Personal Jurisdiction）。当被告来自法院所在州之外的其他地区时，并且该被告与法院所在州之间存在必要联系时，该法院可以通过长臂管辖权对此类被告产生对人管辖权。

在美国法中，长臂管辖权问题最早可以追溯至美国联邦最高法院于1945年就国际鞋业公司案（International Shoe Co. v. Washington）所作的判决。在该案中，被告美国国际鞋业公司是一家注册于美国特拉华州的公司。它的主营业地位于美国密苏里州。美国国际鞋业公司虽然没有在华盛顿州设立办公室，但它在美国华盛顿州聘用了销售员进行商业推广活动。华盛顿州政府根据该州法律向美国国际鞋业公司征收一种用于帮助失业人员的失业税。美国国际鞋业公司认为它不属于华盛顿州法中的雇主，因此拒绝缴纳此项失业税。随后，华盛顿州政府在华盛顿州起诉了美国国际鞋业公司。美国国际鞋业公司认为，因其主营业地和注册地均不在华盛顿州，法院不具备针对美国国际鞋业公司的对人管辖权。

经过多次上诉，该案最终进入了美国联邦最高法院。时任首席大法官斯通（Harlan Stone）在其所撰写的主流意见书（Majority Opinion）中指出，当法院对被告的对人管辖权符合美国宪法第十四修正案中的正当程序条款（Due Process Clause）时，对人管辖权即可成立。法院对正当程序的审查包含两个部分：第一，被告与法院所在州之间是否存在最低联系（Minimum Contact）；第二，法院对被告的管辖是否具有合理性和公平性。

斯通大法官在主流意见书中称，当被告与涉案州之间有系统且持续的联系时，最低联系便已存在。在该案中，斯通大法官认为美国国际鞋业公司在华盛顿州拥有销售员并进行商品展示活动，这些商业行为已经能够证明该公司与华盛顿州存在系统且连续的最低联系。对于合理性和公平性的判断，斯通大法官认为，通过美国国际鞋业公司在华盛顿州的员工送达诉讼文书，并通过挂号信将相关通告邮

---

① 参见中华人民共和国外交部：《坚决反对美方对他国实施单边制裁和所谓"长臂管辖权"》，载中华人民共和国中央人民政府官网，http://www.gov.cn/xinwen/2020-07/21/content_5528487.htm，最后访问时间：2023年10月25日。

寄给该公司在特拉华州的总部的行为，可以视为符合正当程序的要求。[①]

国际鞋业公司案是美国民事诉讼法律实践中的一大里程碑式案件，为美国法院审理州外被告案件奠定了制度基础。在反垄断领域，美国法院也可以通过行使长臂管辖权对来自法院所在州以外的被告实施对人管辖权。本书第五章第三节将对美国联邦法院在反垄断领域运用长臂管辖权规则的法律实践予以详细讨论，在此不作赘述。

第二节　美国反垄断法域外管辖权的规则体系

在《谢尔曼法》制定之初，美国国会并未就该法是否具备域外管辖权作出明确规定。尽管如此，《谢尔曼法》第一条、第二条、第三条均规定任何限制美国与外国的贸易或商业的垄断行为均属于违法行为。这些模糊的立法语言为域外管辖规则的引入保留了必要的空间。

经过100多年的发展，当今的美国反垄断法主要通过判例法和成文法两种方式构建域外管辖权规则体系。在判例法路径中，美国联邦法院通过一系列司法判决形成判例法规则，赋予《谢尔曼法》规制域外垄断行为的效力。在成文法路径中，美国国会制定的《对外贸易反垄断改进法》以及美国反垄断执法机构颁布的一系列反垄断执法指南等成文法规则，是对判例法规则的吸收与整合，已成为美国反垄断法域外管辖权规则的重要组成部分。

一、美国反垄断域外管辖规则体系中的判例法

自20世纪初的美国香蕉公司案起，美国联邦法院作出了一系列对美国反垄断法域外管辖权规则体系产生重大影响的判决。除了前文提到的美国香蕉公司案、剑麻销售公司案、太平洋和北极铁路航运公司案、美国铝公司案、廷布莱恩木材公司案、曼宁顿米尔斯公司案以及哈特福德火灾公司案这七大标志性案件外，还

---

① See International Shoe Co. v. Washington, 326 U.S. 310 (1945).

包括跌宕多年的（美国）动物科学产品公司诉（中国）河北维康制药案（Animal Science Products v. Hebei Welcome，下文简称"维生素 C 反垄断案"）。①

在以上八起案件中，美国联邦法院主要回答了以下三个问题：第一，美国反垄断法是否有权规制域外垄断行为？第二，如果美国反垄断法具备域外管辖权，域外垄断行为触发美国反垄断法域外管辖权的条件为何？第三，如何适度限制美国反垄断法域外管辖权？

总的来说，这八起案件对以上三个问题的回应，将判例法在美国反垄断法域外管辖权规则体系中的发展脉络划分为四个阶段：第一阶段，美国联邦法院以属地管辖原则为依据否认美国反垄断法具备域外管辖权。第二阶段，美国联邦法院以共谋规则为美国反垄断法域外管辖权创造了有限的适用空间。第三阶段，美国联邦法院以意图效果规则扩展美国反垄断法域外管辖权的适用范围。第四阶段，美国法院在允许美国反垄断法规制域外垄断行为的同时，也对其进行一定程度的限制。

（一）以严格的属地管辖原则否认美国反垄断法具备域外管辖权

在美国联邦最高法院于 1909 年判决的美国香蕉公司案中，霍姆斯大法官根据既定权利理论（Vested Rights Theory），将美国反垄断法的管辖范围严格限制在美国境内，禁止美国反垄断法管辖域外垄断行为。

既定权利理论被英国宪法学家戴雪（Albert Venn Dicey）、美国芝加哥大学法学院首任院长及法律形式主义集大成者贝尔（Joseph Henry Beale）及霍姆斯本人所推崇。该理论的核心观点是，行为的合法性应当由该行为所在地的法律判定。

---

① 2005 年，美国动物科学产品公司等原告起诉了包括中国河北维尔康制药有限公司在内的四家中国企业。在一审阶段，除了河北维尔康制药有限公司外，其他被告均与原告达成和解，而河北维尔康制药有限公司则将本案上诉至美国联邦第二巡回上诉法院。在二审中，我国商务部以"法庭之友"的身份声明此案中的被告固定产品价格的行为是根据我国的"预核签章管理制度"所实施，符合我国当时的出口管制规则。因此，美国联邦第二巡回上诉法院根据国际礼让原则将此案发回至一审法院美国纽约南区联邦地区法院并指令一审法院撤销此案。之后，美国联邦最高法院一致同意推翻美国联邦第二巡回上诉法院对此案的判决，将此案发回美国联邦第二巡回上诉法院重审。美国联邦最高法院推翻二审裁判的原因之一是，美国联邦最高法院不认可美国联邦第二巡回上诉法院审查我国商务部声明的审查标准。2021 年 8 月，美国联邦第二巡回上诉法院根据美国联邦最高法院的指示重审此案，美国联邦第二巡回上诉法院依据国际礼让原则将该案发回一审法院并指令一审法院驳回原告的起诉。See Animal Science Products, Inc. v. Hebei Welcome Pharmaceutical Co., 585 U.S. _ (2018).

20世纪初,对于美国法的域外管辖权问题,既定权利理论在美国法院具有极强的影响力。以斯莱特诉墨西哥国家铁路公司案(Slater v. Mexican National Railroad Co.)为例,即使该案的原告与被告均具有美国国籍,但由于事故发生地在墨西哥而非美国,霍姆斯大法官根据既定权利理论判决美国法对该案不具有管辖权。[①]

(二)以共谋规则开辟美国反垄断法域外管辖权的有限空间

在1913年的太平洋和北极铁路航运公司案及1927年的剑麻销售公司案中,美国联邦最高法院没有完全推翻美国香蕉公司案,而是通过共谋规则(Conspiracy Test)确立了美国反垄断法对域外垄断行为的管辖权。尽管这两起案件中的垄断行为并非完全发生于美国境外,但美国联邦最高法院对这两起案件的判决不仅为之后的美国铝公司案等案件提供了法理依据,还为美国反垄断法域外管辖权的实施创造了空间。

(三)以意图效果规则扩展美国反垄断域外管辖的适用范围

共谋规则下的美国反垄断法域外管辖权是有限的,必须以发生在美国境内的垄断共谋为前提,才能规制发生在美国境外的垄断行为。不过,在之后的美国铝公司案中,汉德法官所确立的意图效果规则为美国反垄断法规制完全发生在美国境外的垄断行为提供了判例法依据。根据意图效果规则,当域外垄断行为的实施者意图影响美国国内市场,而且该垄断行为的确对美国国内市场造成客观影响时,美国反垄断法即可规制域外垄断行为。意图效果规则的出现极大地扩展了美国反垄断法域外管辖权的适用空间,并对美国反垄断法域外管辖权规则的历史演变产生了深远的影响。

(四)对美国反垄断法域外管辖权予以适度限制

汉德法官在美国铝公司案中所确立的意图效果规则使美国反垄断法域外管辖权的适用空间得到了极大的扩展。与此同时,当发生在美国境外的垄断行为不被行为地的法律所禁止时,意图效果规则与他国法律对本国事务的管辖权将出现相

---

① See Slater v. Mexican National R. Co., 194 U.S. 120 (1904).

互抵触的可能性。为避免对他国主权造成不必要的冲击，自20世纪中后期开始，美国法院在承认美国反垄断法具有规制域外垄断行为之权力的前提下，在司法实践中对美国反垄断法域外管辖权予以一定程度的限制。

虽然对美国反垄断法域外管辖权采取限制措施这一观点在美国联邦法院内部取得了基本共识，但对于采取何种标准限制美国反垄断法域外管辖权，美国联邦法院内部并没有形成统一观点。在50余年的司法实践中，美国联邦法院逐步形成了三种相互关联但又有所不同的判断标准。

在廷布莱恩木材公司案和曼宁顿米尔斯公司案中，美国联邦第九巡回上诉法院和第三巡回上诉法院采用了利益平衡规则，对多个相关因素进行综合分析以判断美国法院是否应当基于消极礼让原则阻止美国反垄断法域外管辖权适用于特定案件，此即为利益平衡规则的判断标准。

在哈特福德火灾公司案中，美国联邦最高法院认为，在出台《对外贸易反垄断改进法》时，美国国会并未明确表示消极礼让原则可以限制美国垄断法的域外管辖权。对于美国法院是否应当在特定案件中适用反垄断法域外管辖权，美国联邦法院将考察重点集中至意图效果规则和真实冲突规则。申言之，美国联邦最高法院在哈特福德火灾公司案中对美国反垄断法域外管辖权问题的判决要点是，在符合意图效果规则的前提下，通过考察美国法与相关国家间是否存在真实的法律冲突，用于判断美国反垄断法域外管辖权是否应当适用于特定案件，此即为真实冲突规则的判断标准。

在维生素C垄断案中，在承认消极礼让原则在分析美国反垄断法域外管辖权案件中的重要地位之前提下，美国联邦第二巡回上诉法院采取了以真实冲突规则为主，以利益平衡规则为辅的判断标准。① 与廷布莱恩木材公司案和曼宁顿米尔斯公司案相类似，在以上三起案件中，审理这三起案件的美国联邦法院皆是将消极礼让原则作为限制美国反垄断法域外管辖权的法理依据。

尽管这三起案件中的分析标准存在相似之处，但不能将它们画上等号。就廷布莱恩木材公司案和曼宁顿米尔斯公司案而言，美国联邦第九巡回上诉法院和美

---

① 在美国联邦最高法院将维生素C垄断案发回重审之后，美国联邦第二巡回法院在重审判决书中明确指出，"我们的分析是以真实冲突的存在为核心，但国际礼让原则的其他因素仍然（与此案）相关"。

国联邦第三巡回上诉法院将法律冲突因素与其他相关因素同等对待，并未特别突出法律冲突因素的重要性。相比之下，在维生素 C 垄断案中，美国联邦第二巡回上诉法院明确指出，真实冲突的存在与否是考察消极礼让原则的核心因素，而诸如当事人的国籍、美国的对外关系等其他相关因素则处于次要地位。

在哈特福德火灾公司案中，美国联邦最高法院对法律冲突因素的过度推崇和对消极礼让原则的忽视导致这种判断标准的考察视角过于狭窄。而在廷布莱恩木材公司案和曼宁顿米尔斯公司案中，美国联邦第九巡回上诉法院和美国联邦第三巡回上诉法院低估了真实冲突因素的重要性，这是利益平衡规则的不足之处。在维生素 C 垄断案中，美国联邦第二巡回上诉法院采用的以真实冲突规则为主，以利益平衡规则为辅的判断标准是对美国过往司法实践的一种纠错和整合。这种判断标准旨在避免美国反垄断法域外管辖权与他国主权以及国际规则之间产生不可调和的剧烈冲突，同时也为美国构建反垄断法域外管辖权规则体系提供了更具有外在说服力和内在逻辑性的法理依据。

综上所述，美国国会在制定《谢尔曼法》之时并未明确赋予《谢尔曼法》以域外管辖权。而后，美国联邦法院通过一系列司法判决使《谢尔曼法》产生了规制域外垄断行为的功能。美国反垄断法域外管辖权规则的基石是汉德法官于美国铝公司案中提出的意图效果规则，即《谢尔曼法》对意图影响美国并产生实际效果的域外垄断行为具备域外管辖权。虽然在美国铝公司案之后，美国联邦法院对意图效果规则进行了一定程度的限制，但这种限制仍是基于承认美国反垄断法有权规制域外垄断行为的前提下展开。

二、美国反垄断域外管辖规则体系中的成文法

（一）《对外贸易反垄断改进法》对域外垄断行为的类型化规制

1982 年，《对外贸易反垄断改进法》作为《谢尔曼法》的补充法颁布生效。该法不仅以成文法的形式对意图效果规则予以确认，还根据国际贸易的类型对域外垄断行为进行了分类。《对外贸易反垄断改进法》将美国的涉外贸易分为以下三大类：第一，美国的进口贸易；第二，美国的出口贸易；第三，既不属于对美国出

口,也不属于自美国进口,但对美国产生影响的其他国际贸易。需要特别强调的是,"其他国际贸易"是指即使既不属于对美国出口也不属于自美国进口,但仍对美国国内市场产生影响的国际贸易。假设 K 国的甲、乙两家公司生产制造手机屏幕,而 C 国的丙公司自甲、乙两公司购买这种零部件用于制造手机,丙公司制造的手机随后出口至美国。当甲、乙两公司达成并实施横向价格垄断协议,导致手机屏幕价格上涨时,根据《对外贸易反垄断改进法》的规定,美国反垄断法有权对上述横向价格垄断协议进行域外管辖,此即为"其他国际贸易"的表现形式之一。

如图 4 所示,对于美国的进口贸易,《对外贸易反垄断改进法》将其排除于该法的适用范围,此类域外垄断行为由《谢尔曼法》及其相关判例规制;对于美国的出口贸易和其他国际贸易,《对外贸易反垄断改进法》规定《谢尔曼法》不适用于这两种国际贸易行为,除非它们对美国国内商业或贸易产生直接、实质且具有合理预期的影响,且这一限制美国商业贸易的国际贸易行为必须在《谢尔曼法》上产生请求权。①

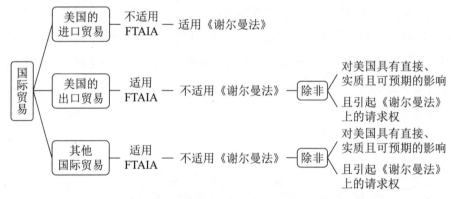

图 4 《对外贸易反垄断改进法》对国际贸易及法律适用的分类

(二)反垄断执法指南《对外贸易反垄断改进法》的细化

美国国会在《对外贸易反垄断改进法》中并未明确规定如何界定"直接、实质且具有合理预期的影响"。因此,不同的法院对该问题的看法也不一致。例如,在民化公司诉阿格里姆公司案(Minn-Chem, Inc. v. Agrium, Inc.)中,美国联邦

---

① See 15 U.S. Code § 6a.

第七巡回上诉法院指出，《对外贸易反垄断改进法》中的直接影响标准指的是被指控的域外垄断行为与美国的商业贸易之间存在合理的近因关系（a Reasonably Proximate Causal Nexus）。①

然而，在美国诉 LSL 生物技术案（United States v. LSL Biotechs）中，通过借鉴《外国主权豁免法》对"直接"一词的界定，该法院认为只有当美国商业贸易受到的影响是被指控的垄断行为所造成的直接结果（Immediate Consequences）时，《对外贸易反垄断改进法》中的直接影响标准方能得到满足。② 比较以上两种判断标准，近因关系标准的尺度似乎更为宽松。基于近因标准，美国反垄断法可以对更大范围的域外垄断行为展开监管。

对于以上两种不同的判断标准，美国司法部和联邦贸易委员会认为近因关系标准更为合理。不过，在它们共同制定的《反垄断国际合作与执行指南》（*Antitrust Guidelines For International Enforcement and Cooperation*）中，这两大反垄断执法机构也强调，上述两种判断标准的差异在绝大多数案件中并不会导致判决结果的不同。除此之外，美国司法部和联邦贸易委员会还对实质性标准与合理预期标准做出进一步的解释：实质性标准不要求以金钱为尺度对垄断行为的负面影响予以衡量。合理预期标准的判断是以一个理性人的实际商业判断为标尺，此项判断标准是一项客观标准。③

三、小结与启示

随着国家间的联系更为紧密，跨国垄断行为对各国的影响也随之逐渐加剧，各国在构建与行使反垄断法域外管辖权的过程中的难点是如何在有效规制域外垄断行为和合理尊重他国主权之间保持适度的平衡。

我国企业从我国境内将产品直接出口至美国市场，这种国际贸易行为属于美国的进口贸易，其中若涉及意图限制美国并产生实际效果的垄断行为时，此

---

① See Minn Chem v. Agrium Inc., 683 F.3d 845 (7th Cir. 2012).
② See United States v. LSL Biotechs., 379 F.3d 672 (9th Cir. 2004).
③ 参见美国司法部、联邦贸易委员会：《反垄断国际合作与执行指南》，载美国司法部官网，https://www.justice.gov/atr/internationalguidelines/download，最后访问时间：2023 年 10 月 25 日。

类域外垄断行为将被纳入《谢尔曼法》管辖范围之内。随着中美博弈呈现长期化的态势,为了优化产业链及应对美国政府对我国企业施加的种种不合理的贸易制裁,我国企业积极拓展与东盟国家的国际商贸合作,我国在东盟国家实施的加工转口贸易和跨国企业的"中国加一"产业转移模式[①]逐渐兴起。当我国企业将半成品、原料等出口至东盟国家,由其他合作企业完成最终生产之后将制成品出口至美国时,这种产业布局可能构成美国反垄断法中的其他国际贸易。通过第三方国家或地区实施对美出口并不能完全规避美国反垄断法的域外管辖。

第三节　美国的对外政策与美国反垄断法域外管辖权规则

一、美国"孤立为表,干预为里"的对外政策概述

自1776年7月4日建国以来,美国已有200余年的建国史。在这200余年间,美国的对外政策的两大显著特征是具有美国特色的"孤立主义"(Isolationism)与"干预主义"(Interventionism)。美国的"孤立主义"并不代表美国缺乏介入国际事务的意图。恰恰相反,美国的"孤立主义"是美国在自身不具备干预他国事务的主客观条件下积蓄能量。当美国具备介入其他国家、地区事务的能力时,美国的政治精英往往展现出谋求美国在特定区域乃至全球范围内的霸权地位之野心,这种霸权地位并不仅限于殖民统治,还包括将特定区域纳入美国的势力范围乃至以美国的文明观、价值观统治世界。

回顾美国200余年的对外政策,在美国建国之初,对于介入欧洲事务,以美国第一任总统乔治·华盛顿(George Washington)为代表的人物表现得极为谨慎。美国于1793年颁布的《中立宣言》(*Proclamation of Neutrality*)中,华盛顿代

---

① "中国加一"模式指的是跨国企业维持在我国产业的基础上,转移部分产业至东盟国家等新兴市场,这种产业转移并不等同于上述产业在中国的流失,而是基于产业升级、供应链的整合、劳动力成本、因应美国的跨国管制等多方面原因进行的国际供应链的整合。

表美国政府宣布美国在法国和英国之间保持中立。随后，1794年，美国国会出台《中立法》(Neutrality Act of 1794)，该法禁止美国公民担任外国政府的雇佣兵。《中立法》将《中立宣言》中的外交政策以成文法的形式予以确认，这也是美国历史上第一部有关中立政策的成文法。《中立政策》与《中立法》被有的学者解读为美国孤立主义政策之滥觞。[①]

《中立宣言》与《中立法》的颁布的确为美国在建国之初开展国内建设创造了良好的外部环境，但不能据此得出美国的政治精英并不希望介入他国事务、扩张美国对外影响力的结论。自18世纪末至19世纪初，美国作为一个诞生不久的国家，它并不具备与英国、法国等欧洲列强较量的综合国力。因此，在该阶段，以《中立宣言》为代表的"孤立主义"外交政策为美国这个暂时处于弱势地位的新兴国家提供了一层绝佳的"保护色"，以供美国在一个较为安全的国际环境下发展自身综合国力。

进入19世纪，在美国的综合国力逐渐提升和欧洲列强积极干预美洲事务的国际国内双重背景下，美国适时地调整对外政策。1823年，第五任美国总统詹姆士·门罗（James Monroe）在美国政府国情咨文中提出了"门罗主义"，这一政策的核心要点包括以下三大原则：第一，美洲体系原则，即欧盟大陆相互隔绝；第二，互不干涉原则，即美国不介入欧洲事务，欧洲也不能干涉美洲；第三，不许殖民原则，即除现有殖民地外，欧洲各国不得再将美洲大陆视为殖民对象。[②]

"门罗主义"在延续美国不介入欧洲事务的外交政策之前提下，意图将整个美洲地区隔绝于欧洲势力之外，将美国的孤立主义从"孤立的美国"扩展至"孤立的美洲"。也因此，带有孤立主义色彩的"门罗主义"为美国干预美洲事务并将整个美洲地区纳入美国的势力范围创造了政策空间。

到了19世纪末20世纪初，美国的经济实力已经与执掌全球霸权多年的"旧霸主"英国不相伯仲。尽管美国的军事实力尚不足以抗衡英国、法国等老牌资本主义强国，但此时的美国已经在一定程度上具备了遏制欧洲旧势力的能力。例如，在1898年的美西战争中，美国战胜西班牙，将西班牙的殖民地菲律宾和波多黎

---

① 参见纪舜杰：《美国中立政策之探讨》，载《台湾国际研究季刊》，2016（2）。
② 参见刘绪贻、杨生茂主编：《美国通史》（第二卷），137页，北京，人民出版社，2008。

各收入囊中,古巴则成为美国的保护国。

  基于19世纪末20世纪初的国际国内大环境,美国政府适时调整了对外政策。老罗斯福也于1904年提出"罗斯福推论"(Roosevelt Corollary)。作为"门罗主义"的重要补充,"罗斯福推论"除了重申"门罗主义"反对欧洲国家干预美洲事务的既定政策之外,还赋予美国干预西半球事务的所谓"国际警察权"(International Police Power)。"罗斯福推论"的思想内核是美国政治精英自诩的"昭昭天命"(Manifest Destiny)。申言之,在"门罗主义"和"罗斯福推论"的语境中,美国自诩为文明程度较高的国家。因此,美国认为其对于美洲地区其他文明程度较低的国家具有教化、管理之使命与权力。通过美国的教化与管理促进其他美洲国家的文明发展,以防止这些国家受到欧洲国家的殖民统治。[①]

  在"一战"进入尾声,伴随美国加入协约国阵营,美国第28任总统威尔逊以民族自决论为口号,以国际联盟为载体,试图将美国的文明教化范围从美洲地区扩展至全世界。由于美国的综合国力在全球范围内尚未处于优势地位,再加上美国国内孤立主义者的掣肘和其他国家的反对,美国政府最终拒绝加入国际联盟,威尔逊的主张未能成功实践。尽管威尔逊主义因为多重因素以失败告终,但以威尔逊为代表的一部分美国政治精英对介入全球事务的企图心由此可见一斑。

  在"一战"结束之后,孤立主义的思潮在美国一度回暖。在孤立主义思潮的影响下,美国的政治精英和社会公众对于介入全球争端缺乏兴趣。因此,在"二战"全面爆发之前,美国对意大利、日本、德国的法西斯政权整体上采取的是绥靖政策。尽管在这种绥靖政策之下,美国对中国、苏联、英国、法国等反法西斯力量予以有限度的支援,但当时的美国并没有直接与德国、意大利、日本为核心的轴心国集团展开军事对抗。然而,随着珍珠港事件的爆发,美国在西半球偏安一隅的国际空间已不复存在。因此,美国终结孤立主义政策并积极投入"二战"。美国的参战对"二战"的走向产生了不容忽视的作用。随着"二战"的结束,英

---

① 参见章永乐:《此疆尔界"门罗主义"与近代空间政治》,79页,北京,生活·读书·新知三联书店,2021。

国、法国、德国、日本等美国传统的竞争对手皆丧失了与美国进行全球竞争的能力。与威尔逊政府所处的时代背景不同，在"二战"后期，美国已经全面具备多维度介入全球事务的优势地位。自此，"干预主义"与争夺世界霸权成为美国对外政策的主旋律。

综上所述，在美国 200 余年的对外政策史中，美国的政治精英总体上保持灵活而富有弹性的对外政策，展现出"穷则孤立，强则干预"的特征。美国是否采取对外干预政策的决定性因素主要有两点：第一，美国自身的发展状况，这是影响美国实施对外干预的内部因素；第二，对于美国的干预政策，即其他国家是否具备反制力量，这是影响美国的对外干预政策的外部因素。

二、"干预主义"视阈下的美国反垄断法域外管辖权规则

就客观效果而言，美国反垄断法域外管辖权的行使的确对规制国际市场中的垄断行为具有一定的积极效果，这一点毋庸置疑。然而，就其本质而言，在"干预主义"的视阈下，包括美国的反垄断法域外管辖权规则、跨境反腐败规则、出口管制规则等一切将美国法的效力拓展至美国领土以外的法律规范，均属于美国实施对外干预政策、维护美国霸权的工具。只不过，上述对外干预的工具被冠以法治的"华美外衣"。

在"干预主义"的语境中，美国构建、行使反垄断法域外管辖权是美国运用本国法律干预他国事务的一种表现，同样属于美国的对外政策中的一部分。因此，将美国反垄断法域外管辖权规则的演变历史置于美国对外干预政策的历史脉络之中，不难发现美国的反垄断法域外管辖权规则的演变趋势同样受到国内因素和国际因素的双重影响。

1. "干预主义"视阈下的美国香蕉公司案

美国联邦最高法院在 1909 年对美国香蕉公司案作出了终审判决。此时的世界历史正位于"一战"前夜。19 世纪末 20 世纪初，尽管美国的经济实力已经与英国这位当时的全球霸权执掌者难分轩轾，但美国尚不具备与英国全面争夺世界霸权的实力。作为传统的海洋强国，英国拥有全球最为强大的海军以及众多海外

军事基地。1914年，英国已拥有29艘大型海军军舰，海军服役军人达20.9万人。①无论是军舰数量，还是海军服役人数，此时的英国海军的军力在全球范围内仍处于遥遥领先的地位。

自身实力的不足导致美国并不具备与英国争夺世界霸权的野心。此时的美国像一只幼年的白头鹰，尽管它已学会了翱翔，但它的鹰爪尚不够锋利。美洲就像它的安乐窝，虽然这只白头鹰对安乐窝以外的世界充满好奇心，但是它不敢也不愿轻易涉足遍布凶禽猛兽的欧洲。这种野心与能力的缺乏，使得当时的美国对于介入他国事务表现得极为谨慎。例如，美国迟迟拒绝参与"一战"。直到"一战"后期，德国实施无限制潜艇战攻击美国商船并意图协助墨西哥进攻美国，迫使美国政府不得不对德国宣战。与之类似，美国联邦最高法院在美国香蕉公司案中拒绝赋予美国反垄断法域外管辖权的判决同样表明，当时的美国政治精英缺乏干预国际事务的能力与野心。

2."干预主义"视阈下的美国铝公司案

由于美国得天独厚的地缘环境和灵活的外交政策，两次世界大战未能阻碍美国的发展脚步。与之相比，英国、法国、德国、日本、苏联等美国的竞争对手们无不因为卷入两次世界大战而使国力耗损严重。自20世纪40年代中后期始，美国的综合国力空前强大，进入了它的鼎盛时代。

美国综合国力的显著提升表现在多个方面：在经济上，根据威尔逊中心（Wilson Center）的研究，1945年前后，美国的国内生产总值已占全球生产总值的50%。②当时的美国生产了资本主义世界70%的玉米和84%的汽车。在军事上，到1945年，美国军队总人数高达1212万，拥有约15000架远程飞机。美国的海军舰艇吨位达380万吨，远超英国的150万吨，并于美国境外建立了484个军事基地，美国海军成为全球最为强大的海军力量。除了常规军事力量外，美国是世界上第一个拥有核武器的国家。在政治上，美国对联合国的影响力是其他国家不可比拟的。在联合国的51个创始国中，有34个国家来自西欧和拉丁美洲，它们

---

① See Niall Ferguson, The Pity of War: Explaining World War I. New York: Basic Books, 2000, p.85.
② 参见威尔逊中心：《"二战"以来美国经济简史》，载Medium官网，https://medium.com/the-worlds-economy-and-the-economys-world/a-short-history-of-americas-economy-since-world-war-ii-37293cdb640，最后访问时间：2023年10月30日。

在政治、经济等各个领域受到美国的影响,是美国在联合国中的支持者。在当时的联合国安理会中,美国实际控制了安理会五常中的4票。①

由于美国综合国力的显著提升和其他国家的相对衰弱,使得美国具备全面干预他国事务、攫取世界霸权的能力。自20世纪40年代中后期起,美国逐渐开始寻求世界霸权。比如,通过实施马歇尔计划(The Marshall Plan),美国对欧洲国家的战后重建提供积极援助。马歇尔计划的实施有助于增强接受援助的欧洲国家与美国之间的关系。通过经济复兴援助,西欧国家的社会稳定性和经济实力得以恢复,这间接地增加了这些国家在政治、军事层面上对美国的依赖度,进而为北大西洋公约组织的形成奠定了基础。许多受马歇尔计划援助的欧洲国家也积极加入了该组织,美国也在北大西洋公约组织内扮演主导者的角色。通过马歇尔计划和北大西洋公约组织,美国对欧洲地区的影响力得到进一步增强。

再比如,在"二战"后期,同盟国曾计划借鉴分治德国之经验,由美国、苏联、英国和中国对日本实施分区占领和管治,即日本分治计划。然而,在杜鲁门政府的主导下,苏联不得不放弃占领北海道的计划,这导致日本的战后改造工作由四国分治转变为美国主导。随后,美国和日本达成《旧金山和约》《日美安全保障条约》以及《日美行政协定》,这为旧金山体制的形成奠定了基础。基于美日旧金山体制,美国得以获得长期驻军日本并全面控制日本政治、军事和经济的权力,而日本也因此成为美国在亚太地区最重要的战略支点。

与上述历史事件所处的时代背景相同,在1945年判决的美国铝公司案也是处于美国全面干预全球事务、争夺世界霸权的时代背景之下。此时的美国与全球市场的联系变得前所未有的紧密,而且美国已经具备利用反垄断法介入国际市场、干预他国事务的国家实力和国际空间。汉德法官在美国铝公司案中的判决使得美国政府可以通过美国反垄断法域外管辖权积极干预国际商贸活动,这一司法实践是美国积极谋求世界霸权和以"干预主义"维护自身霸权利益的体现,反映了美国积极介入全球事务的国际战略。

---

① 参见刘绪贻、杨生茂主编:《美国通史》(第六卷·上),12~13页,北京,人民出版社,2001。

3. "干预主义"视阈下的廷布莱恩案和曼宁顿米尔斯公司案

进入20世纪70年代,美国自"二战"之后开启的黄金时代一去不复返。尽管此时的美国仍然是资本主义世界的执牛耳者,但与20世纪四五十年代相比,此时的美国处于相对衰弱的状态。在油价上涨、货币政策和财政政策失灵、越南战争等多重因素的影响下,美国经济不复往日的活力,进入了长达10余年的滞胀期。除了国内发展陷入滞胀困境外,在国际层面,美国同时迎来了资本主义阵营国家和社会主义阵营国家的双重挑战。

在资本主义国家阵营中,随着欧洲国家和日本逐渐完成战后重建,这些国家的经济也得以恢复与发展,它们与美国在国际市场中的竞争也因此逐渐变得激烈。此外,欧共体的形成在一定程度上削弱了欧洲国家对美国的依赖。美国与欧洲、日本这些盟友的关系不复往日之紧密。在社会主义阵营中,勃列日涅夫担任苏联的最高领导人之后,苏联大力发展军事力量,美国对苏联的军事优势进一步缩小。

受到国内外多重因素的限制,20世纪70年代,美国介入全球事务的能力受到严重制约。对外政策上,美国不得不采取相对谨慎和温和的战略收缩态势。例如,美国退出越南战争和中美建立外交关系等一系列对外政策的实施是美国采取战略收缩的表现。美国的战略收缩在反垄断法问题上表现为美国联邦法院积极限制美国反垄断法域外管辖权的行使。以消极礼让原则对美国反垄断法域外管辖权予以限制的廷布莱恩案和曼宁顿米尔斯公司案正是发生在20世纪70年代,即美国在对外政策上呈现战略收缩态势的阶段。

4. "干预主义"视阈下的哈特福德火灾保险公司案

美国联邦最高法院在1993年对哈特福德火灾保险公司案作出终审判决。相比廷布莱恩木材公司案和曼宁顿米尔斯公司案中的以消极礼让原则为核心的利益平衡规则,美国联邦最高法院在哈特福德火灾保险公司案中采用的真实冲突规则使得美国反垄断法域外管辖权所受之限制更为宽松。

哈特福德火灾保险公司案所处的20世纪90年代,是美国全面重掌世界霸权的开端。自"二战"以来,曾在政治、军事领域与美国展开激烈竞争的苏联在1991年解体。曾对美国经济造成严重挑战的日本已进入了失落的10年。相比之下,得益于克林顿政府的经济政策和互联网等新技术的兴起,美国的综合国力在

20世纪90年代得到恢复与发展。此时的美国成为全球唯一的超级大国,国际格局步入"一超多强"的态势。

作为冷战结束后唯一的超级大国,如果美国继续遵守廷布莱恩案和曼宁顿米尔斯公司案中的国际礼让原则,那么美国通过反垄断法干预国际经济时所能采取的措施将继续受到相对更为严格的限制,这与美国当时的国家实力、"一超多强"的全球格局以及"干预主义"的政策目标相矛盾。因此,在反垄断法域外管辖权问题上,美国政府进行了及时的调整,以真实冲突规则代替利益平衡规则,这为美国反垄断法域外管辖权的行使创造了更为宽松的规则空间。

5. "干预主义"视阈下的维生素 C 垄断案

美国之所以在维生素 C 垄断案中采取以真实冲突规则为主、以利益平衡规则为辅的判断标准,不仅是因为这种判断标准更具有逻辑性和自洽性,而且与美国所处的国内外大环境密不可分。

进入21世纪,美国的对外干预政策呈现出扩张与收缩交织的态势。一方面,美国仍然是全球唯一的超级大国,"一超多强"的全球格局并没有显著改变,它在政治、经济、军事等领域仍然具有领先他国的综合实力。尽管美国在伊拉克、阿富汗、叙利亚、乌克兰等地的军事干预引起广泛的批评与争议,但美国在全球事务中仍然继续扮演核心角色。另一方面,相对于20世纪90年代,今天的美国处于相对衰弱的状态。这种相对衰落是由国内外多方面因素影响造成的。

在美国国内,一系列的社会、经济问题困扰着美国的发展。例如,自特朗普击败希拉里(Hillary Clinton)成为美国总统后,美国国内的政治极化问题更加严峻。美国民主党与共和党及其支持者在堕胎权、同性恋婚姻、非法移民等社会议题上存在巨大分歧,双方的政治斗争不仅导致美国的国家政策缺乏稳定性,也进一步加剧了美国社会的撕裂。此外,美国政府的债务问题对美国的综合国力的发展造成负面影响。2023年1月19日,美国联邦政府债务已达到法定的31.4万亿美元上限。同年5月,美国民主党和共和党就提高美国国债上限达成协议。尽管拜登政府度过了这次债务危机,但屡创新高的美国国债已经成为一颗随时可能导致美国经济崩溃的"未爆弹"。美国学者卢夫特(Gal Luft)指出,美国的债务需求不断增长,美元作为一种安全的经济价值储存载体的角色受到冲击。①

在国际舞台上,多个大国在全球议题上发挥着制衡美国霸权的作用,这对美国的对外干预政策形成了有效的约束。以伊朗核问题为例,尽管美国曾把伊朗列作"邪恶轴心",但中国、法国、俄罗斯等国坚持通过和平对话的方式来解决伊朗核问题。正是国际社会对美国采取军事手段介入伊朗核问题的普遍反对,促使美国采取了相对温和的政策,并未如伊拉克战争一般对伊朗展开全面的武装干预。

受到国际国内大环境的限制,在实施对外干预政策的国内外条件问题上,如今的美国处于一种"不上不下"的大环境下。当前,美国无法像"二战"走向尾声时期或冷战终结时期那样全面主导全球事务,也不愿意像20世纪70年代那样实施战略缓和。在这种"不上不下"的国际国内大环境下,美国在实施对外干预时往往倾向于采取更为折中的方式,以有限的干预措施确保自身的霸权利益,又避免与其他大国产生过于激烈的直接对抗。以爆发于2022年的俄乌武装冲突为例,美国为乌克兰提供大量的武器装备和经济援助,并带领英国、德国、日本等国家对俄罗斯展开了全方位的制裁。截至2023年3月20日,美国已经向乌克兰提供了34次军事援助。②尽管美国向乌克兰提供了多方面的支持,但美方还是尽可能地避免与俄罗斯直接进行军事对抗。因此,美国在支持乌克兰的同时,也对乌克兰使用美国提供的武器攻击俄罗斯本土采取了一定的限制措施,以降低美俄发生军事冲突的可能性。③

作为美国对外干预政策的组成部分,美国联邦第二巡回上诉法院采纳的以真实冲突规则为主,以利益平衡规则为辅的判断标准,它的形成与适用既反映了当代美国所处的这种"不上不下"的国内外大环境,也体现了美国实施对外干预政策时的折中取舍。以真实冲突规则为主,以利益平衡规则为辅的判断标准对反垄断法域外管辖权的限制程度介于利益平衡规则和真实冲突规则之间。就实施对外干预的国内外条件而言,今日的美国所具备的综合国力和所处的国际环境优于

---

① 参见盖尔·卢夫特:为什么去美元化不可避免,载中国日报网,https://www.chinadaily.com.cn/a/202304/24/WS6445c0aaa310b6054facf4d6.html,最后访问时间:2023年11月1日。
② 参见安东尼·布林肯:《美国对乌克兰的额外军事援助》,载美国国务院官网,https://www.state.gov/additional-u-s-military-assistance-for-ukraine-2/,最后访问时间:2023年5月1日。
③ 美国对乌克兰使用美国军援武器的最新政策请参见如下网址,https://export.shobserver.com/baijiahao/html/755945.html。最后访问时间:2024年6月6日。

20世纪70年代，但劣于20世纪90年代。因此，根据当今美国所处的国际国内大环境，美国法院必须适时调整美国反垄断法域外管辖权规则，使之与美国的国家实力和全球格局相匹配。也因此，以真实冲突规则为主，以利益平衡规则为辅的判断标准的出现，恰逢其时地满足了美国政府在反垄断法域外管辖权议题上实施折中化对外干预的需求。

三、"门罗主义"视阈下的美国反垄断法域外管辖权规则

在以往的研究中，常常将"门罗主义"这一外交政策与美国的"孤立主义"政策联系在一起。我国学者章永乐对此提出了不同的见解，他认为"门罗主义"的本质是美国通过划定一个位于国家主权之上的超国家（Supra-state）政治区域空间，对进入这一空间范围的其他力量予以抵抗和排斥，其最终目的是扩张美国的国家利益。美国实施"门罗主义"之时往往高举维护法治、教化民主、反对殖民主义、反对帝国主义等冠冕堂皇的旗号，其本质是在国际社会中主导同质性和异质性，进而在"门罗主义"的空间范围内划分敌友。①

在2013年，时任美国国务卿克里（John Kerry）代表奥巴马政府宣布"门罗主义"的时代已经终结，美国将不再追求西半球的霸权地位，并与其他国家进行平等合作。②尽管如此，"门罗主义"所代表的对外干预政策和超国家政治区域空间并没有就此消失，如今的美国政府执行的对外政策可以形容为没有"门罗主义"的"门罗主义"。

根据"门罗主义"，美国构建同质性的政策旨在建立与其他国家的经济、军事和政治等多方面的联系，促进这些国家迎合美国所主导的共同利益体，进而将它们纳入美国的超国家势力范围之中，以便在各个层面使这些国家服从并跟随美国的领导。对于异质性的界定，美国是通过鼓吹可持续发展、维护国际安全、保障民主价值等口号筛选异质性因素。对于不愿接受美国霸权主义行为的国家，美国对它们强加自证清白的举证责任，从而在"门罗主义"的政治空间内实现排斥

---

① 参见章永乐：《此疆尔界》，25～26页，北京，生活·读书·新知三联书店，2021。
② 参见［美］约翰·克里：《克里正式宣布："'门罗主义'时代已经结束"》，载华尔街日报，https://www.wsj.com/articles/BL-WB-41869，最后访问时间：2023年5月1日。

异质性力量和构建、扩张同质性空间的政策目的。

例如，2022年5月23日，美国在印太地区牵头，包括美国、印度、日本、澳大利亚、新加坡在内的13个印太地区国家正式启动印太经济框架（Indo-Pacific Economic Framework for Prosperity，IPEF）。虽然该区域合作组织声称旨在实现互联经济、强韧经济、清洁经济和公平经济这四大经济合作目标，但印太经济框架却将我国这一印太地区最为重要的经济体排除在外。我国缺席印太经济框架，不仅不利于印太地区的经济合作与协同发展，更是揭露了美国主导印太经济框架的战略目的，即通过促进印太市场与我国脱钩进而遏制我国经济的发展。这种脱钩政策不仅违背分工合作、互利共赢的国际经济准则，同样也是美国实施"门罗主义"政策的表现。申言之，美国以上述四大经济合作目标为旗号，不仅将参与印太经济框架的国家纳入美国的全球供应链体系，更是对我国参与公平公正的国际经济合作之能力提出了不合理的质疑，这是一种在全球经济领域培育同质性和排斥异质性的"门罗主义"措施。

在"门罗主义"的视角下，美国政府通过构造、行使反垄断法域外管辖权在全球反垄断领域培育同质性和嵌入异质性，以最大限度地谋取、维持美国在跨境反垄断问题上的领导地位。如本书第一章所述，美国在20世纪90年代两次与欧共体达成反垄断合作协定。美国在这两次合作协定中引入积极礼让原则，即美欧双方必须为对方的跨境反垄断执法提供必要的协助。积极礼让原则的引入，不仅有利于美国反垄断法域外管辖权的行使，更对缓解美欧在跨境反垄断执法问题上的对抗产生积极影响。可以说，上述美欧反垄断合作协定的签订是美国在反垄断法域外管辖权问题上积极构建同质化空间的表现。

除了在反垄断法域外管辖权问题上构建同质化空间外，美国也在该议题中通过认定、排斥异质化因素来干预他国事务，维生素C垄断案是一个典型的嵌入异质化因素的案例。我国作为拥有独立主权的国家，有权对本国企业的出口贸易活动予以规制。在反垄断领域，我国对本国企业的出口贸易活动进行规制的法律依据主要体现在《反垄断法》第二十条第一款第（六）项。根据该条款规定，在出口贸易中，如为维护我国正当利益而达成、实施垄断协议，则该垄断协议不受我国《反垄断法》的制裁。对于出口贸易中的垄断协议，美国《对外贸易反垄断改进法》也作出了类似的规定。

尽管中美两国反垄断法均规定了反垄断出口豁免规则，美国政府却仍然在维生素C案中将我国企业置于被告席，对我国企业多加刁难。美国作为主权国家当然有权对影响美国市场的域外垄断行为予以规制，但美国的反垄断规则存在明显的双重标准，即美国对自身的垄断协议出口豁免予以认可，而其他国家的类似实践则必须接受美国政府的严格审视。

根据国际法中的国家主权平等原则，美国与包括中国在内的其他主权国家居于平等地位，双方互不隶属，美国不应将自己在反垄断问题上的观点强加于其他主权国家。然而，在维生素C垄断案中，美国将自身凌驾于其他主权国家之上，自我赋予评判其他主权国家的权力。尽管美国往往不愿承认它的法律实践充斥着这种不合理的自我赋权，但事实上美国常常以凌驾于其他国家的"裁决者"自居。以"裁决者"自居的美国，对我国政府规制出口贸易的正当权力贴上异质性的标签，我国政府与我国企业也因此被美国政府强加自证清白的义务。

发展中国家在国际贸易中常处于相对弱势的地位。因此，为满足发展中国家更紧迫的发展需求，对其设置的反垄断出口豁免规则，应当从现实主义的角度考虑这种不得已而为之的法律规则的合理性，予以适度宽容。在另一方面，作为当今唯一的超级大国和全球反垄断执法的执牛耳者，美国本应发挥正面作用，通过多边主义的方式在全球治理反垄断出口豁免问题中作出应有的贡献。然而，美国并没有肩负起促进全球反垄断合作的责任，而是极为双标地实施垄断协议出口豁免规则。究其主要原因在于，保留这种双标规则不仅有利于增强美国企业在国际市场中的竞争力，而且能够为美国政府在反垄断法域外管辖权问题上创造更为灵活的政策空间，以识别、排斥异质性因素。

第四章

对美出口中的垄断行为

本 章 提 示

本章将从概念、构成要件、表现形式等多个角度对横向垄断协议、纵向垄断协议、非法垄断市场行为、经营者集中这四种常见的垄断行为予以讨论。除此之外,本书将基于比较法的视角,对中美反垄断法在垄断行为问题上的差异与相似点进行比较,以期帮助读者更为全面与准确地了解美国反垄断法对垄断行为的界定。

第一节　横向垄断协议

一、横向垄断协议概述

在美国,横向垄断协议又称为卡特尔协议(Cartel),指的是具有竞争关系的经营者共同制定、实施的垄断协议,旨在限制、排除横向垄断协议参与者之间的市场竞争,即限制、排除品牌间的竞争。

在美国联邦反垄断法中,规制横向垄断协议的主要法律依据是《谢尔曼法》第一条。需要注意的是,美国规制纵向垄断协议的主要法律依据也是该条款。申言之,通过该条款,《谢尔曼法》将所有限制、排除竞争的垄断协议皆纳入其规制范围中。

二、横向垄断协议的构成要件

（一）独立主体要件

如果协议主体被识别为单一主体（Single Entity），也即它们之间存在控制与被控制关系时，它们之间的协议将无法构成《谢尔曼法》所谴责的垄断协议。单一主体原则起源于科普韦尔公司诉独立管道公司案（Copperweld Corp. v. Independence Tube Corp.，以下简称"科普韦尔公司案"）。美国联邦最高法院在该案中的核心观点是，一家母公司和由它全资持股的子公司之间存在控制与被控制的经济联系，使得二者的经济利益并非相互独立。美国反垄断法不应当将其视为两个独立的企业，而应当将它们看作一个整体，即单一主体。因此，母公司与其全资持股的子公司之间无法达成受《谢尔曼法》规制的垄断协议。[1] 根据美国联邦法院的司法实践，单一主体的常见表现形式有以下八种。

第一，母公司与它持有100%股份的子公司构成单一主体。[2]

第二，在多层次控股的情况下，假设A公司持有B公司100%的股份，B公司又持有C公司100%的股份，A公司不仅与B公司构成单一主体，A公司还与C公司构成单一主体。[3]

第三，当母公司持有子公司的股份不足100%时，若母公司能够对子公司产生实质的控制力，二者将被视为单一主体。[4]

第四，公司与它的股东、员工构成单一主体。[5]

第五，同一家股东分别持有两家公司100%的股份，这两家姐妹公司（Sister Corporation）构成单一主体。[6]

---

[1] See Copperweld Corp. v. Independence Tube Corp., 467 U.S. 752 (1984).
[2] See Capital Imaging v. Mohawk Valley Medical Associates, 996 F.2d 537 (2d Cir. 1993).
[3] See Advanced Health-Care Service, Inc. v. Reford Community Hospital, 910 F.2d 139 (4th Cir. 1900).
[4] See Direct Media Corp. v. Camden Tel. & Tel., Direct Media Corp. v. Camden Tel. and Tel. Co., Inc., 989 F. Supp. 1211 (S.D. Ga. 1997) .
[5] See Patel v. Scotland Memorial Hospital, 91 F.3d 132 (4th Cir. 1996).
[6] See Gonzalez-Maldonado v. MMM, 671 F.3d 1 (1st Cir. 2012); Total Benefits Planning Agency, Inc. v. Anthem Blue Cross & Blue Shield, 552 F.3d 430 (6th Cir. 2008).

第六，合伙组织与合伙组织内的合伙人构成单一主体。①

第七，委托人和委托人的代理人构成单一主体。②

第八，当参与合营企业的经营者不再与合营企业具有竞争关系时，合营企业的价格行为将可能被视为单一主体的价格行为。③

（二）竞争关系要件

横向垄断协议限制的是品牌间的竞争（Inter-brand Competition）。因此，横向垄断协议的参与主体必须是两个以上处于同一相关市场中具有竞争关系的经营者。

（三）形式要件

形式要件指的是垄断协议的参与者之间必须形成旨在排除、限制竞争的协议。根据美国联邦第三巡回上诉法院的判决，这里的"协议"一词指的是"协议各方当事人以统一的目的、共同的期望和理解、一致的想法采取行动"。④

申言之，美国反垄断法对垄断协议的形式要件未作出严格的要求，垄断协议参与者可以通过书面、口头乃至一致行动的方式达成横向垄断协议。对垄断协议的证明可以基于直接证据，也可以基于间接证据。⑤

（四）效果要件

如本书第一章所述，垄断行为的监管原则分为本身违法原则和合理原则。前者仅凭垄断行为本身即可认定违法性，不考虑其对市场竞争和消费者福利影响；后者不仅关注垄断行为本身，更将垄断行为是否导致市场竞争受到排斥和消费者福利是否减少作为判断垄断行为成立与否的判断标准。20世纪70年代之前，美国联邦法院更倾向采用本身违法原则用于分析横向垄断协议。随着芝加哥学派的

---

① See Freeman v. San Diego Ass'n of Realtors, 322 F.3d 1133 (9th Cir. 2003).
② See Day v. Taylor, 400 F.3d 1272 (11th Cir. 2005).
③ See Texaco, Inc. v. Dagher, 547 U.S. 1 (2006).
④ See W. Penn Allegheny Health Sys. v. UPMC, 627 F.3d 85 (3d Cir. 2010).
⑤ See Champagne Metals v. Ken-Mac Metals, Inc., 458 F.3d 1073 (10th Cir. 2006).

兴起，本身违法原则的适用范围受到了极大的限制，合理原则的适用范围得到了极大的扩展。在美国当今的反垄断司法实践中，在横向价格垄断协议、横向市场划分协议和串通投标协议这三种横向垄断协议中，美国反垄断法有较大可能适用本身违法原则。[①] 对于其他类型的横向垄断协议，它们的构成要件则包括横向垄断协议对市场竞争、消费者福利带来的负面影响。

美国对上述三种横向垄断协议适用本身违法原则的主要原因是它们有极大可能对市场竞争、消费者福利产生负面效果。对于适用本身违法原则的横向垄断协议，它们的构成不以产生消极效果为要件，也不以协议是否实施为要件。简而言之，此类横向垄断协议一旦达成便具有违反《谢尔曼法》的法律风险。[②] 原告无需证明被告的横向垄断协议是否产生损害市场竞争、减少消费者福利的负面效果，被告也不允许以横向垄断协议的积极效果提出抗辩。[③]

三、横向垄断协议的常见类型

（一）横向价格垄断协议

横向价格垄断协议是指，生产或销售同质或替代性商品的经营者之间形成的协议，其目的在于排除或限制价格竞争。价格竞争作为市场竞争中最常见且最重要的形式，对于推动消费者福利具有显著的直接效应。在极端情形下，横向价格垄断协议的实施将彻底排除相关市场中的价格竞争，导致消费者不得不接受垄断高价。鉴于横向价格垄断协议对市场竞争及消费者福利产生的负面影响极其严重，美国政府对此类协议的监管一贯严格。

---

① See Nitro Distribunion., Inc. v. Alticor Corp., 565 F.3d 417 (8th Cir. 2009).
② 根据美国联邦法院的司法实践和美国司法部的反垄断政策，当经营者为实施横向垄断协议而达成犯罪共谋（Conspiracy or Agreement）时，美国反垄断法将对垄断共谋予以制裁。质言之，在垄断犯罪中，犯罪共谋本身是一种单独的犯罪行为。至于这种犯罪共谋中的垄断协议是否实施以及对市场竞争和消费者福利产生何种效果均不影响犯罪共谋的成立。参见美国司法部：《犯罪行为的构成要件》，载美国司法部官网，https://www.justice.gov/archives/jm/antitrust-resource-manual-1-attorney-generals-policy-statement，最后访问时间：2023 年 5 月 18 日；United States v. Portsmouth Paving Corp., 694 F.2d 312 (4th Cir. 1982).
③ See FTC v. Superior Court Trial Lawyers Ass'n, 493 U.S. 411 (1990).

横向价格垄断协议的常见表现形式有六种：第一，固定商品价格的协议；第二，固定商品折扣的协议；第三，约定计算商品价格的特定公式；第四，取消对所有客户或者某个特定群体客户的折扣之协议；第五，统一销售条款、条件的协议；第六，不宣传售价或不通过招标销售商品的协议。[①]

（二）横向市场划分协议

横向划分市场协议是指具有竞争关系的经营者达成的限制、禁止协议参与者在协议范围内的市场内展开竞争，此种协议旨在确保经营者对特定范围内的市场的控制权。横向市场划分协议可以赋予协议参与者在其被"分配"的市场区域内享有近乎垄断者的地位。该区域内的市场竞争将受到严重限制甚至被完全排除。因此，美国政府对横向市场划分协议的反垄断监管同样较为严格。横向划分市场协议的主要表现形式有以下三种：第一，划分产品的类型；第二，划分产品的地域市场；第三，划分产品的销售对象。

（三）敏感信息交换协议

在对美出口贸易中，因交换信息而产生的垄断纠纷并非罕见。在维生素C垄断案中，被告河北维尔康制药有限公司等我国企业被指控实施的垄断行为之一正是敏感信息交换协议。构成敏感信息交换协议的敏感信息是指涉及经营者及其竞争对手的可能导致竞争者之间协调彼此生产经营行为的信息。常见的敏感信息有产品价格信息、产量信息、招投标策略、企业的利润情况、客户信息等。

具有竞争关系的经营者之间的敏感信息交换行为能够为其他横向垄断协议的达成与实施提供便利。对敏感信息交换协议予以规制，有利于从源头上遏制横向垄断协议的形成与实施。在拜登担任美国总统之后，美国司法部和联邦贸易委员会废除了信息交换行为中的安全区域规则（Safety Zone Rule），这使得敏感信息

---

① 参见美国司法部：《识别〈谢尔曼法〉中的违法行为》，载美国司法部官网，https://www.justice.gov/archives/jm/antitrust-resource-manual-2-antitrust-division-field-offices，最后访问时间：2023年11月5日。

交换协议所受到的反垄断审查更为严格。①

美国对敏感信息交换协议的反垄断规制，有三点需要特别说明：第一，经营者实施信息交换行为的目的往往是为后续的垄断协议提供便利。因此，敏感信息交换行为可以作为证明后续横向垄断协议的证据。②第二，即便实施敏感信息交换行为的经营者在后续行动中并没有基于敏感信息交换行为达成、实施其他横向垄断协议，敏感信息交换行为本身也足以构成《谢尔曼法》第一条所禁止的横向垄断协议。③第三，由于敏感信息交换行为可能产生提高经济效率的积极效果。因此，美国联邦法院在近年来的司法实践中倾向于采用合理原则规制敏感信息交换协议。④

（四）横向限制产量协议

横向限制产量协议是指竞争关系下的经营者达成的限制其生产或销售的产品数量的协议。这种横向垄断协议的负面效果表现为经营者的联合减产可能导致相关市场内出现供给不足的情况，进而导致产品价格提高，损害消费者福利，甚至产生无谓损失。因此，横向限制产量协议同样为《谢尔曼法》第一条所禁止。横

---

① 所谓"安全区域规则"，指的是经营者的敏感信息交换行为同时满足以下三项条件时，敏感信息交换行为将受到美国反垄断法的宽免：第一，信息交换由第三方组织（如贸易协会）进行；第二，经营者交换的信息必须是三个月之前的旧数据；第三，参与信息共享的经营者之数量必须在5个以上，而且任何一个经营者所提供的信息的数量占信息总量的权重不超过25%。此外，共享的信息必须被充分地混在一起以至于没有任何一个经营者可以判断出信息的具体来源。自1993年起，美国司法部和联邦贸易委员曾联合制定了一系列有关医疗健康行业信息交换行为的反垄断执法指南。针对医疗健康领域信息交换行为的安全区域规则得以确立。在之后的反垄断实践中，安全区域规则的适用范围不再局限于医疗领域，其被广泛适用于多个行业。在2023年2月和7月，美国司法部和联邦贸易委员会先后撤回有关安全区域规则的反垄断执法指南。此次反垄断执法政策的变更，在一定程度上反映出美国政府进一步加强对敏感信息交换协议的反垄断监管力度的政策倾向。参见美国联邦贸易委员会：《美国联邦贸易委员会撤回医疗保健执法政策声明》，载美国联邦贸易委员会官网，https://www.ftc.gov/news-events/news/press-releases/2023/07/federal-trade-commission-withdraws-health-care-enforcement-policy-statements?utm_source=govdelivery，最后访问时间：2023年11月13日；美国司法部：《美国司法部撤回过时的执法政策声明》，载美国司法部官网，https://www.justice.gov/opa/pr/justice-department-withdraws-outdated-enforcement-policy-statements，最后访问时间：2023年11月6日。
② See Todd v. Exxon Corp., 275 F.3d 191 (2d Cir. 2001).
③ See United States v. Container Corp., 393 U.S. 333 (1969).
④ See United States v. United States Gypsum Co., 438 U.S. 422 (1978); United States v. Giordano, 261 F.3d 1134. (11th Cir. 2001).

向限制产量协议主要表现形式分为以下三种：第一，限制产品的生产数量；第二，限制产品的销售数量；第三，联合停止生产、销售特定种类产品。

在对美出口贸易中，横向限制产量协议并不罕见。例如，石油输出国组织（Organization of the Petroleum Exporting Countries，OPEC）的成员国曾多次签署原油减产协议。作为原油进口国，石油输出国组织的联合减产协议对美国的经济发展造成了极大的困扰。然而，上述减产协议是在石油输出国组织成员国政府授权实施的。因此，根据美国法的规定，它们的联合减产行为受国家行为原则（Act of State Doctrine）和国家豁免原则(State Immunity Doctrine)的保护，美国政府暂时无法通过反垄断法规制石油输出国组织的减产协议。

（五）横向联合抵制协议

横向联合抵制协议，又称为集体抵制协议或协同拒绝交易协议，指的是具有竞争关系的经营者之间达成的，不与另一竞争者交易，或不与竞争者的交易对象进行交易的协议。对于究竟以本身违法原则规制横向联合抵制协议，还是以合理原则看待横向联合抵制协议，这一问题在美国辗转争议多年。20世纪90年代，美国联邦最高法院倾向于适用本身违法原则规制横向联合抵制协议。[1] 进入21世纪，美国联邦部分法院在横向联合抵制协议案件中要求原告证明被告具有市场力量。[2] 由此可见，在横向联合抵制协议案件中，美国联邦法院采用本身违法原则的立场似乎正在变化。

第二节 纵向垄断协议

一、纵向垄断协议概述

所谓"纵向垄断协议"指的是，处于不同经济层次的市场主体达成、实施的

---

[1] See NYNEX Corp. v. Discon, Inc., 525 U.S. 128 (1998).
[2] See Tunica v. Tunica Casino, 496 F.3d 403 (5th Cir. 2007).

旨在排除、限制竞争的垄断协议。处于不同经济层次的经营者之间可以达成纵向垄断协议。比如，生产者与经销商达成固定转售价格协议。经营者与消费者之间也可以达成纵向垄断协议。比如，产销一体的企业通过搭售协议向消费者销售被搭售产品进而打击其竞争者。

整体而言，相较于横向垄断协议，纵向垄断协议对市场竞争和消费者福利产生的负面影响更小，甚至会带来一定的积极效果。例如，在推广新产品时，纵向垄断协议的实施可以在一定程度上缓解"搭便车"问题，进而增强经营者推广新产品的积极性。因此，整体而言，美国对纵向垄断协议的宽容程度比对横向垄断协议的宽容度高。

二、纵向垄断协议的构成要件

在构成要件问题上，作为垄断协议的一种，纵向垄断协议与横向垄断协议一样，应当具备垄断协议的一般性构成要件，即形式要件和独立主体要件。这两个构成要件在前文中已作讨论，在此不再赘述。除此之外，纵向垄断协议的构成还需要满足两个额外的构成要件。

第一，经济层次要件。纵向垄断协议的参与者必须处于不同的经济层次。需要注意的一点是，具有横向竞争关系的企业之间也可以达成纵向协议。例如，Q公司与Y公司是两家全球知名的餐饮企业，两家企业均以销售高档川菜为特色。2023年5月，Q公司购买的用于制作菜品的冷冻鸡肉大大超出了Q公司日常营业所需，而Y公司购买的鸡肉数量又不足以满足Y公司的日常营业需求。通过友好协商，Q公司将本公司生产的棒棒鸡预制菜品销售给Y公司，且Q公司不再对外销售棒棒鸡菜品。作为交换条件，Y公司同意，在其门店里销售的棒棒鸡每盘不得低于50元。在这个时候，Q公司与Y公司的协议是一个纵向价格垄断协议。与此同时，Q公司与Y公司在高档川菜市场中仍然存在横向竞争关系。由此可见，不能因为协议主体之间在某一个相关市场中存在竞争关系而排除纵向垄断协议存在的可能性。对不同的经济层次的判断应当基于具体的交易、具体的市场。

第二，效果要件。从20世纪70年代开始，合理原则在美国反垄断法中的适用范围逐渐扩大，这一趋势在纵向垄断协议中尤为明显。2007 年，美国联邦最高法院在利晶案中推翻了以本身违反原则规制纵向价格垄断协议的先例，转而以合理原则规制此类纵向垄断协议。[①] 自利晶案起，在大多数情况下，美国联邦法院和美国司法部采取合理原则规制纵向垄断协议。因此，根据合理原则，对市场竞争、消费者福利造成负面影响是纵向垄断协议的构成要件之一。

需要注意的是，美国宪法赋予美国各州立法权以管理本州事务。因此，它们有权制定与联邦反垄断规则不同乃至相矛盾的州反垄断规则。关于纵向价格垄断协议中的合理原则与本身违法原则之争，在利晶案的判决作出之后，美国绝大多数州采纳了美国联邦最高法院在利晶案中的观点，于本州反垄断法中采用合理原则规制纵向价格垄断协议，但马里兰州是一个例外。2009 年，马里兰州以制定成文法的方式明确表示，约定最低转售价格的协议属于本身违法。因此，当企业实施的纵向价格垄断协议受马里兰州反垄断法管辖时，即便企业的纵向价格垄断协议未造成反竞争效果，仍然存在违反该州反垄断法的可能性。

三、常见的纵向垄断协议

（一）纵向价格垄断协议

纵向价格垄断协议，也称为转售价格维持协议（Resale Price Maintenance, RPM），指的是供应链上游的经营者与下游的经营者达成的旨在控制商品转售价格的协议。与横向价格垄断协议相比较，横向价格垄断协议限制品牌间的竞争，纵向价格垄断协议限制品牌内的竞争（Intra-brand Competition）。纵向价格垄断协议有三种类型：固定转售价格协议（Fixed RPM）、最低转售价格维持协议（Minimum RPM）、最高转售价格维持协议（Maximum RPM）。

固定转售价格协议和最低转售价格协议对同一品牌内的价格竞争之限制更为明显。因此，我国《反垄断法》明确禁止这两种纵向价格垄断协议。[②] 这也使得

---

① See Dr. Miles Medical Co. v. John D. Park & Sons Co., 220 U.S. 373 (1911); United States v. Colgate & Co., 250 U.S. 300 (1919).
② 参见《中华人民共和国反垄断法》第十八条。

我国企业对这两种纵向价格垄断协议更为熟悉。通过最高转售价格维持协议，消费者可以通过更低的价格购买商品，这对消费者福利具有积极作用，因此，无论是中国还是美国，两国的反垄断法对最高转售价格协议更为宽容。但需要注意的是，在美国，如果最高转售价格协议被用于间接地帮助企业固定产品转售价格，这种最高转售价格协议仍具有违反反垄断法的风险。

（二）纵向市场划分协议

美国反垄断法所禁止的纵向市场划分协议是指处于供应链上游经营者与下游经营者之间达成的协议，用来划定产品销售的地域范围。这种协议赋予下游经营者在特定地域范围内独家销售特定商品的权利，因此，这种纵向协议也被称为独家经销协议（Exclusive Distributorship）。由于纵向市场划分协议具有缓解"搭便车"问题等积极作用，美国对纵向市场划分协议的反垄断监管是较为宽松的，只有当纵向市场划分协议的参与者具有较强的市场力量进而导致相关市场内的品牌间竞争较为缺乏时，纵向市场划分协议才可能触发反垄断监管。①

（三）搭售协议

如本书第二章所述，《克莱顿法》第三条禁止搭售行为。搭售行为的载体是搭售协议。在一个搭售协议中，同时存在两种以上的产品：一种产品是买方希望购买的产品，称为"搭售产品"（Tying Product），又称"搭卖品"；另外一种产品并非买方所需，称为"被搭售产品"（Tied Product），又称"结卖品"。通过搭售协议，卖方迫使买方在购买搭售产品的同时，不得不同时购买被搭售的产品。作为载体的搭售协议可能在被搭售产品市场中造成排斥竞争的负面效果，构成纵向垄断协议，为《谢尔曼法》第一条所禁止。②

以搭售协议的实施方式为标准，搭售协议可以分为明示的搭售协议（Explicit Tying）和默示的搭售协议（Non-Explicit Tying）。前者指的是卖方通过书面、口头等方式明确要求买方同时购买搭售产品和被搭售产品。后者指的是卖方虽然没有明确要求买方同时购买搭售产品和被搭售产品，但卖方利用其在搭售产品市场

---

① See Generac Corporation v. Caterpillar Inc., 172 F.3d 971 (7th Cir. 1999).
② See Rick-Mik v. Equilon, 532 F.3d 963 (9th Cir. 2008).

中的市场力量，利用捆绑折扣（Bundled Discount）[1]等方式使得同时购买被搭售产品和搭售产品成为买方最为经济实惠的选择，进而使被搭售产品在市场中实现排斥竞争对手的目的。

根据美国近年的反垄断司法实践，美国联邦法院倾向于采纳准本身违法原则（Quasi-Per Se Standard）作为判断搭售协议是否违反美国反垄断法的标准。申言之，根据此项标准，即便没有证据证明搭售协议对市场竞争产生负面效果，在搭售协议满足以下四个条件时，搭售协议仍然会被美国联邦法院定性为违反美国反垄断法的垄断协议。

第一，搭售协议对被搭售产品的跨州贸易的交易量产生实质影响。[2]

第二，搭售商品和被搭售商品并不必须捆绑销售。比如，消费者购买的操作系统。20世纪90年代，美国微软公司曾因将Windows系统与IE浏览器捆绑销售而在美国遭遇了反垄断诉讼。电脑操作系统和浏览器，前者提供的是电脑的基础运行功能，后者则是满足用户浏览网页的需求，二者之间捆绑销售缺乏必要的关联性。

第三，搭配协议中卖方必须在搭售产品所在的相关市场中拥有一定的市场力量。卖方在搭售产品市场中的市场力量可以用于影响被搭售产品所在的相关市场，从而在被搭售产品所在的相关市场中排斥竞争者。[3]换言之，卖方在搭售产品市场中具有市场力量，这表明搭配产品市场中可能存在缺乏竞争的情况，导致买方无法获得搭售产品的替代品，进而迫使买方在购买搭售产品时必须同时购买被搭售产品。这种情况使得被搭售产品市场中的企业无法与实施搭售协议的卖方展开竞争。市场力量的判断可以根据卖方的市场份额来评估，通常情况下，当卖方的市场份额低于30%时，不认为卖方具有市场力量。此外，搭售产品拥有专利并不意味着卖方必然具备市场力量。

第四，卖方的搭售协议必须在经济上对买方产生强迫效果。

---

[1] 所谓"捆绑折扣"指的是卖方将多个产品或服务捆绑在一起销售时所提供的折扣或优惠。如果买方单独购买其中的部分商品，则无法享受折扣或优惠。简言之，在卖方实施捆绑折扣的情况下，同时购买多种产品或服务比单独购买可以享受更为优惠的价格。

[2] See Fortner Enterprises, Inc. v. United States Steel Corp., 394 U.S. 495 (1969).

[3] See Eastman Kodak Co. v. Image Technical Services, Inc., 504 U.S. 451 (1992).

在明示的搭售协议中,如果买方拒绝接受该搭售协议,则无法从其他企业获取搭售产品的替代品,或者获取替代品的成本过高时,则该搭售协议具备经济上的强迫效果。

如何判断默示的搭售协议是否具有强迫效果,柯林斯喷墨公司诉伊士曼柯达公司案(Collins Inkjet Corp. v. Eastman Kodak Co.)是一个具有参考意义的案件。在该案中,原告柯林斯喷墨公司是一家专门生产喷墨墨水的公司,而被告伊士曼柯达公司不仅生产喷墨墨水,还生产打印机及相关配件。在两家公司的合作破裂后,被告采取了捆绑折扣的定价政策。根据被告的捆绑折扣政策,当用户购买被告的翻新打印头时,对于那些选择使用被告生产的喷墨墨水的买方,被告给予折扣。对于那些选择使用其他商家生产的喷墨墨水的买方,被告则提高翻新打印头的价格。

捆绑折扣是一种常见的销售策略,有利于商家提高销量和增加市场份额。然而,根据折扣归因标准(Discount Attribution Standard),当捆绑折扣导致被搭售产品的售价低于成本时,捆绑折扣将对买方产生经济上的强迫效果,具备违反《谢尔曼法》第一条和第二条的法律风险。[①] 具体而言,卖方通过捆绑折扣在搭售产品中让利,以吸引买方购买被搭售产品。当卖方的让利金额与被搭售产品的售价之差额低于被搭售产品的成本,且卖方在搭售产品市场具有市场力量时,卖方对搭售产品的让利将构成掠夺性投资(Predatory Investment)。以捆绑折扣实施掠夺性投资,它的实质是卖方利用其在搭售产品市场中的市场力量及其因此产生的利润补贴被搭售产品,从而增强被搭售产品对买方的吸引力。卖方的最终目的是利用它的市场力量和折扣政策迫使买方选择被搭售产品并在被搭售产品市场中排斥其他竞争者。

根据美国联邦第六巡回上诉法院的判决,被告销售的喷墨墨水构成了被搭售产品,而翻新打印头属于搭售产品。被告的捆绑折扣使得被告以低于成本的价格销售喷墨墨水,构成了掠夺性投资。被告在被搭售市场进行掠夺性投资的目的是将其在翻新打印头市场中的市场力量扩展至喷墨墨水市场,进而迫使买方基于经济利益考量放弃购买其他厂家生产的喷墨墨水。根据折扣归因标准,被告的捆绑折扣政策对买方产生了默示的强迫效果,构成默示的搭售协议。[②]

需要注意的是,仅仅采取诱导、欺诈、劝说的方式促使买方同时购买两种以上的

---

① See Cascade Health Solutions v. PeaceHealth, 515 F.3d 883 (9th Cir. 2008).
② See Collins Inkjet Corp. v. Eastman Kodak Co., 781 F.3d 264 (6th Cir. 2015).

商品，这种情况不属于搭售。① 此外，既将搭售产品与被搭售产品打包销售，也单独销售搭售产品与被搭售产品，这种情况也不属于卖方采取强迫方式搭售产品。②

（四）排他性交易协议

如本书第二章所述，《克莱顿法》第三条禁止有损竞争的排他性交易。排他性交易的载体是处于上游的经营者与处于下游的经营者达成的要求下游经营者只能与协议指定的交易对象进行交易的协议，这是一种典型的纵向协议。当这种纵向协议具有排斥竞争、损害消费者福利的负面效果时，它不仅受到《克莱顿法》第三条的规制，同时也受到《谢尔曼法》第一条的规制，构成纵向垄断协议。

排他性交易的达成与实施，既可以通过直接的方式进行，例如，独家合作协议（"二选一"政策），也可以通过间接的方式实施。后者称为事实的排他性交易协议（De Facto Exclusive Dealing Agreement）。例如，卖家利用市场份额折扣（Market-Share Discounts）诱导买家与其保持一定的交易量进而间接地达到排他性交易的目的，这是事实的排他性交易的表现形式之一。所谓"市场份额折扣"，指的是一种卖方根据买方的市场份额而实施的折扣政策。具体而言，当双方的交易量达到或超过卖方设定的市场份额最低门槛时，买方将享受到一定的价格折扣。卖方通过市场份额折扣可以降低甚至消除买方与卖方的竞争对手进行交易的可能性，从而实现排斥竞争对手的目的。③

作为一种纵向垄断协议，排他性交易协议体现了纵向垄断协议利弊共存的特点。④ 因此，美国联邦法院倾向于采用合理原则规制排他性交易协议。根据合理原则，

---

① See Trans Sport, Inc. v. Starter Sportswear, Inc., 964 F.2d 186 (2d Cir. 1992).
② See Jefferson Parish Hospital Distric No. 2 v. Hyde, 466 U.S. 2 (1984).
③ See ZF Meritor, LLC v. Eaton Corp., 696 F.3d 254 (3d Cir. 2012).
④ 根据美国学者吉尔伯特（Richard Gilbert）的研究，排他性交易协议的反竞争效果主要表现在以下四个方面：第一，排他性交易协议的受益方可能通过协议排除新的竞争来获利；第二，排他性交易协议可能提高竞争对手的成本，进而损害消费者的利益；第三，排他性交易可能导致零售商维持较高的利润，破坏品牌内竞争；第四，排他性交易可能使得合谋更容易实施，从而损害品牌间竞争。在另一方面，吉尔伯特指出，排他性交易协议也具有促进竞争和提高消费者福利的积极作用，这种积极作用表现在以下八个方面：第一，消除"搭便车"现象；第二，调动供应商和零售商的积极性；第三，促进新产品进入市场；第四，实现规模经济；第五，保护特定的投资；第六，保护知识产权、商业秘密和专有技术；第七，对产品提供质量认证；第八，有利于信息共享。参见［美］理查德·吉尔伯特：《排他性交易的经济学分析和反垄断执法》，黄昆译，载《经贸法律评论》，2020（5）。

美国联邦法院首先需要考虑的问题是相关市场的范围。通常情况下，排他性交易协议涉及的相关市场指的是受排他性交易协议造成的反竞争效果影响的市场。① 在界定相关市场之后，美国联邦法院需要结合多重因素考察特定案件中的排他性交易协议是否对市场竞争和消费者福利造成弊大于利的影响，包括但不限于以下考察因素。

第一，排他性交易协议的封锁效应（Foreclose Effect）对市场竞争的影响程度。企业通过排他性交易协议减少乃至消除竞争对手的交易机会，将相关市场封锁为企业的"自留地"，进而达到排斥竞争的目的，这就是排他性交易协议的封锁效应。封锁效应对市场竞争的影响程度越强，排他性交易协议违反《谢尔曼法》的可能性就越大。通常而言，排他性交易协议对相关市场中 40% 的市场份额产生封锁效应时，该协议将具有违法的可能性。② 此外，美国联邦法院也会把排他性交易协议对其他竞争者的影响程度纳入封锁效应的考察范围。

第二，排他性交易协议的期限。一般来说，排他性交易协议的期限越长，其对竞争的负面效应就越大。然而，需要注意的是，较长的协议期限并不是违反美国反垄断法的必要条件。即使协议期限较短，如果排他性交易协议具有显著的封锁效应，仍有可能产生违反美国反垄断法的风险。

第三，排他性交易协议的受益方是否具有市场力量。排他性交易协议的受益方既可能是协议的卖方也可能是买方。如果卖方要求买方接受排他性交易安排，卖方将成为受益方。相反，如果买方要求成为卖方的排他性交易对象，那么买方将是受益方。无论是买方还是卖方，排他性合同对市场竞争的最终影响取决于受益方是否具有市场力量。受益方的市场力量越强，其对市场竞争的扭曲效果就越显著，也就越有可能违反《谢尔曼法》。③

第四，排他性交易协议的受益方是否与相关市场内的其他企业达成排他性交易协议。在同一相关市场中，受益方达成的排他性交易协议的数量越多，受益方对相关市场的封锁效应就会越强。

第五，经营者参与排他性交易协议的动机。排他性交易协议的实施会助长协议受益方的市场力量，协议受益方具有较强的主观动力达成、实施排他性交易协

---

① See Brokerage Concepts, Inc. v. U.S. Healthcare, Inc., 140 F.3d 494 (3d Cir. 1998).
② See United States v. Microsoft Corp., 253 F.3d 34 (D.C. Cir. 2001).
③ See McWane, Inc. v. FTC, 783 F.3d 814 (11th Cir. 2015).

议。对于非受益方而言，除非受到强迫或利诱，非受益方往往缺乏参与排他性交易协议的动机。①

第六，排他性交易协议的积极影响。排他性交易除了会造成封锁效应的负面效果外，也可能产生提高经济效率的正面效果。② 例如，一家企业愿意提供独家合作的优惠条件给一家供应商，作为回报，这家供应商可能会加强技术创新和产品创新，从而带来更好的产品或服务，这对增强市场竞争和提高消费者福利均具有积极影响。根据合理原则，美国法院在评估排他性交易协议时，需要比较该协议所造成的正面效果和负面效果，从而判断该协议是否构成纵向垄断协议。

第七，市场集中度。市场集中度（Market Concentration）是评估市场是否由少数几家企业控制的指标。较高的市场集中度说明市场份额被少数几家企业所主导，而较低的市场集中度则表示市场份额较为分散。通常而言，只有在市场集中度较高的情况下实施排他性交易协议才可能违反美国反垄断法。③

第八，市场进入壁垒。市场进入壁垒（Entry Barriers）是指阻碍新企业进入市场、参与竞争的各种因素。常见的市场进入壁垒包括资本壁垒、知识产权壁垒、规模经济壁垒、法律和政策壁垒以及品牌壁垒等。在排他性交易协议案件中，如果市场中不存在可以显著限制竞争者进入市场的市场进入壁垒，即便是一家拥有垄断地位的企业也将面临层出不穷的竞争者，它所实施的排他性交易协议极有可能无法实现封锁市场、阻碍竞争的目的。④

第三节　非法垄断市场行为

一、非法垄断市场行为概述

《谢尔曼法》第二条禁止垄断化、企图垄断化、共谋垄断化这三种非法垄断

---

① See U.S. v. Dentsply Intern., Inc., 399 F.3d 181 (3d Cir. 2005).
② See Race Tires Am., Inc. v. Hoosier Racing Tire Corp., 614 F.3d 57, (3d Cir. 2010).
③ See Spirit Airlines, Inc. v. Northwest Airlines, 431 F.3d 917 (6th Cir. 2005).
④ See Concord Boat Corp. v. Brunswick Corp., 207 F.3d 1039 (8th Cir. 2000).

市场行为。需要注意的一点是，非法垄断市场中的"垄断"（Monopolize）不等同于市场的"垄断状态"（Monopoly）。前者指的是企业通过排斥竞争、损害消费者福利的行为获得、维持垄断状态，这种行为被反垄断规则所禁止。后者指的是市场缺乏竞争的市场结构。在这种市场结构下，由单一的企业提供商品或服务。垄断状态是对市场结构的客观描述而非价值判断，市场进入垄断状态并不必然说明市场中存在垄断行为。企业可以通过提供优质产品、进行技术创新等合法举措击败竞争者进而使得市场进入垄断状态。然而，如果企业通过非法垄断市场的行为获取、维持垄断状态，则为反垄断规则所禁止。

二、垄断化行为

垄断化行为，指的是拥有垄断力量的企业，故意采取排斥竞争、损害消费者福利的手段获取或维持了它在相关市场中的垄断地位。垄断化行为的构成要件有两个：第一，企业拥有获得垄断地位或维持垄断地位的市场力量，即垄断力量（Monopoly Power）要件；第二，企业是通过实施具有反竞争效果的行为获得或维持了它的垄断力量，即反竞争行为要件。

（一）垄断力量要件

1. 垄断力量的概念

垄断力量，指的是企业在相关市场中拥有的能够控制价格、产量等相关经济要素进而排斥竞争的能力。其中，控制产品价格是垄断力量的常见表现形式。美国联邦第七巡回上诉法院认为，如果一家企业无法控制价格，那么该企业就不具备垄断力量。[①]

以卖方企业的垄断力量为例。当市场上不存在拥有垄断力量的企业时，也就是说，在较为充分的价格竞争存在的情况下，卖方将产品价格提高到竞争性价格

[①] See Sheridan v. Marathon, 530 F.3d 590 (7th Cir. 2008).

(Competitive Price)①之上,很可能失去大量客户。这些曾经购买卖方产品的客户将转向卖方的竞争者或潜在竞争者购买替代品,尤其是价格低于卖方产品的替代品。如果卖方能够将产品价格提高到竞争水平之上,同时不会面临大量客户流失,以至于涨价后仍然能够盈利,那就证明卖方具备控制价格的垄断力量。

需要注意的一点是,垄断力量和市场力量这两个术语常常被交互使用。诚然,二者均强调企业在相关市场内拥有影响市场运行的强大力量。但在另一方面,在美国反垄断法的语境中,二者仍然存在一定的区别。具体而言,以市场份额为标尺,企业拥有垄断力量所需的市场份额大于其具备市场力量所需的市场份额。②换言之,垄断力量是市场力量的"加强版",是一种更为强大、更为明显的市场力量。二者之间的差别体现在企业对市场的控制程度和影响力。

2. 垄断力量的界定

根据美国联邦法院的司法实践,原告在证明被告具备市场力量时,既可以选择使用直接证据,也可以选择使用间接证据。

(1)直接证据的证明路径。原告可以将被告把产品价格设置为超竞争性价格(Supracompetitive Price)③和减少产出的行为作为直接证据用于证明被告具备垄断力量。④如果在提高产品价格、减少产出的情况下企业获得的利润并未减少甚至有所增加,这说明市场中的买方并没有因为该企业减产提价的行为转而购买其他企业提供的替代品。这也表明其他企业无法与提价减产的企业展开有效竞争。因此,可以说该企业拥有控制市场的垄断力量。

(2)间接证据的证明路径。在间接证据的证明路径中,原告需要证明以下三项事实:第一,界定被告所处的相关市场;第二,被告具备垄断级别的市场份

---

① 竞争性价格是指在市场竞争条件下形成的价格水平。在竞争市场中,价格由供求关系决定,即供应者和需求者之间相互作用的结果。在充分竞争的市场环境中,多个供应商之间的竞争会迫使它们以竞争性价格来吸引需求者。竞争的存在确保了供应商之间的价格竞争和消费者的选择权。竞争性价格反映了市场上自由竞争和供求平衡的结果,通常符合消费者的利益,推动了经济效率和创新。
② See Reazin v. Blue Cross Blue Shield of Kansas, 899 F.2d 951 (10th Cir. 1990).
③ 超竞争性价格指的是高于市场竞争水平的价格。这些价格通常由具有一定市场力量的企业设置。在一个充分竞争的市场中,价格由供需力量决定,价格等于边际成本。然而,当一家企业拥有较强的市场力量时,它可以将价格提高到超过竞争水平的程度,并长期维持这种价格,这使得这家企业能够以牺牲消费者福利为代价获得更高的利润。超竞争性价格的存在表明市场中可能存在垄断行为。
④ See Broadcom v. Qualcomm, 501 F.3d 297 (3d Cir. 2007).

额；第三，相关市场中存在能够严重阻碍现有竞争者和潜在竞争者与被告展开竞争的扩张壁垒（Expansion Barrier）①和进入壁垒。②

与我国《反垄断法》类似，美国联邦法院也将市场份额作为衡量企业是否具备垄断力量的标准。通常情况下，如果一家企业在相关市场中拥有60%以上的市场份额，美国联邦法院将推定该企业具有垄断力量。需要注意的是，不同的美国法院在评估垄断力量时，对市场份额的要求存在一定差异。例如，美国联邦第四巡回上诉法院认为，如果企业具有70%以上的市场份额，则可以推定该企业具有垄断力量；③美国联邦第十巡回上诉法院则认为，如果企业的市场份额低于50%或60%，则不应推定该企业具有垄断力量。④

此外，以市场份额推定企业的垄断力量这一推断是可以被反驳的。即使一家企业在相关市场中拥有100%的市场份额，但如果相关市场中不存在有效阻碍竞争的扩张壁垒或进入壁垒，该企业也无法施展其垄断力量。原因在于，由于市场壁垒的缺失，一旦该企业提高产品价格或减少产出，潜在竞争者将迅速进入市场，市场竞争将变得活跃起来，从而使非法垄断市场行为难以实施。因此，在间接证据的证明路径中，美国联邦法院需要综合考虑市场份额、市场壁垒等一系列市场因素，综合判断被告是否具备垄断力量。

（二）反竞争行为要件

反垄断法保护的是竞争而非竞争者。⑤充分的市场竞争所带来的必然结果是优胜劣汰。对被淘汰的企业而言，市场竞争固然残酷。然而，于消费者而言，他们却可以从市场竞争中获益。譬如，消费者能购买更为质优价廉的产品和享受更为优质的售前售后服务、生产者生产效率能够得以提高、产品与技术的创新等。

---

① 当一家企业提高产品价格、减少产量时，对于这家企业在相关市场中的竞争者而言，最有利可图的策略是增加产量以吸引市场中的买方购买它们提供的替代品。然而，如果该市场存在着经济规模、知识产权等各种扩张壁垒，这将阻碍现存的竞争者提高产量，导致它们无法与提价减产的企业展开有效竞争，买方也因此无法获得充足的替代品。

② See HDC Medical, Inc. v. Minntech Corp., 474 F.3d 543 (8th Cir. 2007); Rebel Oil Co., Inc. v. Atlantic Richfield Co., 51 F.3d 1421 (9th Cir. 1995).

③ See E.I. Du Pont De Nemours & Co. v. Kolon Industries, Inc., 637 F.3d 435 (4th Cir. 2011).

④ See Cohlmia v. St. John Med. Ctr., 693 F.3d 1269 (10th Cir. 2012).

⑤ See Brunswick Corp. v. Pueblo Bowl-O-Mat, Inc., 429 U.S. 477 (1977).

在市场经济的机制下,绝大多数参与市场竞争的企业都有成为垄断者的野心与潜质,只要企业的行为对消费者福利无害甚至有利,世界各国反垄断法并不禁止企业通过这种方式获取、维持垄断地位。因此,美国反垄断法关注的核心是,在市场竞争中胜出的企业是通过何种手段淘汰其他企业。

就垄断化案件而言,即便被告具有垄断力量,如果原告无法证明被告是通过实施具有反竞争效果的垄断行为获取或维持垄断力量,美国反垄断法将不会仅仅因为被告具有垄断力量而对其予以谴责。也因此,美国反垄断法选择以合理原则规制垄断化案件。法院需要综合考察被告的行为所产生的积极影响和消极影响,并在消极影响超过其积极影响时对被告予以反垄断制裁。根据美国的反垄断司法实践,在垄断化案件中,常见的反竞争行为主要有以下 7 种。

1. 掠夺性定价

掠夺性定价(Predatory Pricing)的实施分为两个阶段:首先,拥有垄断力量的卖方将产品价格设置在成本之下以吸引消费者,现有的竞争者将无法在市场中存活,潜在的竞争者也将因为卖方的定价低于成本而无法进入市场与之竞争。然后,当市场中的竞争被削弱或排除时,卖方将产品价格提高至超竞争价格水平以此弥补前期的损失和获得垄断利润。

2. 排他性交易

企业为实施排他性交易而达成的协议构成《谢尔曼法》第一条中的纵向垄断协议。拥有垄断力量的企业实施的排他性交易构成《谢尔曼法》第二条中的垄断化行为。排他性交易的实施方式多种多样。除了在前文中介绍的独家合作协议、市场份额折扣、搭售外,忠诚折扣[①]、照付不议协议[②]等也可以作为排他性交易的实施手段。

[①] 所谓"忠诚折扣"(Loyalty Discount)是指,卖方对具有忠诚度的买方给予一定的折扣或优待,以此激励买方向卖方购买更多的产品。买方忠诚度通常表现为买卖双方的累计交易金额、交易数量等长期交易关系。就短期效果而言,买方可以通过忠诚折扣以更低的价格购买卖方的产品,这有利于消费者福利。就长期效果而言,当实施忠诚折扣的卖方具有较强的市场力量时,忠诚折扣的实施可能产生排斥竞争的负面效果。

[②] 所谓"照付不议协议"是指,协议的买方需要在合同期内按照约定的数量或金额购买产品。如果买方购买产品的数量或金额低于协议要求,买方需要向卖方支付赔偿款,这项赔偿款的金额通常为实际交易与约定交易之间的差额。

3. 拒绝交易

通常而言，即便是一家拥有垄断力量的企业，它也拥有自主选择交易对象的权利与自由。① 然而，如果一家拥有垄断力量的企业自愿放弃一项有利可图的交易，且该企业无法提出拒绝交易的合理理由，这种拒绝交易行为的背后可能隐藏着该企业排斥竞争的意图。②

拒绝交易引发的垄断纠纷往往在跨市场竞争的背景下发生。在上游市场拥有垄断力量的企业在下游市场中面临激烈的竞争。下游市场中的竞争者需要从上游市场中购买经营活动所必需的原材料、设备、服务、知识产权乃至大数据。拥有垄断力量的企业为了将其垄断力量从上游市场扩展至下游市场，通过拒绝交易的方式，使下游市场中的竞争者无法获取经营活动所必备的生产要素，进而达到排斥竞争、垄断下游市场的目的。在这种情况下，拒绝交易将构成《谢尔曼法》第二条所禁止的垄断化行为。

需要注意的一点是，就拒绝交易问题，美国反垄断法中存在一项有争议的法律规则——关键设施原则（Essential Facilities Doctrine）。关键设施原则，又称必需设施原则、基础设施原则，最早可以追溯到1912年的美国诉终端铁路协会案（United States v. Terminal Railroad Association）。③ 关键设施，指的是控制关键设施以外的主体参与市场竞争所必须使用的设施（Infrastructure）或通路（Access）。关键设施的表现形式是多种多样的，既可以是桥梁、港口、能源等有形财产，也可以是知识产权乃至大数据等无形财产。

关键设施原则的基本要求是控制关键设施的主体有义务授权他人以合理的方式使用关键设施。如果关键设施的控制主体拒绝履行这一义务，其将有违《谢尔曼法》第二条的法律风险。具体而言，根据美国联邦第七巡回上诉法院的裁判观点，在同时满足以下四项条件时，关键设施的控制者应当就拒绝授权使用关键设施承担法律责任：第一，关键设施为一个垄断者所控制；第二，垄断者的竞争对手无法复制关键设施，或这种复制行为不具备合理性；第三，关键设施的控制者

---

① See Christy Sports, LLC v. Deer Valley Resort Co., 555 F.3d 1188 (10th Cir. 2009).
② See Loren Data Corp. v. GXS, Inc., 501 Fed. App'x 275 (4th Cir. 2012).
③ See United States v. Terminal Railroad Association, 224 U.S. 383 (1912).

拒绝一个竞争对手使用关键设施；第四，向竞争对手提供关键设施具有可行性。①

尽管美国联邦部分法院已在司法实践中采纳关键设施原则，但关键设施原则仍被认为是一项存在诸多缺陷的法律规则。对关键设施原则的批评主要集中在以下三个方面：首先，关键设施原则将交易义务强加于拥有市场力量的企业，这可能打击企业的创新动力并最终有损消费者福利。② 其次，关键设施原则的适用条件过于抽象与复杂，这不利于关键设施原则在司法实践中的适用。比如，如何评估复制关键设施的合理性，这对美国法院来说是一项巨大的挑战。③ 最后，关键设施基础原则可能与美国反垄断法的立法宗旨相冲突。关键设施原则的引入将使得美国反垄断法成为"公平进入法"。关键设施原则强迫某些私人企业必须容纳另一些企业，哪怕竞争并没有得到增强，这与美国反垄断法保护竞争、鼓励竞争的立法目标相悖。④

由于关键设施原则存在诸多不足，美国联邦最高法院与美国司法部对关键设施原则的适用持审慎态度。美国联邦最高法院在威瑞森诉特林科案（Verizon v. Trinko）中对关键设施原则采取了既不承认也不否认的处理方式⑤。美国司法部明确指出，关键信息基础设施是一项有缺陷的法律规则。在《谢尔曼法》第二条的反垄断执法工作中，单方面无条件的拒绝交易行为不应成为该条款执法工作的重点内容。⑥

从应对垄断风险的角度出发，我国企业应当意识到，拥有垄断力量的企业针对它的竞争者实施的拒绝交易行为可能受到美国反垄断法的规制，但美国国内尚未形成一套统一的标准用于规制拒绝交易行为。如果企业在诉讼中基于关键设施原则提出诉讼请求，首先应当考虑管辖法院是否采纳关键设施原则。

4. 垄断协议

如本书第二章所述，垄断协议是搭售、排他性交易等垄断行为的载体。因此，

---

① See MCI Communications Corp. v. AT&T Co., 708 F.2d 1081 (7th Cir. 1983).
② See Verizon v. Trinko, LLP, 540 U.S. 398 (2004).
③ See Abbott Lipsky and Gregory Sidak, "Essential Facilities", Stanford Law Review, 51(1999), 1187.
④ 参见［美］赫伯特·霍温坎普：《联邦反托拉斯政策竞争法律及其实践》，许光耀、江山、王晨译，342页，北京，法律出版社，2009。
⑤ See Verizon v. Trinko, 540 U.S. 398 (2004).
⑥ 参见美国司法部：《单方面无条件拒绝与竞争对手交易》，载美国司法部官网，https://www.justice.gov/archives/atr/competition-and-monopoly-single-firm-conduct-under-section-2-sherman-act-chapter-7，最后访问时间：2023年11月10日。

如果企业通过垄断协议排挤其他竞争者进而用于非法垄断市场，那么企业实施的垄断协议不仅违反《谢尔曼法》第一条，也违反《谢尔曼法》第二条，构成垄断化行为或企图垄断化行为。①

5. 经营者集中

经营者集中行为除了受到《克莱顿法》第七条的规制，《谢尔曼法》第二条同样可以用于规制横向并购行为。例如，一项横向并购将使得参与并购的企业它们之间的竞争被并购交易消除，进而可能导致并购完成之后产生一个具有垄断力量的企业。在这种情况下，企业间的横向并购交易是企业非法垄断市场的"抓手"，为《谢尔曼法》第二条所禁止。②

6. 虚假诉讼

在美国反垄断法的语境中，如果拥有垄断力量的企业通过虚假诉讼（Sham Litigation）排斥竞争，这种虚假诉讼将受《谢尔曼法》第二条的规制。关于虚假诉讼的判断标准，美国联邦最高法院在专业房地产投资者公司诉哥伦比亚电影工业公司案（Professional Real Estate Investors, Inc. v. Columbia Pictures Industries, Inc.）中指出，法院对虚假诉讼的判断应当是基于其过程而非强调其结果。

申言之，对虚假诉讼的判断标准是主观标准与客观标准相结合的双重标准。就客观标准而言，虚假诉讼指的是，在一个理性人的判断下，该诉讼缺乏客观依据且依据案件事实被一个理性人认为其无法胜诉。就主观标准而言，拥有垄断力量的企业发起虚假诉讼的主观目的是直接干扰竞争者的商业活动。就客观标准与主观标准的适用顺序而言，法院需要优先考察客观标准。只有在案件毫无客观依据时，法院才需要对当事人发起诉讼的主观目的做出进一步考察。③

7. 垄断化杠杆

所谓垄断化杠杆（Monopolistic Leveraging），又称为"垄断力量的杠杆化"（Leveraging Monopoly Power），指的是在一个相关市场中具有垄断力量的企业采取排斥竞争、损害消费者福利的反竞争行为，将它的垄断力量扩展至另一个与它具有关联性的相关市场。前一个相关市场称为一级市场（Primary Market），后一个相关市场

---

① See Highland Capital, Inc. v. Franklin Nat. Bank, 350 F.3d 558 (6th Cir. 2003).
② See Fraser v. Major League Soccer, L.L.C, 284 F.3d 47 (1st Cir. 2002).
③ See Professional Real Estate Investors, Inc. v. Columbia Pictures Industries, Inc., 508 U.S. 49 (1993).

称为二级市场（Secondary Market），也称为相邻市场（Adjacent Market）。

根据美国学者克拉克-史密斯（Jennifer Clarke-Smith）的研究，与垄断化杠杆有关的反垄断诉讼最早可以追溯到1948年的美国诉格里菲斯案（United States v. Griffith）。① 在该案中，美国联邦最高法院指出，如果允许垄断力量被用于产生垄断状态，《谢尔曼法》将成为一项形同虚设的工具。② 1980年，由美国联邦最高法院终审的伯基照片公司诉伊士曼柯达公司案（Berkey Photo, Inc. v. Eastman Kodak Company）中，垄断化杠杆首次被明确识别为《谢尔曼法》第二条之下的一项单独的诉讼请求。③

关于垄断化杠杆的实施方式问题，在互联网平台经济兴起之前，企业主要通过搭售协议实施垄断化杠杆。通过搭售协议，在搭售产品中具有垄断力量的企业将其垄断力量扩展至被搭售产品市场，这是一种典型的垄断化杠杆。在互联网经济盛行的当下，垄断化杠杆的表现形式更为多样化。例如，互联网巨头实施的信息挪用行为、自我优待行为已成为垄断化杠杆新的表现形式。

在美国，垄断化杠杆是一个富有争议的问题。以波斯纳为代表的芝加哥学派认为垄断化杠杆通常是对市场无害的。④ 然而，伴随着互联网经济的兴起，互联

---

① See Jennifer Clarke-Smith, "The Development of the Monopolistic Leveraging Theory and Its Appropriate Role in Antitrust Law", *Catholic University Law Review*, 52(2002), 179.
② See United States v. Griffith, 334 U.S. 100 (1948).
③ See Berkey Photo, Inc. v. Eastman Kodak Company, 444 U.S. 1093 (1980).
④ 传统理论认为，拥有垄断力量的企业实施垄断化杠杆的动机是为了将其在一级市场中的垄断力量扩张至二级市场，以此获得更多的利润。作为芝加哥学派的代表人物之一，波斯纳对垄断化杠杆的传统理论提出了批评。波斯纳指出，在未对买方实施价格歧视的前提下，无论一家企业将它的垄断力量局限于一个相关市场，还是将它的垄断力量扩展至其他相关市场，该企业能够获得的利润总量是有限的。当一家企业实施垄断化杠杆时，为了将自身的垄断力量从一级市场拓展至二级市场，该企业需要利用一级市场中的获利补贴二级市场，以此将其垄断力量拓展至二级市场。换言之，企业从二级市场中获利的前提是减少一级市场中的利润。因此，即便该企业通过垄断化杠杆在二级市场中成功地获得了垄断地位，它在两个市场中的利润总量并没有增加。也因此，芝加哥学派认为垄断化杠杆是一种无害甚至可能有益的行为。波斯纳的观点同样也受到了挑战。后芝加哥学派指出，对垄断化杠杆的反垄断监管并不应当局限于利润问题，而应当把视野扩展至垄断化杠杆对竞争的影响。申言之，后芝加哥学派认为，企业实施垄断化杠杆的主要目的并非立即获利而是增加产出、提高市场份额进而在二级市场中达到排挤其他竞争者的目的。See Louis Kaplow, "Extension of Monopoly Power through Leverage", *Columbia Law Review*, 85(1985), 515; Jennifer Clarke-Smith, "The Development of the Monopolistic Leveraging Theory and Its Appropriate Role in Antitrust Law", *Catholic University Law Review*, 52(2002), 179.

网巨头实施的垄断化杠杆对全球互联网经济的健康发展已造成严重的负面影响，这一现象表明芝加哥学派的垄断化杠杆无害论并不准确。以谷歌（Google）对Yelp 公司①的信息挪用行为为例。根据美国国会众议院司法委员会公布的《数字市场竞争状况调查报告》，谷歌利用其在线搜索市场的垄断地位，强迫 Yelp 公司提供其经营活动中获取的各类信息。由于 Yelp 公司对谷歌提供的搜索服务和由此产生的巨额流量具有高度依赖性，Yelp 公司被迫屈从于谷歌的信息挪用行为。谷歌通过上述信息挪用行为，将其在在线搜索市场中的垄断力量传导至 Yelp 公司所在的相关市场，以提高谷歌在该市场中的竞争力。美国国会众议院司法委员会认为谷歌的上述行为属于以侵占第三方的信息之方式实施垄断化杠杆。②

三、企图垄断化行为

企图垄断化是《谢尔曼法》第二条禁止的第二种非法垄断市场行为。在美国法的语境中，对企图行为的法律规制常见于美国的普通法之中。在斯威夫特公司诉美国案（Swift and Company v. United States）中，霍姆斯大法官对《谢尔曼法》规制企图垄断行为的原因做出了解释。霍姆斯大法官认为，即便企图垄断化行为本身尚未产生《谢尔曼法》所禁止的垄断状态，但经营者具有追求垄断状态的主观故意，并且这种主观故意具备产生垄断状态的客观可能性时，《谢尔曼法》应当如美国的普通法一般对这种企图非法垄断市场的行为予以规制。③

（一）企图垄断化行为的构成要件

霍姆斯大法官对企图垄断化问题的经典诠释，对美国的反垄断司法实践产生了深远的影响。根据霍姆斯大法官的观点，企图垄断化行为的构成要件被分解为三个部分：第一，企业在主观上具有企图非法垄断市场的特定故意（Specific

---

① Yelp 公司为互联网用户提供商家信息展示、消费者点评商家等各类相关服务，类似于我国的"大众点评"。
② 美国国会众议院司法委员会：《数字市场竞争状况调查报告》，载美国国会众议院司法委员会官网，https://democrats-judiciary.house.gov/uploadedfiles/competition_in_digital_markets.pdf，最后访问时间：2023 年 11 月 10 日。
③ See Swift & Co. v. United States, 196 U.S. 375 (1905).

Intent）；第二，企业实施了反竞争行为；第三，企业通过实施反竞争行为产生了获得垄断力量的危险可能性；① 关于企图垄断化行为的反竞争行为要件，其表现形式与垄断化行为相似，故在此不再赘述。

1. 特定故意要件

在美国法律中，故意被分为一般故意（General Intent）和特定故意。一般故意也被称为一般意图，指的是行为人对所实施的违法犯罪行为本身具有故意的心态。特定故意也被称为特定意图，指的是行为人不仅对所实施的违法犯罪行为本身具有故意的心态，而且对违法犯罪行为所产生的后果也具有故意的心态。在企图垄断化行为中，这里的特定故意指的并不是企业具有与竞争对手展开激烈竞争的特定故意，而是指的企业在主观上具有的排斥竞争或实现非法垄断状态的特定故意。②

如何判断企业是否具备美国反垄断法所禁止的特定故意，或者说如何区分合法的故意与非法的故意，这一问题被称为困扰美国反垄断法的"幽灵"。关于如何在企图垄断化案件中判断特定故意，美国联邦法院内部曾于20世纪出现了两种截然不同的观点，即限制措施说与扩张措施说。限制措施说将特定故意要件视为一个限制性要件，当法院确定被告满足了企图垄断化行为的其他构成要件之时，被告可能因为不具有企图垄断市场的非法意图而免受美国反垄断法的惩罚。扩张措施说将特定意图要件用作一个扩张性要件，即虽然被告的行为本身不具有达成垄断的可能性，但是当被告被证明具有企图垄断的非法意图之时，被告也具有美国反垄断法上的可谴责性。③

为了终结关于特定故意的上述争议，美国联邦最高法院在谱动运动公司诉麦克奎兰案（Spectrum Sports, Inc. v. McQuillan）中提出了如何推定特定意图的方法。美国联邦最高法院指出，特定意图可以从被告实施的反竞争行为中推定而出，但

---

① 在私人原告针对企图垄断化行为发起的反垄断诉讼中，私人原告还需要证明其因被告所实施的垄断行为而遭受了反垄断损害（Antitrust Injury）。根据美国反垄断法，反垄断损害是所有的私人原告主张损害赔偿时均需要证明的要件，并非仅适用于企图垄断化案件中，故本书未将其列为企图垄断化行为的构成要件。See Rebel Oil Co., Inc. v. Atlantic Richfield Co., 51 F.3d 1421 (9th Cir. 1995).
② See Olympia Equip. Leasing v. W. Union Telegraph, 797 F.2d 370 (7th Cir. 1986).
③ 参见[美]赫伯特·霍温坎普：《联邦反托拉斯政策竞争法律及其实践》，许光耀、江山、王晨译，309～311页，北京，法律出版社，2009。

不能仅凭被告的反竞争行为就判定被告具有获得垄断力量的危险可能性。①

2. 危险可能性要件

在美国的反垄断司法实践中，即便被告所实施的反竞争行为在理论上具有反竞争效果，但被告的反竞争行为在特定案件中不具有成功垄断市场的可能性时，美国反垄断法通常不会对此类被告予以制裁。也因此，在企图垄断化案件中，只有在被告的反竞争行为具有成功达成垄断的危险可能性时，被告方才需要承担法律责任，此即为企图垄断化案件中的危险可能性要件。②

对于危险可能性的判断，法院需要界定相关市场。在此基础上，将市场份额作为判断危险可能性的标尺。例如，在 M & M 医疗用品服务公司诉愉快谷医院公司案（M & M Medical Supplies & Services v. Pleasant Valley Hospital）中，美国联邦第四巡回上诉法院指出，当被告的市场份额小于30%时，法院应当驳回原告的企图垄断化之诉；当被告的市场份额在30%至50%之间时，法院原则上应当驳回原告的诉讼请求，除非被告有极大可能非法垄断市场；当被告的市场份额超过50%，且符合企图垄断化行为的其他构成要件时，法院将认定被告的行为构成企图垄断化。③

以市场份额作为衡量危险可能性的标准为美国绝大多数法院所认可，但需要注意的一点是，市场份额并非判断危险可能性存在与否的唯一要素，进入壁垒对危险可能性的判断同样具有重要的意义。如果被告所处的相关市场中进入壁垒十分薄弱，使得潜在竞争者可以快速进入该市场与被告展开竞争时，即便被告具有过半的市场份额，薄弱的市场进入壁垒也将使得企图垄断市场的行为缺乏成功的可能性。④

（二）企图垄断化行为与垄断化行为的区别

在垄断化行为中，被告根据《谢尔曼法》第二条承担法律责任的前提是其通

---

① See Spectrum Sports, Inc. v. McQuillan, 506 U.S. 447 (1993).
② 参见曾凡宇：《美国反垄断民事诉讼中企图垄断行为的认定——以宁波舜宇案为镜鉴》，载《盐城工学院学报》（社会科学版），2022（2）。
③ See M & M Medical Supplies & Services v. Pleasant Valley Hospital, 981 F.2d 160 (4th Cir. 1992).
④ See Tops Markets, Inc. v. Quality Markets, Inc., 142 F.3d 90 (2d Cir. 1998).

过垄断化行为已经获得或者维持了在相关市场上的垄断地位。而在企图垄断化行为案件中，被告尚未在相关市场上获得垄断地位，但其具备获得垄断地位的主观故意和客观可能性使得企图垄断化行为对市场竞争和消费者福利构成实际威胁。因此，美国政府需要依据《谢尔曼法》第二条对此类垄断行为进行反垄断监管。在实务角度下，二者的区别体现在构成这两种垄断行为所需的市场份额有所差异。申言之，构成垄断化行为所需的市场份额多于构成企图垄断化行为所需的市场份额。

四、共谋垄断化行为

共谋垄断化指的是两个以上的共谋者达成的旨在通过美国反垄断法所禁止的行为获得垄断状态的共谋。共谋垄断化的构成要件有四点：第一，两个以上的共谋者达成旨在垄断市场的非法共谋。第二，为实现非法共谋，共谋者实施了推动非法共谋的外在行为（Overt Acts），也即共谋者为垄断共谋的实施进行了准备工作。第三，共谋者具备垄断市场的特定故意。第四，共谋者的非法共谋具有反竞争效果。[①]

关于共谋垄断化的构成要件，有两点需要进一步说明：首先，共谋垄断化中的外部行为并不需要是美国反垄断法所禁止的反竞争行为。[②] 其次，共谋垄断化的本质是一种垄断协议。因此，适用于垄断协议中的单一主体抗辩规则也可以适用于共谋垄断化案件之中。

五、垄断价格行为与非法垄断市场行为

在非法垄断市场案件中，除了上述七种常见的反竞争行为外，还存在一种有争议的行为——垄断价格行为，它被美国反垄断法视为合法行为，却为我国《反

---

① See Lantec, Inc. v. Novell, Inc., 306 F.3d 1003 (10th Cir. 2002); Dickson v. Microsoft Corp., 309 F.3d 193 (4th Cir. 2002); TV Communications Network, Inc. v. Turner Network Television, Inc., 964 F.2d 1022 (10th Cir. 1992).

② See American Tobacco Co. v. United States, 328 U.S. 781 (1946).

垄断法》所禁止。根据我国《反垄断法》第二十二条第一款第（一）项的规定，当一家企业拥有市场支配地位时，它以不公平的高价销售商品或以不公平的低价购买商品时，这种行为即为垄断价格行为，为我国《反垄断法》所禁止。

在美国法的语境中，拥有市场力量的卖家向买方索取超竞争性价格或垄断价格，称为卖方垄断价格行为（Monopoly Pricing）。当买方拥有控制市场的垄断力量，买方利用它的垄断力量压低交易价格，这被称为买方垄断价格行为（Monopsony Pricing）。

我国《反垄断法》对垄断价格行为予以规制的主要原因是垄断价格行为被认为是一种经济剥削行为。"占有市场支配地位的企业为了获取超额的垄断利润，通常会利用其自身优势，以不合理的高价销售其垄断产品，或以不合理的低价购买原材料产品，使得消费者享有的福利转移到垄断厂商手里"。[①]

与我国《反垄断法》不同，根据美国反垄断法，通过合法途径获得垄断力量的企业可以合法地实施垄断价格行为。美国之所以拒绝对垄断价格行为予以反垄断处罚，主要基于以下三方面的考量。

首先，垄断价格行为是市场经济的产物，也是市场经济的重要组成部分。在市场经济的环境中，逐利是企业最为核心的目标，任何参与市场竞争的企业都有获取垄断力量进而实施垄断价格行为的野心。在这种野心的激励下，企业可以通过技术创新、商业模式创新等合法手段成长为一家具有垄断力量的企业。若对这类企业的垄断价格行为予以谴责，则与市场经济鼓励企业通过合法经营做大做强的宗旨相悖，也将减弱企业参与市场竞争和开展创新活动的积极性，最终可能对消费者福利产生消极影响。

其次，在绝大多数情况下，市场经济这只"无形的手"可以自行调节垄断价格行为。譬如，拥有垄断力量的卖方的确可以在短期内将产品价格提升至竞争性价格之上进而获得更多的利润，但这也会吸引潜在的竞争者进入市场与其展开竞争。随着新的竞争者的加入，产品的价格也将恢复至竞争性水平，消费者福利也因此能得到保障。

最后，即便在市场经济无法有效调节垄断价格行为的情况下，政府这只"有

---

① 徐士英主编：《新编竞争法教材》（第二版），144页，北京，北京大学出版社，2020。

形的手"对垄断价格行为的干预也未必能够取得良好的监管效果。如果仅禁止拥有垄断力量的企业设置垄断价格,这种法律救济措施明显是模糊且不充分的。禁止令这种法律救济无法给予拥有垄断力量的企业以明确的行为规范。政府需要采取进一步的干预措施,以确保市场中的产品价格与边际成本相符,进而实现帕累托效率。实现帕累托效率需要政府能够全面获取并准确评估关于垄断价格行为的市场信息。然而,相较于亲自参与市场竞争的企业,政府对于市场信息的了解程度和评估能力可能相对有限,这导致政府直接调控价格的行为可能无法达到预期的效果。①

关于垄断价格行为问题,中美两国反垄断法存在的显著差异,这反映了两国在政府与市场的关系问题上所呈现的不同的价值取向。申言之,我国将市场经济与宏观调控定性为相辅相成的关系。我国的社会主义市场经济既需要有效市场,也需要有为政府。②垄断价格行为并非完全无害。因此,通过《反垄断法》积极监管垄断价格问题是我国构建有为政府的题中应有之义。与我国不同,美国政府在美国的市场经济环境中扮演的是"守夜人"的角色。尽管《谢尔曼法》《克莱顿法》等美国反垄断成文法授予了美国政府干预市场的权力,但这种授权是基于"守夜人"的角色定位而展开的。"守夜人"角色在一定程度上反映了美国的政治精英对市场经济自我调整功能的过度信任以及对政府失灵问题的担忧,这一价值取向使得美国反垄断法对垄断价格行为采取了轻监管化的态度。

中美两国反垄断法在垄断价格行为问题上的不同规定,不仅反映了两国政府对宏观调控手段的不同态度,也对我国企业的对美出口贸易具有不容忽视的影响。由于中美反垄断法对垄断价格行为的合法性作出了截然不同的规定,具备垄断力量的中国企业在参与对美出口贸易中应当全面把握两国反垄断法在垄断价格问题上的不同规定。如果企业的垄断价格行为仅针对美国市场,并未对中国市场产生负面影响,那么企业可以在对美出口贸易中合法地实施垄断价格行为。然而,如果企业在对美出口贸易中实施的垄断价格行为不仅涉及美国市场,也对我国国内

---

① See Michal Gal, "Monopoly Pricing as an Antitrust Offense in the U.S. and the EC: Two Systems of Belief about Monopoly?", *The Antitrust Bulletin*, 49(2004), 343.
② 参见新华社:《关于加快建设全国统一大市场的意见》,载中华人民共和国中央人民政府官网,https://www.gov.cn/zhengce/2022-04/10/content_5684385.htm,最后访问时间:2023年11月11日。

的商业、贸易产生影响，根据我国《反垄断法》第二条的规定，企业的垄断价格行为将受我国《反垄断法》的管辖，具有违反我国《反垄断法》的法律风险。

第四节　经营者集中行为

一、经营者集中的定义

根据国家市场监督管理总局制定的《企业境外反垄断合规指引》第十一条的规定，经营者集中一般是指企业合并、收购、合营等行为。在美国法的语境中，对经营者集中的反垄断监管被称为合并控制（Merger Control）。这里的"合并"一词包含股权并购、资产并购、企业联营、合同控制等一切形成控制与被控制关系的手段。需要明确的一点是，并非所有的经营者集中行为均会受到反垄断法的监管，这是中美反垄断法的共识。当经营者集中行为完成之后将对或可能对市场竞争、消费者福利产生消极影响时，方产生对其展开反垄断监管之必要性。

二、经营者集中的类型

（一）横向集中

所谓横向集中（Horizontal Merger），指的是处于同一个经济层次的经营者进行的集中行为。换言之，参与横向集中的经营者之间具有竞争关系。对横向集中展开反垄断监管的主要原因是，它可能产生协调效应（Coordinated Effects）和单边效应（Unilateral Effects）这两种有损市场竞争、损害消费者福利的负面影响。

经营者集中的协调效应基于竞争者之间的合作互动而产生。通过横向合并，市场中剩下的企业可能以一种相互协调的方式行事。具体而言，企业的竞争决策，尤其是价格决策，将变得相互依赖而非相互独立，进而形成默示合作（Tacit Collusion）。横向集中减少市场中竞争者的数量，这为垄断协议的达成或实施创造了"温床"。简而言之，市场中的竞争者的数量越少，企业之间横向协同的难度就越低，而造成市场中竞争者数量减少的原因之一正是横向集中。

横向集中除了可能造成协调效应外，还可能产生单边效应。当市场集中度较高时，横向集中的实施可能创造一个具有较强市场力量的垄断企业，该企业能够在不考虑市场上其他竞争者的情况下，自行决定产品的价格、产量，此即为横向集中的单边效应。在最为极端的情况下，横向集中所创造出来的垄断企业将成为相关市场中拥有100%市场份额的垄断者，其对市场竞争的危害不言而喻。

（二）纵向集中

纵向集中（Vertical Merger），又称为垂直集中，是指两个在不同经济层次，具有买卖关系或者生产与分销关系的企业进行的集中。例如，一个汽车零部件制造商与一个汽车组装公司进行合并，这项合并交易即为纵向垂直集中。零部件制造商在供应链的上游，向汽车组装公司提供零部件，而后者在分销渠道的下游进行汽车组装。

企业实施纵向集中的原因主要是基于节省成本、加强生产与销售合作等考量。因此，纵向集中并不总会导致美国反垄断执法机构的担忧。然而，在某些情况下，纵向集中同样会产生限制竞争、损害消费者福利的负面影响。比如，当下游生产商所要收购的上游原材料供应商，而该供应商提供了该行业中所有生产商均需要的原材料时，若下游生产商的收购行为将会导致其在下游市场中的竞争对手获得该原材料的难度显著增加，甚至产生拒绝交易等问题，该项纵向集中将可能受到美国反垄断执法机构的反对。

（三）混合集中

在混合集中（Conglomerate Merger）中，参与此类经营者集中的企业来自不同行业或不同市场，它们之间既不具有横向竞争关系，也不存在纵向交易关系。混合集中通常发生在具有多元化经营战略的企业之间。通过混合集中，参与混合集中的企业可以实现业务多元化，并在不同领域或市场中寻求新的业务增长机会。根据参与混合集中的企业之间的关联性的强弱，混合集中可以分为三类。

第一，纯混合关系的混合集中。参与此种混合集中的企业，它们的产品完全不存在任何关联度。例如，太阳眼镜和饮料。由于缺乏关联性，纯混合关系的混合集中通常不会对市场产生负面影响。

第二，互补关系的混合集中。参与此类混合集中的企业，它们的产品之间存在互补性。例如，打印机与墨盒。由于互补关系的存在，此类经营者集中一旦获批，可能有利于集中后的企业实施搭售这种垄断行为。因此，互补关系的混合集中可能会引发反垄断监管。

第三，相邻关系的混合集中。在具有相邻关系的混合集中交易中，参与集中的企业它们的产品本身不具有互补关系，但仍存在较强的关联度。例如，伏特加和威士忌。通过混合集中，企业可以将伏特加和威士忌捆绑销售给酒类消费者，以此提高该企业在酒类市场中的竞争力。①

在大多数情况下，混合集中对市场竞争和消费者福利并不会产生过度的负面影响。因此，相较于横向集中和纵向集中，混合集中通常不会引发美国反垄断执法机构的担忧。自20世纪70年代起，美国两大反垄断执法机构已多年未曾对混合集中展开反垄断调查。这一纪录在2023年被美国联邦贸易委员会诉安进公司案（Federal Trade Commission v. Amgen Inc）所打破。

在该案中，全球医药巨头企业安进公司（Amgen）计划收购和瑞森公司（Horizon）。美国联邦贸易委员会认为，该交易将使得安进公司能够利用其畅销的药物组合用于巩固和瑞森公司在甲状腺眼病药品市场和慢性难治性痛风药品市场中的垄断地位。因此，美国联邦贸易委员会对安进公司以及和瑞森公司发起了反垄断诉讼，请求美国联邦法院禁止该项收购交易。②尽管安进公司与美国联邦贸易委员会最终达成和解，③但通过此案可以看出，拜登政府在混合合并问题上采取了更为严格的监管取向。

---

① 参见董红霞：《混合经营者集中反垄断审查竞争评估框架——"反垄断"大讲堂之三》，载《中国市场监管研究》，2019（7）。
② 美国联邦贸易委员会：《美国联邦贸易委员会提起诉讼以阻止生物制药巨头安进公司进行收购，该收购将巩固两种治疗严重疾病药物的垄断地位》，载美国联邦贸易委员会官网，https://www.ftc.gov/news-events/news/press-releases/2023/05/ftc-sues-block-biopharmaceutical-giant-amgen-acquisition-would-entrench-monopoly-drugs-used-treat，最后访问时间：2023年11月12日。
③ 参见美国联邦贸易委员会：《生物制药巨头安进公司与美国联邦贸易委员会及各州达成和解以应对其收购和瑞森公司所遭遇的（反垄断）挑战》，载美国联邦贸易委员会官网，https://www.ftc.gov/news-events/news/press-releases/2023/09/biopharmaceutical-giant-amgen-settle-ftc-state-challenges-its-horizon-therapeutics-acquisition，最后访问时间：2023年11月12日。

三、美国反垄断法中的经营者集中事前申报制度

《克莱顿法》第七条和《哈特—斯科特—罗迪诺反垄断改进法》确立了美国的经营者集中事前申报制度。需要注意的是，并非所有的经营者集中行为均需要向美国司法部或联邦贸易委员会申报。只有当经营者集中将影响市场竞争、消费者福利时，参与经营者集中的企业方产生申报义务。具体而言，影响交易方申报义务的因素包括交易的价值或体量、交易方的体量、交易的结构。美国国会在1976年通过《哈特—斯科特—罗迪诺反垄断改进法》之时，设立了法定合并前申报的最低金额门槛。根据该法的规定，美国的反垄断执法机构应当根据每一年的国民生产总值调整经营者集中案件的申报门槛。①

与我国的经营者集中事前申报制度相同，事前申报是美国反垄断法的强制性要求。任何达到申报门槛的企业原则上必须在经营者集中行为实施之前向美国的反垄断执法机构履行申报义务。收购方提前控制被收购方的股份、厂房、用户信息等财产性权益，或者参与经营者集中的企业拒绝履行申报义务，上述行为在美国反垄断法中被称为抢跑行为（Gun Jumping）。实施抢跑行为的企业不仅将被美国反垄断执法机构提起反垄断诉讼，并将可能因此面临民事罚款、强制性的合规计划、退还违法所得等不利后果。②

四、美国反垄断执法机构审查经营者集中的指导原则

《克莱顿法》为美国政府对经营者集中行为展开反垄断监管奠定制度基础，但《克莱顿法》并未就如何考察经营者集中问题给出具体的审查标准。1968年，美国司法部发布了第一部适用于分析经营者集中问题的合并指南。之后，1982

---

① See 15 U.S.C. § 18a(a)(2)(A).
② 以美国弗莱克纸板有限公司的经营者集中案为例，在经营者集中申报审查完成之前，参与该项经营者集中中的其他企业将其客户及其相关信息提供给美国弗莱克纸板有限公司，上述行为属于美国反垄断法所禁止的抢跑行为。美国司法部依法对参与该项经营者集中的美国弗莱克纸板有限公司等企业发起了反垄断诉讼，要求被告承担民事罚款、退还违法所得并建立、实施强制性的反垄断合规计划。参见美国司法部：《美国诉美国弗莱克纸板有限公司起诉状》，载美国司法部官网，https://www.justice.gov/d9/atr/case-documents/attachments/2014/11/07/309788.pdf，最后访问时间：2023年11月18日。

年、1992 年、1997 年、2010 年和 2020 年，美国司法部和联邦贸易委员会对审查经营者集中问题的反垄断指南进行了多次修正和补充。2023 年 12 月 18 日，美国司法部和联邦贸易委员会联合发布 2023 年版《合并指南》（2023 Merger Guidelines）用于替代这两大反垄断执法机构于 2010 年和 2020 年发布的《横向合并指南》和《纵向合并指南》。

在 2023 年版的《合并指南》中，美国司法部和联邦贸易委员会提出 11 项审查经营者集中指导原则。

第一，在一个市场集中度高的市场中，当合并将显著提高市场集中度时，该合并将被推定为违反美国反垄断法。

第二，当合并实质上消灭了企业间的竞争时，合并将违反美国反垄断法。

第三，当合并增加了协同行为的风险时，合并将违反美国反垄断法。

第四，在市场结构集中的情况下，当合并消除了一个潜在的市场参与者时，合并将违反美国反垄断法。

第五，当合并创造出的企业可能限制其竞争对手获取用于竞争的产品或服务时，合并将违反美国反垄断法。

第六，当合并巩固或扩大市场支配地位时，合并将违反美国反垄断法。

第七，当一个行业出现趋向集中的态势时，美国反垄断执法机构将考察合并是否具有削弱竞争或创造垄断的风险。

第八，当一项合并是一系列多次收购中的一部分时，美国反垄断执法机构可能会检查整个系列的收购交易。

第九，当一项合并涉及多边平台时，美国反垄断执法机构检查不同平台间的竞争、平台内的竞争，或者取代平台的竞争。

第十，当一项合并涉及相互竞争的买方时，美国反垄断执法机构将考察该项合并是否可能实质地减少劳动力市场、创作者市场、供应商市场以及其他供应方市场中的竞争。

第十一，当一项收购涉及部分所有权或少数股权时，监管机构将检查其对竞争的影响。[①]

[①] 美国司法部和联邦贸易委员会：《合并指南》，载美国联邦贸易委员会官网，https://www.ftc.gov/system/files/ftc_gov/pdf/2023_merger_guidelines_final_12.18.2023.pdf，最后访问时间：2023 年 12 月 23 日。

第五章
对美出口中的垄断纠纷解决机制

本 章 提 示

在我国，垄断纠纷的解决机制主要有私人主体之间的民事诉讼和市场监督管理部门发起的反垄断行政调查。与我国相比，美国的垄断争端解决方式更为多元化。在对美出口贸易中，解决垄断纠纷的方式主要有以下五种：第一，美国联邦政府发起的反垄断刑事诉讼；第二，美国联邦政府发起的反垄断民事诉讼；第三，私人主体发起的反垄断民事诉讼；第四，以仲裁的方式解决垄断纠纷；第五，以"337调查"的方式解决垄断纠纷。多元化的垄断纠纷解决机制反映出美国反垄断法中复杂的法律责任体系。本章将结合上述五种垄断纠纷解决方式，对美国的反垄断法律责任体系予以介绍。

第一节 美国联邦政府发起的反垄断刑事诉讼

一、反垄断刑事诉讼的公诉方

在美国联邦政府层面，美国拥有司法部和联邦贸易委员会两大反垄断执法机构。但对于反垄断刑事案件的调查、起诉、和解的权力则专属于美国司法部。具体而言，美国司法部内的反垄断局负责反垄断执法的具体工作。

反垄断刑事诉讼可以因私人主体的举报、申诉而启动，也可以由美国司法部反垄断局依职权主动展开调查。对于是否展开刑事调查、是否在与垄断行为实施者达成和解以及是否在联邦法院发起刑事诉讼，美国司法部反垄断局具有较大的自由裁量权。

二、反垄断刑事诉讼中的被告

根据《谢尔曼法》的规定，垄断犯罪的犯罪主体既可以是具备刑事责任能力的自然人，也可以是以公司为代表的各种组织。① 这种以公司为代表的各种组织实施的垄断犯罪与我国刑法中的单位犯罪较为相似。当以公司为代表的各种组织实施垄断犯罪时，不仅参与垄断犯罪的公司将要承担刑事责任，公司内部对垄断犯罪负有个人责任的相关人员也将受到《谢尔曼法》刑事处罚。

以友达光电案为例，我国台湾地区企业友达光电股份有限公司被美国司法部指控与其他8家液晶面板企业共谋实施横向价格垄断协议，友达光电股份有限公司两名高管被判3年有期徒刑，友达光电股份有限公司被处以5亿美元的刑事罚金。② 质言之，美国反垄断刑事诉讼中的被告既可以是自然人，也可以是以公司为代表的单位。在单位实施的垄断犯罪中，单位和单位中与垄断行为有关的责任人均可能成为反垄断刑事诉讼中的被告。

三、刑事责任制度在美国反垄断法中的适用范围

美国反垄断法规制的经济垄断行为主要有四大类：横向垄断协议、纵向垄断协议、非法垄断市场（滥用市场力量）、经营者集中。经营者集中这种垄断行为被明确地排除于犯罪圈以外，对于其余三种垄断行为，刑事责任的适用问题则更为复杂。一方面，《谢尔曼法》对这三种垄断行为也规定了刑事责任。另一方面，由于美国司法部对于是否依据《谢尔曼法》发起反垄断刑事诉讼具有较大的自由裁

---

① See 15 U.S.C. § 12.
② 参见美国联邦调查局：《液晶显示器固定价格（垄断）共谋》，载美国联邦调查局官网，https://www.fbi.gov/news/stories/lcd-price-fixing-conspiracy#:~:text=The%20company%20was%20ordered%20to,this%20worldwide%20price%2Dfixing%20conspiracy，最后访问时间：2023年12月23日。

量权，当美国司法部选择以非刑事化的手段规制某种垄断行为时，《谢尔曼法》对这种垄断行为所设置的刑事责任制度将进入"休眠状态"。质言之，受美国司法部反垄断刑事政策的影响，反垄断刑事责任制度对这三种垄断行为的适用存在较大差别。

对于横向垄断协议，尤其是横向价格垄断协议、横向市场划分协议和串通投标协议，它们对市场竞争和消费者福利的负面影响尤为明显，是美国反垄断刑事责任制度的重点规制对象。① 在对美贸易领域，我国企业曾因实施横向价格垄断协议而受到刑事处罚。以友达光电案为例，我国台湾地区企业友达光电股份有限公司被指控与来自我国台湾地区、日本、韩国的 8 家液晶面板企业合谋操纵产品价格。美国北加州联邦地区法院于 2012 年判决友达广电股份有限公司的两名对案件负有直接责任的高管 3 年有期徒刑并对友达广电股份有限公司处以 5 亿美元的刑事罚金。因此，在对美出口中，企业若实施横向垄断协议尤其是横向价格垄断协议，将极有可能被美国司法部发起反垄断刑事诉讼。

对于垄断化等非法垄断市场行为，美国政府对此类垄断行为的刑事政策在近年来逐渐发生转变。在拜登就任美国总统之前，尽管《谢尔曼法》第二条对滥用市场力量的垄断行为规定了刑事责任，但美国联邦政府对此类垄断行为采取的是非刑事化的规制政策，这一政策已持续多年。② 然而，在拜登就任美国总统之后，这一非刑事化政策发生了变化。2022 年，美国司法部宣布将根据《谢尔曼法》第二条发起反垄断刑事诉讼，这是近半个世纪以来美国司法部首次根据《谢尔曼法》第二条对非法垄断市场行为展开刑事调查。③

拜登政府的反垄断政策受新布兰代斯学派的影响，呈现出强监管的特点。随着新布兰代斯运动的兴起，以刑事手段规制滥用市场力量的垄断行为的反垄断政策或逐渐为美国政府推崇。在对美出口贸易中，滥用市场力量的案件并不罕见。例如，宁波舜宇电子有限公司被指控实施了包括滥用市场力量在内的多项反垄断行为，被美国法院判决支付巨额反垄断民事赔偿。虽然宁波舜宇电子有限公司仅

---

① 参见美国司法部：《固定价格、串通投标和市场分配计划：概念与目标》，载美国司法部官网，https://www.justice.gov/atr/file/810261/download，最后访问时间：2023 年 12 月 23 日。

② Daniel Crane, "Criminal Enforcement of Section 2 of the Sherman Act: An Empirical Assessment", *Antitrust Law Journal*, 84(2022), 753.

③ 参见美国司法部：《高管承认犯有意图垄断化罪》，载美国司法部官网，https://www.justice.gov/opa/pr/executive-pleads-guilty-criminal-attempted-monopolization，最后访问时间：2023 年 12 月 24 日。

被发起了反垄断民事诉讼,但随着美国司法部的反垄断刑事政策发生转向,企业在对美出口中因滥用市场力量而被提起刑事诉讼的概率或将提高。

对于纵向垄断协议,美国虽然早在《谢尔曼法》第一条中规定了纵向垄断协议的刑事责任,但长期以来,美国司法部对纵向垄断协议采取的是非刑事化规制的反垄断政策。以纵向价格垄断协议为例,自 20 世纪 80 年代起,美国司法部已 40 余年未对纵向价格垄断协议发起反垄断刑事诉讼。① 此外,在 2007 年的利晶案中,美国联邦最高法院的判决将纵向价格垄断协议的分析标准由本身违法原则转向合理原则。合理原则于纵向垄断协议案件中的适用说明美国反垄断法对纵向垄断协议的宽容程度有了进一步的提高。因此,在可预见的未来,美国对纵向垄断协议予以非刑事化规制的反垄断政策将不会发生重大改变。

综上所述,美国的反垄断成文法虽然对横向价格垄断协议、滥用市场力量、纵向垄断协议均规定了刑事责任,但以上三种垄断行为在反垄断执法中被发起刑事调查的可能性存在较大差异。(见表 1)

表 1 不同类型垄断行为被发起反垄断刑事调查的可能性

垄断行为的类型	被发起刑事调查的可能性
横向垄断协议	高
滥用市场力量	中
纵向垄断协议	低

四、垄断犯罪的刑事责任

根据《谢尔曼法》第一条和第二条的规定,对垄断犯罪负责的自然人,最高可处 10 年以内的有期徒刑和 100 万美元以内的刑事罚金。对于这两种刑事处罚,美国法院有权决定是否对自然人合并适用这两种刑事处罚。对于公司为代表的单位犯罪,《谢尔曼法》规定了最高 1 亿美元的刑事罚金。

值得注意的是,对于反垄断刑事罚金的上限,根据美国司法部和联邦贸易委员会的反垄断政策,当被害人的损失或者垄断犯罪的非法所得高于《谢尔曼法》中的刑事罚金的上限时,法院判罚的罚金数量可以突破《谢尔曼法》的罚金最高

---

① See Daniel Sokol, "Reinvigorating Criminal Antitrust?", *William & Mary Law Review*, 60(2019), 1545.

上限，但罚金的最高金额不能超过被害人的损失或者垄断犯罪的非法所得的两倍。①

五、反垄断刑事宽大项目

（一）反垄断刑事宽大项目概述

相对于其他类型的垄断犯罪，横向垄断协议的隐蔽性更强。为此，美国司法部通过制定、落实宽大项目（Leniency Program），实现鼓励横向垄断协议参与者积极报告垄断犯罪的目的。对于成功获得反垄断刑事宽大待遇的申请人，美国司法部将不再起诉该申请人所参与的垄断犯罪。为了方便公众了解美国的反垄断刑事宽大制度，美国司法部于 2008 年出台了《关于（美国司法部）反垄断局宽大项目的常见问题》（以下简称《反垄断刑事宽大政策答疑》）用于阐明反垄断刑事宽大项目的具体适用。美国司法部于 2017 年、2022 年和 2023 年对《反垄断刑事宽大政策答疑》予以修订和更新。2022 年，美国司法部更新了反垄断刑事宽大项目的具体政策和程序（以下简称《反垄断刑事宽大政策》）。此外，美国司法部还公布了申请反垄断刑事宽大项目的联系方式（电话和邮箱），以此方便有意向申请宽大项目的单位和个人向美国司法部提起申请。②

反垄断刑事宽大项目的适用采用的是先到先得的规则。申言之，在横向垄断协议刑事案件中，参与此类犯罪活动的主体数量必然不少于两个。只有最先向美国司法部报告垄断犯罪的经营者才能获得美国司法部的反垄断宽大处理。

假设一项横向价格垄断协议的参与者有甲、乙、丙三家公司，甲公司与乙公司均有向美国司法部申请宽大项目的打算。之后，甲公司与乙公司在同一天向美国司法部申请宽大项目，甲公司的申请时间比乙公司早了一个小时，则甲公司获得申请反垄断刑事宽大项目的机会，而乙公司则无法申请反垄断刑事宽大项目。反垄断刑事宽大项目的申请宛如一场赛跑，甲公司不仅与乙公司、丙公司之间竞

---

① 参见美国联邦贸易委员会：《反垄断法》，https://www.ftc.gov/advice-guidance/competition-guidance/guide-antitrust-laws/antitrust-laws，载美国联邦贸易委员会官网，最后访问时间：2023 年 12 月 27 日。
② 参见美国司法部：《关于反垄断局宽大项目的常见问题》，载美国司法部官网，https://www.justice.gov/atr/page/file/1490311/download，最后访问时间：2023 年 12 月 27 日。

争宽大处理的机会，还与它的员工处于竞争关系。如果甲公司内的员工率先申请针对个人责任的反垄断刑事宽大项目，甲公司也将成为这场赛跑中的失败者，丧失获得免予起诉的机会。

（二）反垄断刑事宽大项目的适用条件

如前文所述，垄断犯罪的实施者可以是自然人（个人犯罪），也可以是以公司为代表的单位（单位犯罪）。因此，宽大项目的申请人在主体身份上可以是个人也可以是单位。根据申请人主体身份的不同，美国司法部设置了差异化的宽大项目适用条件。在此基础上，美国的反垄断刑事宽大项目形成了三种适用模式，即公司模式 A、公司模式 B 和个人模式。

1. 宽大项目在公司模式 A 中的适用条件

第一，在申请人报告违法行为之时，反垄断局尚未从任何其他来源收到有关垄断行为的信息。

第二，申请人发现垄断行为后，立即向反垄断局报告。

第三，申请人必须坦率而完整地报告其所参与的垄断行为的相关情况并承认垄断行为属于公司行为而非员工的个人行为。

第四，申请人在整个调查过程中及时、真实、持续和全面地配合反垄断局的工作。

第五，申请人尽最大努力赔偿受害方，补救非法活动造成的损害，并通过改进其合规计划的方式以降低未来从事非法活动的风险。

第六，申请人没有胁迫其他人参与垄断行为，并且显然不是该垄断行为的领导者或发起人。①

如前文所述，在单位实施的垄断犯罪中，单位中对垄断犯罪负有个人责任的员工也将对单位实施的垄断犯罪承担刑事责任。如果一个单位依照该公司模式 A 提起的反垄断刑事宽大申请获得美国司法部批准，该单位内部的员工在积极配合反垄断调查的前提下，也能被免于起诉。

2. 宽大项目在公司模式 B 中的适用条件

在一个单位无法满足公司模式 A 中的宽大项目适用条件时，该单位可以选

---

① See U.S. Dep't of Justice, Justice Manual § 7-3.310 (2022).

择申请公司模式 B 中的宽大项目作为公司模式 A 的替代品。公司模式 B 中的宽大项目有七个适用条件。

第一，在申请人报告垄断行为时，根据反垄断局单独的自由裁量权，反垄断局尚未掌握能够使得申请人定罪的证据。

第二，申请人在发现垄断行为后，立即向反垄断局报告。

第三，申请人必须坦率而完整地报告其所实施的垄断行为的具体情况并承认该垄断行为属于单位行为而非单位员工的个人行为。

第四，申请人提供及时、真实、持续和完整的合作，推动反垄断局的调查。

第五，申请人尽最大努力赔偿受害方，补救非法活动造成的损害，并通过改进其合规计划的方式以降低未来从事非法活动的风险。

第六，申请人没有胁迫另一方参与垄断行为，申请人不是该垄断行为的领导者或发起者。

第七，申请人是第一个有资格就所报告的非法活动获得宽大处理的人，并且反垄断局确定给予申请人宽大处理不会对其他人不公平。①

与公司模式 A 中相比，公司模式 B 中的适用条件主要有三点差异。

第一，申请时间点的差异。在公司模式 A 中，美国司法部必须尚未发现垄断犯罪。但在公司模式 B 中，美国司法部可能已经发现垄断犯罪，只是并未掌握将申请人定罪的证据。

第二，公平性问题。在公司模式 B 中，美国司法部需要分析宽大项目的公平性。在公司模式 A 中，公平性问题并不属于适用条件。

第三，单位员工是否免予起诉。当单位作为申请人成功获得公司模式 A 中的反垄断刑事宽大，单位内的员工在积极配合调查的情况下，也可以获得不起诉的宽大处理。但在公司模式 B 中，即使作为申请人的单位被予以宽大处理，单位内的员工也并非必然免于起诉。在公司模式 B 中，对单位实施的垄断犯罪负有个人责任的员工，美国司法部拥有独立的自由裁量权决定是否起诉此类员工。

2022 年版《反垄断刑事宽大政策》对公司在报告垄断行为时增加了及时（promptly）报告垄断行为的新要求。报告的及时性要求指的是，如果一家公司

---

① See U.S. Dep't of Justice, Justice Manual § 7-3.320 (2022).

已知晓其参与了垄断行为，却选择不向美国司法部报告。之后，在美国司法部对该公司所参与的垄断行为展开调查时，该公司丧失申请宽大项目的资格。及时性要求的设置对于打击首鼠两端的垄断犯罪实施者具有积极意义。在实务中，为增加获取宽大处理的可能性，企业在了解自身可能卷入垄断犯罪的信息后，应当尽可能迅速地向美国司法部报告以满足及时性的要求。

3. 宽大项目在个人模式中的适用条件

第一，在申请人报告垄断行为时，反垄断局尚未从任何其他来源收到关于该垄断行为的信息。

第二，申请人必须坦诚并完整地报告垄断行为，并在反垄断局的整个调查过程中向该局提供及时、真实、持续和完整的合作。

第三，申请人未胁迫他人参与非法活动，且不是垄断行为的领导者或发起者。①

（三）反垄断刑事宽大项目对反垄断民事赔偿的限制

美国国会于 2004 年颁布了《反垄断刑事处罚强化和改革法》（*Antitrust Criminal Penalty Enhancement and Reform Act*，ACPERA）。2020 年，美国国会废除了该法中的"日落条款"（Sunset Provision）②，并以国会立法的形式使得该法成为持续有效的反垄断成文法规则。③

除了加大反垄断刑事处罚的力度外，《反垄断刑事处罚强化和改革法》中最为瞩目的立法亮点是以限制反垄断民事赔偿的方式鼓励垄断行为实施者申报反垄断刑事宽大项目。根据该法的规定，在美国司法部对涉嫌反垄断刑事犯罪的单位或个人适用反垄断刑事宽大项目时，受该垄断行为侵害的私人主体在后续的反垄

---

① See U.S. Dep't of Justice, Justice Manual § 7-3.330 (2022).
② 在美国法的语境下，日落条款指的是一种用于规定某项具体的法律法规将在特定日期或特定条件下失效的法律条款，除非立法机构采取进一步行动对该法律法规的有效期予以延续。日落条款的核心要求是对某项法律法规设置一个到期日期。日落条款通常用于具有实验性质的法律法规之中，或者用于可能对个人权利或经济发展产生重大影响的法律法规之中。
③ 参见美国司法部：《司法部赞扬国会通过〈反垄断刑事处罚强化和改革法〉的重新授权》，载美国司法部官网，https://www.justice.gov/opa/pr/department-justice-applauds-congressional-passage-reauthorization-antitrust-criminal-penalty，最后访问时间：2023 年 12 月 27 日。

断民事诉讼之中不得根据《谢尔曼法》第七条和《克莱顿法》第四条主张三倍民事赔偿。原告在反垄断民事诉讼中向获批适用反垄断刑事宽大项目的单位或个人主张的损害赔偿的范围仅限于原告的实际损失。①

六、对垄断犯罪受害人的附带民事赔偿

在美国司法部发起的反垄断刑事诉讼中，美国司法部有权通过与被告达成认罪协议（Plea Agreement）的方式要求被告对垄断犯罪的受害者予以赔偿（Restitution）。② 刑事赔偿除了可以适用于控辩交易中，还可以作为被告适用缓刑（Probation）、狱后监督（Supervised Release）的前置条件。③ 在反垄断刑事诉讼中，附带民事赔偿并非一项强制性规则。换言之，附带民事赔偿并非存在于所有的反垄断刑事诉讼中。美国司法部有权决定是否向被告提出附带民事赔偿的要求。例如，当垄断犯罪的受害者可以通过发起私人诉讼的方式获得三倍民事赔偿时，美国司法部将有可能不在刑事诉讼中主张附带民事赔偿。

七、反垄断刑事判决在民事诉讼中的效力

根据《最高人民法院关于适用〈中华人民共和国民事诉讼法〉的解释》第九十三条的规定，人民法院作出的生效判决所确认的事实属于免证事实，除非当事人提供相反证据予以推翻。根据该条款，"刑事生效判决中确认的事实属于免证事实，援引该事实的当事人无须证明其真实性，主张该事实不真实的当事人需要承担相应的证明责任"。④ 对于上述证据规则，美国反垄断法中也有类似的规定。根据《克莱顿法》第五条，已生效的反垄断刑事判决确认被告违反美国反垄断法这一事实可以在之后的民事诉讼中作为初步证据。当然，民事诉讼中的当事人也可以提出相反证据用于反驳这一初步证据。需要注意的是，在反垄断刑事诉

---

① See Pub. L. No. 108-237, Tit. II, 118 Stat. 661 (June 22, 2004).
② See 18 U.S.C. § 3663(a)(3); 18 U.S.C. § 3583(d).
③ See 18 U.S.C. § 3563(b)(2); 18 U.S.C. § 3583(d).
④ 纪格非：《论刑事判决在民事诉讼中的预决力》，载《当代法学》，2015（4）。

讼中，若被告与政府达成和解或者认罚不认罪协议（Nolo Contendere Plea）时，和解协议或认罚协议将不在之后的民事诉讼中产生初步证据的效力。

第二节 美国联邦政府发起的反垄断民事诉讼

美国司法部和美国联邦贸易委员会有权代表美国联邦政府对垄断行为的实施者展开调查并发起反垄断民事诉讼（Government Civil Action）。美国两大联邦反垄断执法机构发起的民事诉讼，虽然名曰"民事"，但它在功能上更接近于我国的检察院公益诉讼。在美国司法部或联邦贸易委员会发起的反垄断民事诉讼中，除了请求法院判决被告的行为违反美国反垄断法之外，美国司法部、联邦贸易委员会可以代表美国联邦政府向被告主张三倍民事赔偿、与被告达成和解协议以及请求法院将被告的违法所得收归美国政府。[①]

一、美国司法部发起的反垄断民事诉讼

基于比较法的视角，与我国的"行政中心主义"反垄断执法模式相比，美国司法部采取的是"法院中心主义"的反垄断执法模式，即美国司法部无权自行对垄断行为予以处罚，而需要向法院起诉，通过司法程序规制垄断行为。

假设，A 企业是一家中国的出口贸易公司，B 企业是一家美国的出口贸易公司，A 企业与 B 企业的合并交易在我国与美国均越过了申报门槛，我国政府与美国政府均需要对 A 企业与 B 企业的合并交易予以反垄断审查。在我国的"行政中心主义"反垄断执法模式下，国家市场监督管理总局有权依据我国《反垄断法》批准或者否决该项合并交易。若 A 企业或 B 企业不认可国家市场监督管理总局的审查结论，它们可以发起行政复议和行政诉讼。[②] 与我国不同，若美国司法部无法与 A 企业、B 企业就合并交易达成消除反竞争效果的和解协议，其不得自行

---

① See 15 U.S.C. § 15a; United States v. Keyspan Corp., 763 F. Supp. 2d 633 (S.D.N.Y. 2011).
② 参见《中华人民共和国反垄断法》第六十五条。

作出禁止此项合并交易的决定。在这种情况下，美国司法部必须向美国联邦法院起诉 A 企业与 B 企业，由美国联邦法院判断该项合并交易是否违反美国反垄断法。

二、美国联邦贸易委员会发起的反垄断民事诉讼

尽管美国联邦贸易委员会也有权代表美国联邦政府发起反垄断民事诉讼，但与美国司法部发起的反垄断民事诉讼相较，二者仍然存在一定的差别，其中最值得注意的一点是，美国联邦贸易委员会中的内部裁决机制。

在代表美国联邦政府发起反垄断民事诉讼之前，美国联邦贸易委员会可以对案件作出内部裁决。该内部裁决程序分为两个阶段：在第一阶段，由美国联邦贸易委员会扮演类似于原告的角色发起行政诉讼，由美国联邦贸易委员会内的行政法法官对案件进行初步裁决，该程序类似于美国的民事诉讼程序，美国联邦贸易委员会和被调查的经营者需要提交证据、询问证人。在第二阶段，被调查的经营者若不服行政法法官的初步裁决，可以向美国联邦贸易委员会上诉，由该委员会内的委员进行第二次内部裁决。如果当事人不接受美国联邦贸易委员会的最终决定，美国联邦贸易委员会则需要向美国联邦法院提起诉讼，请求法院判决当事人的行为违反美国反垄断法并承担相应的法律责任。[①] 总体而言，美国联邦贸易委员会发起的反垄断民事诉讼是一种兼具"行政中心主义"和"司法中心主义"的反垄断执法模式。

第三节　私人主体发起的反垄断民事诉讼

一、反垄断民事诉讼的原告资格

《谢尔曼法》第七条和《克莱顿法》第四条在美国联邦法的层面中赋予所有

---

① 参见美国联邦贸易委员会：《反垄断法的执行者——（美国）联邦政府》，载美国联邦贸易委员会官网，https://www.ftc.gov/advice-guidance/competition-guidance/guide-antitrust-laws/enforcers，最后访问时间：2023 年 12 月 30 日。

因美国反垄断法所禁止的垄断行为在商业或财产上遭受损失的私人主体发起反垄断诉讼的权利，这是私人主体在美国联邦法院发起反垄断民事诉讼的法理依据。对于私人主体的原告资格问题，作为两部法案的创制者，美国国会并未在以上两部反垄断法案中对原告的起诉资格予以过多限制。根据《克莱顿法》第四条的规定，美国国会在此仅使用了"任何人"和"商业或财产"这些宽泛且抽象的术语描述原告资格。

"由于美国的反垄断民事诉讼原告可以请求损失的三倍赔偿以及诉讼费和合理的律师费，这极大激发诸多市场主体向法院提起诉讼，其中有不少是动机不纯的竞争者和消费者，反垄断民事滥诉现象日益凸显。"[①] 对原告的起诉资格不加以限制将导致反垄断民事诉讼的滥用、司法资源浪费等问题。对此，美国联邦法院通过判例法的方式对私人主体发起反垄断民事诉讼的主体资格予以限制。

（一）以同等过错原则对原告资格予以限制

同等过错原则（The Doctrine of Equal Fault），也被称为"平等不法抗辩"，是一项古老的衡平法规则，在拉丁语中被表述为"In Pari Delicto"。在美国反垄断法的语境下，同等过错原则的核心内涵是，"垄断行为的参与者、实施者丧失了提起因该垄断行为而受侵害产生的损害赔偿之诉的权利"[②]。

在1900年裁判的毕晓普诉美国防腐剂公司案（Bishop v. American Preservers Co.）是美国首例适用同等过错原则的反垄断案件。在该案中，美国伊利诺伊北区联邦地区法院指出，原告是垄断组织的成员，它所蒙受的损失来源于它所参与的垄断行为。因此，应当禁止原告依据《谢尔曼法》第七条获得赔偿。[③] 除此之外，同等过错原则在之后的伊士曼柯达公司诉布莱克摩尔案（Eastman Kodak Co. v. Blackmore）等案件中均有所体现。[④]

美国联邦法院以同等过错原则限制反垄断诉讼原告资格的考量主要有以下三

---

① 王秋良、刘金妫：《反垄断民事诉讼原告资格的认定——基于他国经验的思考与借鉴》，载《东方法学》，2011（4）。
② 戴宾、曾凡宇：《纵向价格垄断协议民事诉讼法律问题研究——以强生案为视角展开》，载《法律适用》，2016（3）。
③ See Bishop v. American Preservers Co., 105 F. 845 (C.C.N.D. Ill. 1900).
④ See Eastman Kodak Co. v. Blackmore, 277 F. 694 (2d Cir. 1921).

点：第一，如果允许参与垄断行为的原告通过反垄断诉讼得到赔偿，这将激励企业实施垄断行为；第二，若允许违法者（参与垄断行为的原告）从非法行为（垄断行为）中获益，这与美国的司法传统相悖；第三，实际损失的产生至少部分归因于原告，被告的行为并非损失的单独成因或近因。①

进入20世纪后半叶，随着美国反垄断制度的革新，同等过错原则在反垄断领域中的适用出现了重大转折，这一转折点发生于1968年的永生消音器公司诉国际零件公司案（Perma Life Mufflers, Inc. v. International Parts Corp.）。在该案中，被告是一家生产汽车消音设备及其他排气设备的公司，被告及其子公司与包括原告在内的多家经销商达成多项限制经销商的连锁经营协议。根据双方达成的协议，各经销商不得从其他供货商处购买产品，也不得进行跨区域销售，各经销商还必须按照被告所确定的转售价格销售产品。原告在加入被告的连锁经营销售体系之后，向美国联邦法院起诉，指控被告的行为违反美国反垄断法。虽然该案的一审法院和二审法院皆根据同等过错原则禁止原告依据《谢尔曼法》和《克莱顿法》对被告提起反垄断民事诉讼，但美国联邦最高法院并未认可这一论断。相反，美国联邦最高法院认为，参与过垄断行为的原告并未丧失依据美国反垄断法获取三倍赔偿的权利。

美国联邦最高法院在该案中未采纳同等过错原则的主要原因有以下两点：第一，基于目的解释。美国联邦最高法院对《谢尔曼法》等美国反垄断成文法予以考察，并未发现美国国会在美国反垄断成文法中以同等过错原则限制原告起诉资格的立法目的；第二，基于公共利益考量。允许垄断行为的参与者发起反垄断民事诉讼可以达到威慑垄断行为的效果，进而有利于贯彻保护市场竞争这一反垄断法的立法宗旨。②

尽管美国联邦最高法院在永生消音器公司诉国际零件公司案中的判决近乎排除同等过错原则在反垄断案件中适用的可能性，但并非美国所有法院都采纳了该裁判观点。例如，在卓越电气建筑有限公司诉米勒戴维斯公司案（Premier Electrical Construction Co. v. Miller-Davis Co.）中，美国联邦第七巡回上诉法院指

---

① See Northwestern Oil Co. v. Socony-Vacuum Oil Co., 138 F.2d 967 (7th Cir. 1943).
② See Perma Life Mufflers v. International Parts Corp., 392 U.S. 134 (1968).

出,参与垄断行为的原告只有在以下两种情况下可以获得民事赔偿:第一,以原告的主观意愿为标准。如果原告在受到经济压力的情况下被迫参与垄断行为,此类原告可以不受同等过错原则的限制;第二,以原告的过错程度为标准。当原告与被告对垄断行为的形成承担同等过错的情况下,原告不得主张民事赔偿。当原告的过错程度低于被告时,同等过错原则将不再禁止原告主张民事赔偿。[1]

美国联邦第七巡回上诉法院对同等过错原则予以折中适用的裁判观点也得到了其他联邦法院的认可。以1975年的德雷布斯诉威尔逊案(Dreibus v. Wilson)为例,该案中的原告不仅拥有实施垄断行为的公司一半的股份,还是该公司的共同创始人之一。基于上述事实,美国联邦第五巡回上诉法院根据同等过错原则禁止原告通过反垄断民事诉讼获得赔偿。除了美国联邦第五巡回上诉法院之外,美国联邦第九巡回上诉法院[2]、美国联邦第六巡回上诉法院[3]、美国联邦第四巡回上诉法院[4] 也提出了类似的裁判观点。

结合以上各级联邦法院的裁判观点,我们可以看出,当原告对于垄断行为的达成发挥了不可忽视的作用时,原告可能被剥夺获取三倍民事赔偿的权利。因此,被告可以根据同等过错原则维护自身的合法权益,尽管这一衡平法原则在美国反垄断法中的适用范围已经被大大限缩。

需要注意的是,同等过错原则并不适用于当事人寻求确认判决(Declaratory Judgement)的案件。根据美国于1934年制定的《联邦确认判决法案》(*Federal Declaratory Judgment Act*),无论案件当事人是否寻求进一步的法律救济,当事人有权请求法院作出判决以确认案件当事人的权利以及法律关系,此即为确认判决。[5] 因此,对垄断行为负有同等过错的原告有权请求法院确认被告所实施的行为属于垄断行为并禁止此项行为继续实施。[6]

---

[1] See Premier Electrical Construction Co. v. Miller-Davis Co., 422 F.2d 1132 (7 Cir. 1970).
[2] See Javelin Corp. v. Uniroyal, Inc., 546 F.2d 276 (9th Cir. 1977).
[3] See South-East Coal Co. v. Consolidation Coal Co., 434 F.2d 767 (6th Cir. 1970).
[4] See Columbia Nitrogen Corp. v. Royster Co., 451 F.2d 3 (4 Cir. 1971).
[5] See 28 U.S.C. § 2201.
[6] See Blackburn v. Sweeney, 53 F.3d 825 (7th Cir. 1995).

（二）以反垄断损害对原告资格予以限制

所谓"反垄断损害"，是指当原告所遭受的经济损失正是反垄断法所意欲阻止的损失时，原告所遭受的侵害便属于"反垄断损害"，也即原告所蒙受的经济损失是由反垄断法所禁止的垄断行为造成的。譬如，一家手机生产商通过开发新的智能手机操作系统使得它的产品具有独特的优势，可以更好地满足消费者的需求。最终该企业凭借技术优势和高性价比的产品将其他品牌手机厂商赶出市场。虽然被市场淘汰的企业蒙受了商业损失，但由于这种损失的产生并不是由垄断行为造成的，消费者福利也没有遭受负面影响，此种损失便不属于"反垄断损害"，在竞争中落败的其他品牌的手机厂商也就无权发起反垄断民事诉讼。

对原告发起反垄断民事诉讼设置反垄断损害的限制条件，它的法理依据是反垄断法保护的是竞争而非竞争者。市场竞争造成的优胜劣汰是市场经济的常态，也是市场经济的应有之义。企业间的合法竞争对经济效率、创新机制、公共利益均具有不可忽视的正面价值。如果任由市场竞争中落败的企业毫无节制地发起反垄断民事诉讼，不仅将造成司法资源的浪费，也与反垄断法的宗旨和市场经济的核心要求相背离。

在美国的反垄断司法实践中，关于反垄断损害问题最具有典型意义的案例莫过于普埃布洛保龄球公司诉布伦斯维克公司案（Pueblo Bowl-O-Mat, Inc. v. Brunswick Corp.）。在该案中，布伦斯维克公司是一家保龄球设备制造商，它以担保信贷的方式向保龄球馆出售设备。由于保龄球行业在20世纪60年代初进入一段不景气的时期，布伦斯维克公司开始收购并经营那些不履行担保协议的保龄球馆。在很短的时间内，布伦斯维克公司收购了222家保龄球馆，并经营了其中的54家。

通过上述收购交易，布伦斯维克公司成为拥有市场力量的保龄球馆运营商。普埃布洛保龄球公司作为一家保龄球馆的经营者，根据《克莱顿法》起诉了布伦斯维克公司，指控布伦斯维克公司的上述收购行为导致布伦斯维克公司拥有可以限制市场竞争的企业规模和市场力量，这可能会严重减少竞争甚至造成垄断。一审法院作出了支持原告普埃布洛保龄球公司的判决，被告布伦斯维克公司将此案上诉至美国联邦第三巡回上诉法院。在二审中，美国联邦第三巡回上诉法院得出了支持普埃布洛保龄球公司的观点。最终，该案被上诉至美国联邦最高法院。

美国联邦最高法院并未认可该案一审法院和二审法院的观点。相反，美国联邦最高法院指出，虽然《克莱顿法》的立法目的之一是规制并购行为，但只有在并购行为可能产生反竞争效果时，才可能违反《克莱顿法》。在该案中，原告普埃布洛保龄球公司必须证明它所蒙受的经济损失与被告布伦斯维克公司所实施的收购保龄球馆的行为之间具备必要的关联性，这种关联性必须能够反映上述收购行为能够产生反竞争效果或上述收购行为可以引发其他具有反竞争效果的垄断行为。而普埃布洛保龄球公司并未能证明它所蒙受的经济损失与被指控行为之间具备上述关联性。因此，普埃布洛保龄球公司的经济损失不属于美国反垄断法所保护的反垄断损害。①

关于反垄断损害规则的适用问题，有两点需要注意：第一，反垄断损害规则的适用范围。在私人主体发起的反垄断民事诉讼中，原告需要证明其受到的损失属于反垄断损害。美国司法部或联邦贸易委员会发起的反垄断诉讼中，对原告则无此要求。换言之，反垄断损害规则仅适用于美国反垄断法的私人执行（Private Enforcement），而不适用于公力执行。第二，反垄断损害规则与本身违法原则的关系。在私人发起的反垄断民事诉讼中，如果适用本身违法原则，法院将推定被告实施的垄断行为具有反竞争效果。然而，法院采纳这种推定并不代表私人原告所受的损失必然属于反垄断损害。换言之，在私人主体发起的反垄断民事诉讼中，无论法院适用本身违法原则还是合理原则，私人原告都需要举证证明其受到了反垄断损害。②

综上所述，当原告无法证明其所蒙受的经济损失与被指控的垄断行为之间存在关联性时，原告的损失则不属于反垄断损害。原告也因此无权对被告提起反垄断民事诉讼。

（三）对劳动者的原告资格予以限制

当劳动者在劳动力市场中受到垄断行为的侵害时，此时的劳动者具备发起反

---

① See Brunswick Corp. v. Pueblo Bowl-O-Mat, Inc., 429 U.S. 477 (1977).
② See Atlantic Richfield v. USA Petroleum, 495 U.S. 328 (1990).

垄断民事诉讼的原告资格，原因在于劳动者在特定的劳动力市场中与其他劳动者存在竞争关系，这种竞争关系受反垄断法的保护。

当与劳动者建立劳动关系的企业受到垄断行为的侵害时，虽然企业受到的经济损失可能间接导致企业内的劳动者也受到负面影响，但美国反垄断法禁止劳动者在此种情况下对垄断行为的实施者发起反垄断诉讼，原因在于美国法院认为劳动者在此种情况下不具备发起民事诉讼所必需的原告资格（Standing）。

以夏普诉美国联合航空公司案（Sharp v. United Airlines, Inc.）为例，该案的原告是弗龙捷公司的员工。弗龙捷公司与被告美国联合航空公司曾在航运市场中与美联航存在竞争，被告被原告指控实施了包括自我优待等多项违反美国反垄断法的行为，导致弗龙捷公司在与被告美国联合航空公司的竞争中落败，最终导致弗龙捷公司破产。

在被弗龙捷公司的员工发起反垄断诉讼之后，被告美国联合航空公司提出的抗辩事由之一是原告作为弗龙捷公司的员工是没有对被告发起反垄断民事诉讼的原告资格。关于原告的资格问题的争议，美国联邦第十巡回上诉法院在该案中引用了美国联邦最高法院在嘉吉公司诉蒙福特案（Cargill, Inc. v. Monfort）中的六要素分析法用于判断原告资格是否存在。[①] 这六项要素如下。

第一，原告所受的损害与垄断损失之间的因果联系。

第二，被告的意图或者目的。

第三，原告所受的损害的性质。例如，原告所受的损害是否为美国反垄断法所保护。

第四，原告所受的损害与被控违反反垄断法的行为导致的市场受限之间的直接联系或间接联系。

第五，原告所寻求的损害补偿的投机性质。

第六，重复赔偿或复杂损害分摊的风险。

通过适用以上六要素于该案中，美国联邦第十巡回上诉法院认为原告作为弗龙捷公司的员工并不具备起诉被告美国联合航空公司的原告资格。需要注意的一点是，根据美国联邦第十巡回上诉法院在该案中的裁判观点，当原告具备原

---

① See Cargill v. Monfort, 479 U.S. 104 (1986).

告资格时，原告必然已遭受垄断行为侵害。但当原告受到垄断行为侵害时，并不代表原告必然具备原告资格。[①] 在涉及员工的垄断案件中，当垄断行为并非直接针对劳动力市场及劳动力市场中的员工时，美国原则上禁止受到间接损害的员工发起反垄断民事诉讼。

部分美国法院对上述规则制定了例外情形，即员工拒绝服从企业实施垄断行为的命令而被非法解雇时，此类员工有权依据美国反垄断法发起民事诉讼并获得反垄断赔偿。以奥斯特罗夫诉 H.S. 克罗克股份有限公司案（Ostrofe v. H.S. Crocker Co., Inc.）为例，奥斯特罗夫是被告 H.S. 克罗克股份有限公司前任销售经理。被告与其他纸质平版印刷标签制造商共谋通过横向垄断协议的方式限制此类标签的商业贸易。为了落实上述垄断共谋，被告要求奥斯特罗夫参与被告所共谋实施的串通投标、固定价格、划分市场这些垄断行为。由于奥斯特罗夫拒绝按照原告的指示实施垄断行为，被告强迫原告离职并威胁原告将在该行业内对原告予以抵制。对于被告在劳动力市场中对原告的抵制行为，奥斯特罗夫具备对被告发起反垄断民事诉讼的原告资格。但奥斯特罗夫是否具备对被告在标签市场中实施的横向垄断协议发起反垄断民事诉讼的原告资格，这一问题成为该案最大的争议点。

对于奥斯特罗夫的原告资格问题，美国联邦第九巡回上诉法院基于美国反垄断法保护公共利益的立法目标授予了奥斯特罗夫发起反垄断民事诉讼的原告资格。申言之，美国联邦第九巡回上诉法院指出，被告在标签市场中实施横向垄断协议，该垄断行为的受害者并不仅限于奥斯特罗夫。但相对于其他受害者而言，奥斯特罗夫作为被告的前任销售经理，对该案中的垄断行为的了解程度远远高于其他受害者。如果拒绝授予奥斯特罗夫原告资格，将导致处于与奥斯特罗夫相似情形的企业员工丧失揭发垄断行为的动力。奥斯特罗夫的起诉为美国司法部对被告的反垄断调查提供了助力。由此可见，赋予奥斯特罗夫以原告资格对于揭发垄断行为、保护公共利益具有积极意义。[②]

综上，与受到垄断行为负面影响的竞争者和消费者相比，劳动者的原告资格问题更为复杂，不能一概而论。对于是否授予企业内的员工以原告资格，美国法院需要对员工所处的市场环境和公共利益进行进一步的考察和权衡。

---

① See Sharp v. United Airlines, Inc., 967 F.2d 404 (10th Cir. 1992).
② See Ostrofe v. H.S. Crocker Co., Inc., 740 F.2d 739 (9th Cir. 1984).

（四）对间接购买人的原告资格予以限制

假设 T 国生产橡胶制品的甲、乙、丙三家公司，通过达成、实施横向价格垄断协议固定并提高对美出口的橡胶产品的价格。以上三家公司在美国的经销商必然受到该横向价格垄断协议的影响。为了维持自身的利润，经销商不得不提高橡胶制品的零售价格，导致橡胶制品的终端消费者必须以更高的价格购买橡胶制品。此时，橡胶制品在美国的经销商是直接购买人，橡胶制品的终端消费者是间接购买人。

美国反垄断法允许直接购买人对甲、乙、丙三家公司发起反垄断民事诉讼。作为间接购买人的消费者，他们的原告资格问题则更为复杂，这种复杂性主要表现在以下四个方面：第一，在 20 世纪六七十年代，美国联邦最高法院通过判例法的方式原则上否定了间接购买人的原告资格，但这一规则仍然存在例外情形；第二，美国多个州并不赞同美国联邦最高法院否定间接购买人原告资格的裁判观点，它们通过行使州立法权的方式，在州法层面赋予间接购买人以原告资格；第三，以平台经济为代表的互联网经济在 21 世纪走向兴盛，如何在平台垄断问题中适用间接购买人规则是对美国反垄断法和美国法院的一大新的挑战；第四，美国国会为缓和间接购买人规则所带来的争议，进行了一系列的立法尝试。

1. 间接购买人规则的起源、法理依据及其例外情形

间接购买人规则（Indirect Purchaser Rule）最早可以追溯至 1968 年由美国联邦最高法院判决的汉诺威鞋业公司诉联合制鞋机械公司案（Hanover Shoe, Inc. v. United Shoe Machinery Corp.）。在该案中，被告联合制鞋机械公司通过只租不卖的经营策略获得了制鞋机器市场中的垄断地位。该案中的原告指控被告的只租不卖行为违反《谢尔曼法》第二条。针对原告的指控，被告提出了转嫁抗辩（Pass-On Defense），即原告所承受的大部分垄断损失已经转嫁给了原告的客户，法院不应当允许已转嫁损失的原告对被告发起反垄断民事诉讼。美国联邦最高法院并未采纳被告的转嫁抗辩，而是授予了汉诺威鞋业公司发起反垄断民事诉讼的原告资格。①

---

① See Hanover Shoe, Inc. v. United Shoe Machinery Corp., 392 U.S. 481 (1968).

在1977年的伊利诺伊州诉伊利诺伊州砖公司案（Illinois Brick Co. v. Illinois）中，美国联邦最高法院再次拒绝授予间接购买人发起反垄断民事诉讼的原告资格。原告是伊利诺伊州政府及700个当地政府实体，它们作为间接购买人，指控被告伊利诺伊砖公司通过企业联合和垄断共谋的方式固定混凝土砖的价格，并根据《克莱顿法》第四条要求获得三倍民事赔偿。

美国联邦最高法院以6∶3的结论一反它在汉诺威鞋业公司诉联合制鞋机械公司案中的观点，即拒绝授予间接购买人发起反垄断民事诉讼的原告资格。此外，美国联邦最高法院在该案中对转嫁抗辩理论作出了进一步的澄清。美国联邦最高法院指出，"如果反垄断法的违法者（被告）不能防御性地使用转嫁抗辩来对抗直接购买人（原告），则间接购买人（原告）也不能进攻性地使用该理论起诉被指控的（垄断行为）违法者"[①]。间接购买人规则也因伊利诺伊砖公司诉伊利诺伊州案被称为伊利诺伊州砖原则（Illinois Brick Doctrine）。

除了间接购买人所蒙受的经济损失难以准确衡量和防止重复赔偿这两大原因以外，美国联邦最高法院拒绝采纳转嫁抗辩理论的主要考量是鼓励反垄断民事诉讼。申言之，相对于直接购买人，间接购买人（终端消费者）的确更可能是垄断行为最终的受害者。但在另一方面，间接购买人受垄断行为影响的程度远低于直接购买人。例如，在汉诺威鞋业公司诉联合制鞋机械公司案中，垄断行为与间接购买人的利害关系仅体现在间接购买人所购买的若干双鞋制品。即使间接购买人可以通过反垄断民事诉讼获得三倍赔偿，其实际赔偿金额也可能寥寥无几。与之相较，直接购买人与垄断行为的利害关系更为明确，直接购买人所遭受的损失通常也更为巨大。因此，直接购买人具备更强的主观动力发起反垄断民事诉讼。

垄断行为与间接购买人之间微弱的利害关系使得他们并没有较大的主观动力发起反垄断民事诉讼。美国反垄断法在私人民事诉讼中设置三倍赔偿规则的目的之一是鼓励私人主体发起反垄断民事诉讼以达到威慑、惩罚垄断行为的效果。如果美国法院采纳转嫁抗辩理论，其直接后果是最有主观动力提起反垄断民事诉讼的直接购买人丧失原告资格，而间接购买人发起反垄断民事诉讼的主观动力较弱，这将最终导致三倍赔偿规则的立法目的可能无法完全实现。

---

① See Illinois Brick Co. v. Illinois, 431 U.S. 720 (1977).

尽管间接购买人规则原则上否定了间接购买人发起反垄断民事诉讼的原告资格,但该规则也并非毫无例外。对于间接购买人而言,他们在以下三种例外情形中拥有发起反垄断民事诉讼的原告资格。

第一,成本加成合同例外。根据"成本加成合同"(Cost-Plus Contract),终端消费者负有向直接购买者购买固定数量商品的合同义务,无论商品的价格如何变化。在垄断行为实施以前,如果成本加成合同已存在,直接购买者可以将其因垄断行为而受到的损失完全转嫁于终端消费者,而不用担心转嫁损失造成终端消费者购买商品数量的减少。在此种情形下,作为终端消费者的间接购买人所蒙受的损失可以得到清晰计算。

第二,所有或控制例外。根据"所有或控制例外"(Own or Control Exception),当垄断行为实施者对直接购买人拥有所有权或者控制权时,间接购买人便具有对垄断行为实施者发起反垄断民事诉讼的原告资格。这一例外规则的法理依据在于,受垄断行为实施者所有或控制的直接购买人往往缺乏对垄断行为实施者发起反垄断民事诉讼的动力。因此,只有把原告资格赋予间接购买人,美国反垄断法旨在通过私人诉讼手段遏制垄断行为的立法目的才可能得以实现。

美国联邦法院对所有或控制关系的考察采用了较为严格的考察标准。以1980年的皇家印刷公司诉金佰利公司案(Royal Printing Co. v. Kimberly-Clark Corp.)为例,美国联邦第九巡回上诉法院在该案中指出,直接购买人是垄断行为实施者的子公司或内部机构,这是所有或控制关系的典型表现形式。① 这一判断标准为其他法院所采纳并一直沿用至今。②

第三,共谋者例外。所谓"共谋者例外"(Co-conspirator Exception)指的是,直接购买人是垄断行为的共谋者时,作为终端消费者的间接购买人具有对垄断行为实施者发起反垄断民事诉讼的原告资格。共谋者例外的法理依据是,当直接购买人是垄断行为的共谋者时,直接购买人往往缺乏对其他同谋者发起反垄断民事诉讼的主观动力。

---

① See Royal Printing Co. v. Kimberly-Clark Corp., 621 F.2d 323 (9th Cir. 1980).
② See In re ATM Fee Antitrust Litig., Docket No. 733 in Case No. 04-02676 (N.D. Cal. filed Sept. 16, 2010).

2. 美国地方政府立法赋予间接购买人以原告资格

如前文所述，根据美国宪法第十修正案，美国各州议会享有制定规制本州事务的州立法权。在1989年的加利福尼亚州诉ARC美国公司案（California v. ARC America Corp.）中，美国联邦最高法院判决美国联邦最高法院所确立的间接购买人规则是一项联邦法规则，州政府可以授予间接购买人原告资格。① 根据美国联邦第九巡回上诉法院的统计，截至2021年，美国哥伦比亚特区和35个州已制定授予间接购买人原告资格的州法。② 这种授予间接购买人的地方立法被称为"伊利诺伊州砖案废除者法"（Illinois Brick Repealer Statutes）。

尽管已有多个地区立法废除美国联邦最高法院的间接购买人规则，但它们所制定的"废除者法"存在一定的差异。例如，夏威夷州的"废除者法"对间接购买人的赔偿金额予以限制。根据该法的规定，间接购买人无权主张三倍民事赔偿。除了律师费外，对间接购买人的民事赔偿以其所受的实际损失为限。③ 而哥伦比亚特区的"废除者法"则一视同仁地对待间接购买人和直接购买人，二者均有权主张三倍民事赔偿。④ 地方立法之间的差异可能会导致同案不同判的问题。此外，根据美国联邦第九巡回上诉法院在斯特龙贝格诉高通公司案（Stromberg v. Qualcomm）中的判决，地方政府制定的"废除者法"不得适用于全国性的集体诉讼（Class Action）。⑤

3. 间接购买人规则在平台垄断问题中的适用

21世纪是互联网经济时代，互联网经济的一大特征是平台经济的崛起。平台经济并非一个新名词，购物中心、婚姻介绍所、人力资源平台皆是平台经济在传统经济时代的表现。但在互联网经济时代，平台经济以大数据、算法为技术支点构建连接双边乃至多边市场的超级平台。在全球范围内，许多企业的发展壮大依托于平台经济的崛起，例如美国的苹果公司和谷歌公司、我国的阿里巴巴集团。与此同时，间接购买人规则在平台经济时代也遭遇了新的挑战。扮演双边平台或

---

① See California v. ARC America Corp., 490 U.S. 93 (1989).
② See Stromberg v. Qualcomm Inc., 14 F.4th 1059 (9th Cir. 2021).
③ See Haw. Rev. Stat. Ann. § 480-13(a)(1) (2022).
④ See D.C. Code §§ 28-4508 to 4509 (2022).
⑤ See Stromberg v. Qualcomm. Inc., 14 F.4th 1059 (9th Cir. 2021).

者多边平台的互联网巨头企业以平台为媒介，将提供商品或服务的商家和消费者相互连接，平台、消费者、平台内的商家三者深度绑定。在此种商业情景内，直接购买人与间接购买人的界限变得不再清晰。

以佩珀诉苹果公司案（Pepper v. Apple Inc.）为例，苹果公司在苹果手机中内置由苹果公司所有的苹果应用商店（Apple App Store），苹果手机的使用者必须通过苹果应用商店购买手机应用软件，苹果公司对每一个手机应用软件的每一次销售收取30%的佣金。4名原告是苹果手机和苹果应用商店的消费者，他们在2011年于美国加利福尼亚北区联邦地区法院对苹果公司提起了反垄断民事诉讼，指控苹果公司通过封闭性的手机应用软件购买系统（苹果应用商店），强迫苹果手机的使用者从苹果应用商店以显著高于竞争价格的交易价格购买手机应用软件，借此攫取垄断利益并维持它在苹果应用软件市场中的垄断地位。

一审法院根据间接购买人规则判决原告属于间接购买人，不具备起诉苹果公司的原告资格。一审法院将原告认定为间接购买人的主要原因是，一审法院认为苹果公司获得的30%佣金是由应用软件的开发者承担，即苹果获得的佣金是从开发者的收益中支付给苹果公司的。

在一审败诉之后，原告将此案上诉至美国联邦第九巡回上诉法院。二审法院推翻了一审法院的判决。二审法院认为，在手机应用软件交易问题上，苹果公司与苹果手机用户之间是直接购买人关系。因此，原告具备依据《克莱顿法》第四条的规定对苹果公司发起反垄断民事诉讼的原告资格。导致二审法院的判决与一审法院的判决截然不同的原因是，二审法院认为苹果公司在上述交易中扮演的是经销商的角色，即苹果公司将开发者开发的手机应用软件经由苹果应用商店转售给原告。因此，苹果公司与原告之间存在直接的买卖关系。

该案最终被上诉至美国联邦最高法院。该案的最大争议焦点是4名消费者是否具备起诉苹果公司的原告资格，也即4名原告与苹果公司之间的关系究竟是直接购买人关系还是间接购买人关系。对于以上争议焦点，美国联邦最高法院9名大法官以5∶4的结果支持了二审判决。以卡瓦诺大法官（Brett Michael Kavanaugh）为代表的5名大法官认为伊利诺伊州诉伊利诺伊州砖公司案所确立的间接购买人规则仍然是应当被遵循的司法先例。间接购买人规则的核心内涵是，如果经销商将从生产者手中购买的产品转售给消费者，则消费者无权针对生产者的垄断行为起诉生产者。换言之，以卡瓦诺为首的多数派大法官以合同的相对性为标准判断消费者是否受到间接购买人规则的规制。该案中，原告是从苹果公司手中购买手机应用软件而非从开发者手中购买手机应用软件。根据合同的相对性，消费者的交易对象是苹果公司而非应用软件的开发者。因此，作为消费者的4名原告不受间接购买人规则的限制，他们具备起诉苹果公司的原告资格。

值得注意的是，苹果公司在该案中提出了用于重新诠释间接购买人规则的价格设定理论（"Who Sets the Price" Theory）。根据该理论，苹果公司认为间接购买人规则的真实内涵是授权终端消费者起诉设置产品价格的经营者，无论该经营者是否与终端消费者建立了合同关系。在该案中，手机应用软件的价格设定主体是手机应用软件的开发者而非苹果公司。因此，苹果公司依据价格设定理论认为原告的指控对象应该是手机应用软件的开发者而非苹果公司。对于苹果公司提出的价格设定理论，多数派大法官认为该理论存在以下三处缺陷。

第一，价格设定理论与美国的反垄断法相矛盾。《克莱顿法》第四条将有权发起反垄断民事诉讼的私人主体之范围界定得极为广泛，任何受到垄断行为损害的私人主体皆可以发起反垄断民事诉讼。美国联邦最高法院通过司法判例的形式确立了间接购买人规则用于限制《克莱顿法》第四条。上述成文法与司法判例确保美国形成一套公平与效率兼备的反垄断规则，用于解决消费者的原告资格问题。如果美国联邦最高法院采纳苹果公司提出的价格设定理论，这势必颠覆已存在多年的规则体系，美国联邦最高法院并不乐见这种颠覆发生。

第二，价格设定理论过于片面，忽视了垄断零售商索取高价佣金的可能性。价格设定理论是依据如下假设：当拥有垄断地位的零售商设定商品零售价格时，消费者有权起诉该零售商；当生产者设定商品零售价格，而当零售商只是从生产者设定的价格中获取固定比率的佣金时，消费者应当起诉生产者而非零售商。

在该案中，决定手机应用软件零售价的是开发者而非苹果公司。无论苹果公司的佣金费率是10%还是30%，只要手机应用软件的开发者不提高手机应用软件的零售价，消费者购买手机应用软件所支付的费用就不会发生变化，也即佣金费率的变化不会直接导致消费者产生损失。基于自身利益的最大化之考量，手机应用软件的开发者极有可能提高手机应用软件的零售价，这是消费者支付更高价格购买手机应用软件的真正原因。也因此，导致消费者支付垄断高价的始作俑者是手机应用软件产品的价格设定者，即手机应用软件的开发者，而非向开发者索取佣金的苹果公司。

对于苹果公司提出的这一假设，美国联邦最高法院认为上述假设是一种过于一概而论的错误理论，它错误地将案件的形式问题（生产者、零售商、消费者三者之间的关系）置于实质问题（消费者面对具有垄断地位的零售商的转售行为而不得不支付高价）之上，导致该理论在经济上和法律上皆缺乏说服力。具体而言，苹果公司作为拥有垄断地位的零售商并不必然会将佣金费率保持在竞争性的水准。一旦苹果公司提高佣金费率用于索取更多的佣金，手机应用软件开发者的利润空间将被压缩，这将迫使手机应用软件开发者提高整体售价。因此，表面上看起来，手机应用软件开发者是消费者支付更高价格的责任人。但实际上，苹果公司设定的佣金费率过高可能才是消费者利益受损的真正原因。

第三，价格设定理论为苹果公司逃避反垄断民事诉讼大开"方便之门"。美国联邦最高法院一旦采纳价格设定理论，手机应用软件开发者、苹果公司和苹果手机用户三者之间的关系将不再是传统意义上的生产者、零售商和消费者之间的关系。根据价格设定理论，苹果公司扮演安排手机应用软件开发者向苹果手机用户销售手机应用软件的角色。此时，苹果手机用户的交易对象由苹果公司转变为手机应用软件开发者。这种角色转变有利于苹果公司逃避反垄断民事诉讼。[①]

综上所述，苹果公司所提出的价格设定理论存在以上不合理之处，美国联邦法院因此拒绝采纳该理论用以替代间接购买人规则。尽管美国联邦最高法院的上述判决赋予了苹果手机用户以原告资格，这有利于维护他们的合法权益，但该判决也并非毫无争议。苹果公司作为苹果手机应用商店的建立者，具有丰沛的财力、强大的技术进而产生控制市场的能力。因此，苹果公司有能力要求苹果应用商店内的开发者和消费者直接缔结合同。换言之，如果苹果公司不再作为转售商向消费者销售手机应用软件，而是要求苹果应用商店内的开发者与消费者直接进行手机应用软件的买卖交易时，间接购买人规则将阻止消费者起诉苹果公司。通过上述交易结构的转变，作为双边平台的苹果公司不再直接和消费者发生买卖关系，而是从平台内的商家（开发者）手中收取佣金。通过交易结构的转变，苹果公司不仅能够继

---

① See Apple, Inc. v. Pepper, 587 U.S. _ (2019).

续维持商业利益，还能够降低消费者对其发起反垄断民事诉讼的可能性。

4. 美国国会对间接购买人问题的立法探索

为改进美国反垄断法，确保美国反垄断法适应现代化发展的需求，美国国会于 2002 年出台了《反垄断现代化委员会法》（*Antitrust Modernization Commission Act of 2002*）。根据该法的授权，美国联邦政府成立了反垄断现代化委员会（Antitrust Modernization Commission），该委员会的主要职责有四项：第一，负责审查是否有必要推动美国反垄断法的现代化革新，并就美国反垄断法现代化问题提出相关具体议题并对其展开研究；第二，就美国反垄断法的实施问题，向有关的各方主体征求意见；第三，评估相关建议的可取性和现行规则的可取性；第四，向美国国会和美国总统提交上述研究的报告。

经过了 5 年的调查研究，美国反垄断现代化委员会于 2007 年向美国政府提交了《美国反垄断现代化委员会报告与建议》（以下简称《报告与建议》）。在《报告与建议》中，美国反垄断现代化委员会用了大量的篇幅对间接购买人问题进行了探讨，其核心观点是美国政府应当在联邦法层面授予间接购买人发起反垄断民事诉讼的原告资格。鉴于间接购买人问题的复杂性，美国反垄断现代化委员会提出了以下五项立法建议用于解决间接购买人发起反垄断诉讼的资格问题。

第一，建议美国国会以国会立法的方式推翻美国联邦最高法院在汉诺威鞋业公司诉联合制鞋机械公司案和伊利诺伊州诉伊利诺伊州砖公司案中所确立的间接购买人规则，以确保间接购买人具备在美国联邦法院发起反垄断民事诉讼的原告资格。

推翻以上两起案件有利于推动美国反垄断法得到进一步的完善。具体而言，推翻伊利诺伊州诉伊利诺伊州砖公司案将使得间接购买人可以同时得到美国联邦反垄断法和州反垄断法的保护，这不仅能促进美国联邦反垄断法和州反垄断法保持一致性，而且能够确保间接购买人如同直接购买人一般得到美国反垄断法全面的保护，进而解决直接购买人和间接购买人之间存在的差别待遇问题。推翻汉诺威鞋业公司诉联合制鞋机械公司案，将直接购买人能够获取的赔偿范围限制在他们实际损失的三倍，这有利于增强反垄断赔偿规则的公平性。如果不以实际损失作为三倍赔偿的计算标准，而是以直接购买人因垄断行为额外支付的价格作为三倍赔偿的计算标准，在直接购买人将额外支付的价格转嫁给间接购买人时，将出现过度赔偿的问题，这与反垄断赔偿的公平性要求相悖。

第二，建议美国国会于间接购买人问题中制定移送管辖条款。虽然间接购买人可以借助《集体诉讼公平法》（Class Action Fairness Act，CAFA）将本应在州法院审理的反垄断集体诉讼移送至联邦法院，但《集体诉讼公平法》中存在诸多限制性规则和例外情形，这使得部分间接购买人无法借助《集体诉讼规则》在美国的联邦法院发起反垄断民事诉讼。这一问题进一步导致间接购买人和直接购买人就同一垄断行为分别发起多个反垄断诉讼，造成重复诉讼的问题。通过制定一项移送间接购买人在州法院发起的反垄断民事诉讼至联邦法院的移送管辖条款，可以最大限度地促进直接购买人与间接购买人在同一个联邦法院进行诉讼。

第三，建议允许将所有购买人的反垄断诉讼合并至同一个联邦法院进行诉前预审程序和审判程序。根据美国联邦最高法院于莱西肯公司诉米尔伯格律师事务所案（Lexecon Inc. v. Milberg Weiss Bershad Hynes & Lerach）中的判决，只有相关联案件的诉前程序可以在同一法院进行合并审理，但这些案件的审判程序必须返回至最初受理该案件的法院。[1] 这一判例可能造成重复诉讼问题并可能导致各法院判决结果的不统一。为解决莱西肯公司诉米尔伯格律师事务所案对私人主体发起反垄断民事诉讼所造成的阻碍，美国反垄断现代化委员会建议美国国会应当立法允许包括审判程序在内的各个诉讼程序合并至一个法院审理。合并审理的积极作用在反垄断诉讼中尤为明显，这是因为直接购买人与间接购买人之间存在损失转嫁的问题，将他们的诉讼合并审理，有利于法院更为准确地、更为便捷地明确责任和厘清损失。

第四，建议允许包括直接购买人、间接购买人在内的所有垄断行为受害人参与损害赔偿金的分配。美国反垄断现代化委员会认为所有垄断行为受害人均可以主张三倍赔偿，但应当以他们的实际损失为标准，即他们可以主张的是实际损失的三倍赔偿。

第五，建议继续允许直接购买人发起集体诉讼，无论直接购买人是否将其蒙受的损失转嫁于间接购买人。美国反垄断现代化委员会指出，此次立法改革的目的是放松美国法对反垄断民事诉讼的限制。损失转嫁问题不仅与直接购买人有关，也与间接购买人关系密切。如果将损失转嫁问题与是否允许直接购买人发起集体

---

[1] See Lexecon Inc. v. Milberg Weiss Bershad Hynes & Lerach, 523 U.S. 26 (1998).

诉讼挂钩，将不可避免地影响直接购买人和间接购买人发起反垄断民事诉讼的积极性，这与《反垄断现代化委员会法》所倡导的立法改革宗旨相悖。①

5. 关于间接购买人原告资格问题的小结

间接购买人规则在美国已确立 50 余年，它的存在并非毫无正面价值。基于实务的角度，本书认为美国联邦最高法院在短期内推翻间接购买人规则的可能性不大，这从佩珀诉苹果公司案中可见一斑。企业在美国联邦法院遭遇反垄断诉讼时，间接购买人规则不失为一项有力的抗辩事由。但在另一方面，间接购买人规则的确存在诸多不容忽视的缺陷，待时机成熟时，美国联邦政府有较大可能在将来对其进行必要的修正，以减轻间接购买人规则所造成的负面影响。

二、美国联邦法院对反垄断民事诉讼案件的管辖权

美国的前身是十三块由欧洲殖民者开拓的殖民地，也称北美十三殖民地。在美国诞生之前，这十三块殖民地已形成并发展出地方自治体制，其中就包含了地方法院对地方事务的司法管辖权。在美国建立的过程中，各殖民地对于是否建立联邦法院体系以及是否以联邦法院取代地方法院产生了巨大的分歧。最终，各方以联邦主义（Federalism）为共识，以美国宪法为依据，建立了联邦政府与州政府共同行使立法权、司法权、行政权的双轨制权力分配体系。因此，美国联邦政府被授予的权力相对有限。也因此，作为美国联邦政府的一部分，美国联邦法院的管辖权同样也受到限制，它并不能对所有发生在美国的案件享有管辖权。

美国联邦法院对特定案件享有司法管辖权的主要条件有两个：第一，该联邦法院对特定类型案件具备事项管辖权（Subject Matter Jurisdiction）；第二，该联邦法院对特定案件具备属人管辖权。此外，在部分反垄断民事诉讼案件中，被告被指控同时违反联邦反垄断法和州法。美国联邦法院在满足附带管辖权（Supplemental Jurisdiction）的适用条件之前提下，可以将被告违反州法的案件一并审理。

---

① 美国反垄断现代化委员会：《反垄断现代化报告与建议》（第三章），载美国反垄断现代化委员会官网，https://govinfo.library.unt.edu/amc/report_recommendation/toc.htm，最后访问时间：2024 年 1 月 1 日。

（一）美国联邦法院对反垄断民事诉讼的事项管辖权

所谓"事项管辖权",又称为"对事的管辖",是指法院对哪些事项具备管辖权。如上文所述,由于美国是一个典型的联邦制国家,基于尊重州权的考量,美国联邦法院的管辖权受到一定程度的限制。因此,它能管辖的事项范围也受到限制。在美国联邦法院,产生事项管辖权的路径有以下两种。

第一,通过联邦问题管辖权（Federal Question Jurisdiction）在美国联邦法院建立事项管辖权。当原告基于美国宪法、美国联邦法或美国加入的条约发起民事诉讼时,联邦问题管辖权将授权美国联邦法院对该案产生事项管辖权。① 在反垄断民事诉讼中,原告可以以《谢尔曼法》《克莱顿法》等美国联邦反垄断法作为发起反垄断民事诉讼的实体法依据,以此在美国联邦法院对案件产生联邦问题管辖权。

第二,通过异籍管辖权（Diversity Jurisdiction）在美国联邦法院建立事项管辖权。所谓异籍管辖权指的是,原告的诉讼请求即便是基于州法而非联邦法,如果原告与被告不是来自同一个州,则美国联邦法院在争议金额达到法律规定的要求之前提下,也能对此类案件产生事项管辖权。② 在美国的反垄断司法实践中,相对于通过联邦问题管辖权产生事项管辖权的情况,基于异籍管辖权产生事项管辖权的情况相对更为少见。因为,如果来自两个异籍的当事人之间产生了垄断纠纷,涉案的垄断行为必然会影响美国的跨州商贸甚至跨国商贸,这种行为直接受美国联邦反垄断法的规制。③ 此时,原告可以借助美国联邦反垄断法产生事项管辖权。

（二）对人管辖权在反垄断民事诉讼中的适用

1. 美国联邦法院产生对人管辖权的四种方式

美国联邦法院的对人管辖权是指美国联邦法院是否有权审理关于特定当事人

---

① See 28 U.S.C. § 1331.
② See 28 U.S.C. § 1332.
③ 根据《谢尔曼法》第一条、第二条、第三条的规定,限制州际间或与外国之间的贸易、商业的垄断行为,受《谢尔曼法》的规制。

之案件的权力。产生对人管辖权的方式有四种：第一，被告的住所地、注册地、主营业地所在区域的联邦法院对被告具有对人管辖权；第二，出现在特定联邦法院所在的区域并收到该美国联邦法院送达的传票和起诉状的副本。这种送达行为足以使得该联邦法院对被送达人产生对人管辖权，即便被送达人仅仅在该州出现了几分钟；第三，案件当事人同意接受特定联邦法院的管辖；第四，法院行使长臂管辖权对案件当事人产生对人管辖权。

2. 美国联邦法院以长臂管辖权构建对人管辖权

在前三种产生对人管辖权的方式中，它们的判断标准是比较明确的，而在通过长臂管辖权产生对人管辖权的案件中，原被告双方往往对于对人管辖权的存在与否产生争议。以爱德华·莫里亚蒂公司诉通用轮胎橡胶公司案（Edward J. Moriarty Co. v. General Tire & Rubber Co.）为例，该案的原告是来自美国俄亥俄州的个人独资企业和公司，它们主营业务是从被告中的一员——佩泽塔基斯公司进口塑料软管产品，然后在美国各地转售。佩泽塔基斯公司是一家位于希腊的公司。本案中的另一被告是通用轮胎橡胶公司，它是一家位于美国俄亥俄州的企业。

以上两家公司被起诉的原因之一是它们被指控达成垄断共谋以排挤原告。具体而言，一方面，佩泽塔基斯公司与原告达成合作协议，由原告担任佩泽塔基斯公司在美国市场的经销商，负责进口并销售佩泽塔基斯公司的塑料软管产品。原告为此投入了大量的人力、物力、财力。另一方面，佩泽塔基斯公司与另一被告通用橡胶轮胎公司达成垄断共谋，双方约定通用轮胎橡胶公司成为佩泽塔基斯公司的塑料软管产品在美国市场中的独家进口商并拒绝与原告进行交易以达到抵制原告的目的。

该案的争议焦点之一是受理该案的美国俄亥俄南区联邦地区法院是否对位于希腊的佩泽塔基斯公司具有属人管辖权。美国俄亥俄南区联邦地区法院通过分析佩泽塔基斯公司与美国市场的业务往来情况之后得出结论：佩泽塔基斯公司与法院所在地俄亥俄州之间具备最低联系，二者之间的最低联系也符合美国宪法第五修正案中的正当程序条款之要求。具体而言，自1962年至1965年，佩泽塔基斯公司通过与俄亥俄州的多家公司进行商业交易。根据美国俄亥俄南区联邦地区法院的统计，仅与其中一家公司的交易就使得佩泽塔基斯公司获利6.7万美元。佩泽塔基斯公司所从事的上述持续性的商业活动使得它与美国俄亥俄南区联邦地区法院所在地俄亥俄州产生了建立对人管辖权所需的最低联系。①

对于我国企业而言，即便我国企业的主营地不在美国境内，甚至没有直接在美国境内开设办公机构，当我国企业对美出口大量的商品使得美国与该企业之间产生最低联系时，我国企业和美国企业之间产生垄断纠纷，美国法中的长臂管辖权规则便有可能将我国企业送上被告席。长臂管辖权规则的存在极大地提高了我国企业在美被诉的概率。

3. 对人管辖权抗辩的适用

美国联邦法院是否对特定案件具备对人管辖权往往成为案件的争议焦点，也是被告经常主张的程序性抗辩事由之一。若被告放弃行使对人管辖权抗辩时，本不具备对人管辖权的法院可以就此审理该案，这一规则被称为放弃对人管辖权抗辩规则（Waiving the Personal Jurisdiction Defense）。被告放弃对人管辖权抗辩的方式可以是明示的也可以是默示的。例如，被起诉的一方当事人积极应诉且未提出对人管辖权抗辩，则代表该当事人已通过默示的方式放弃对人管辖权抗辩。

根据美国联邦第六巡回上诉法院在布莱辛诉钱德拉塞卡尔案（Blessing v. Chandrasekhar）中的判决，如果被告仅仅通过律师提出了出庭应诉通知（Notice of Appearance），该行为不代表被告放弃对人管辖权抗辩。美国联邦第六巡回上诉法院认为，判断当事人是否放弃对人管辖权抗辩的标准是只有在被告的行为会导致原告合理地相信被告打算就案件情况进行答辩时，被告的行为才属于放弃对人管辖权抗辩。简言之，对人管辖权抗辩的放弃与否需要法院根据案件的具体情况予以考察。②

需要注意的一点是，被告可以通过放弃对人管辖权抗辩的方式使得不具备对人管辖权的美国联邦法院对特定案件行使司法管辖权。然而，当特定联邦法院不具备事项管辖权时，即便被告放弃事项抗辩权，该法院也无权审理该案。换言之，对人管辖权并非美国联邦法院行使司法管辖权的必备条件，而事项管辖权则是美国联邦法院行使司法管辖权的前提。

---

① See Edward J. Moriarty Co. v. General Tire & Rubber Co., 289 F. Supp. 381 (S.D. Ohio 1967).
② See Blessing v. Chandrasekhar, 988 F.3d 889 (6th Cir. 2021).

（三）附带管辖权在反垄断民事诉讼中的适用

附带管辖权又被称为辅助管辖权（Ancillary Jurisdiction）、未决事项管辖权（Pendent Jurisdiction），指的是一项本不属于美国联邦法院管辖的诉讼请求与一项属于美国联邦法院管辖的诉讼请求起源于同一个案件或同一项争议时，美国联邦法院可以对上述诉讼请求一并审理。[①] 在反垄断民事诉讼中，如何适用附带管辖权，美国俄亥俄南区联邦地区法院在前文所述的爱德华·莫里亚蒂公司诉通用轮胎橡胶公司案中作出了示范。

在爱德华·莫里亚蒂公司诉通用轮胎橡胶公司中，原告除了起诉佩泽塔基斯公司与通用轮胎橡胶公司共谋排挤原告之外，还起诉了通用轮胎橡胶公司违约和欺诈。前者是一项基于美国联邦法《谢尔曼法》的诉讼请求，后者则是一项基于俄亥俄州合同法的诉讼请求。对于是否应当基于附带管辖权合并审理上述两项诉讼请求，美国俄亥俄南区联邦地区法院通过分析两项诉讼请求之间的关联性给出了解答。

在该案中，通用轮胎橡胶公司假意向原告提出收购意向，在获得原告提供的客户信息、经销商信息等商业秘密后违反约定，擅自披露、使用原告的商业秘密用于帮助通用轮胎橡胶公司在美国建立供应链，以销售该公司自佩泽塔基斯公司进口的软管产品。虽然通用轮胎橡胶公司的违约、欺诈行为违反的是俄亥俄州法律，但该行为是为了实现通用轮胎橡胶公司与佩泽塔基斯公司共谋排挤原告之目的。换言之，通用轮胎橡胶公司违反俄亥俄州法的行为是在为后续的违反美国联邦法的垄断行为做准备。因此，美国俄亥俄南区联邦地区法院认为，上述两项诉讼请求之间存在紧密联系，该案符合附带管辖权的适用条件。

三、美国反垄断法对私人原告的民事救济

相对于其他国家和地区而言，私人主体在美国发起反垄断民事诉讼的意愿更高，反垄断民事诉讼在美国也更为活跃。产生这一现象的主要原因是美国建立了

---

① See 28 U.S. Code § 1367.

一套系统性的反垄断民事救济机制，能够极大地激励私人主体针对垄断行为发起反垄断民事诉讼。这种强激励的反垄断民事救济机制对我国企业在对美出口贸易中的影响是两面的。一方面，通过发起反垄断民事诉讼，我国企业可以利用美国反垄断民事救济机制维护自身的合法权益。另一方面，如果我国企业被指控违反美国反垄断法，此种强激励化的反垄断民事救济机制将导致我国企业可能面临更为频繁的反垄断民事诉讼和更为沉重的违法成本。具体而言，美国反垄断法赋予私人原告充分的民事救济主要体现在以下三个方面：第一，允许原告向被告主张合理的律师费和诉讼费用；第二，授予原告主张三倍民事赔偿的权利；第三，授予原告衡平救济。

（一）合理的律师费与诉讼费用

在美国，律师费用和诉讼费用通常由当事人各自承担。各方当事人也可以通过协商的方式决定上述费用的承担主体。关于诉讼费用，美国各州法院和联邦法院的收费标准并不统一。整体而言，美国法院的诉讼费用并不高昂。以美国联邦法院为例，根据美国司法会议（Judicial Conference of the United States）制定的最新版的收费标准，提起民事诉讼或其他司法程序，受理案件的美国联邦法院将收取 350 美元的诉讼费用。[①] 关于律师费，美国律师通常是按小时计费，每小时的费用从数百美元至上千美元不等。

美国法院较为低廉的收费标准往往不会成为私人主体通过诉讼手段维护自身合法权益的障碍。然而，高昂的律师费却可能成为阻碍私人主体发起民事诉讼的"拦路虎"。反垄断民事诉讼的专业性和复杂性使得律师的作用至关重要，这也导致反垄断诉讼中的律师费往往是一笔天文数字。一旦禁止原告向被告主张律师费，受垄断行为侵害的经营者、消费者将可能因为无法负担高昂的律师费而放弃发起反垄断民事诉讼。这不仅阻碍垄断行为受害者维护自身的合法权益，也将对美国政府治理垄断行为产生负面影响。因此，美国国会通过《谢尔曼法》第七条和《克莱顿法》第四条赋予原告向被告主张合理的律师费和诉讼费用的权利。该

---

① 参见美国联邦法院：《美国联邦法院收费标准》，载美国联邦法院官网，https://www.uscourts.gov/services-forms/fees/us-court-federal-claims-fee-schedule，最后访问时间：2024 年 1 月 1 日。

项规定不仅对激励私人主体发起反垄断民事诉讼具有积极作用，并且对于潜在的垄断行为实施者也将产生一定的威慑作用。

（二）三倍民事赔偿

《谢尔曼法》第七条和《克莱顿法》第四条除了授予垄断行为受害者向垄断行为实施者主张律师费和诉讼费用的权利，还规定垄断行为受害者有权获得自身损失三倍的民事赔偿。对于三倍民事赔偿规则，有两点值得注意：第一，损失的计算方法；第二，三倍民事赔偿规则的适用例外。

1. 损失的计算方法

对原告予以民事赔偿的前提是厘清原告所遭受的损失之数额。在反垄断诉讼中，常用的损失计算方法有以下四种。

第一，标尺比较法（Yardstick Method）。所谓"标尺"指的是，一个与原告的自身状况和所处市场环境相似但没有受到垄断行为侵害的主体，此即为标尺经营者。将原告在受侵害期间的经济状况与标尺经营者在该阶段的经济状况相对比，二者之差额即为原告因垄断行为所遭受的损失。

第二，前后比较法（Before-and-After Method）。该计算方法是将原告未受到垄断行为侵害时的经济状况与受到垄断行为侵害时的经济状况相对比，二者之差额即为原告因垄断行为所遭受的经济损失。

第三，市场份额法（Market-Share Method）。该计算方法是以原告减少的市场份额对应出相应减少的产品数量，然后以单位产品的利润乘以减少的产品数量，二者相乘之结果即为原告因垄断行为所蒙受的损失。

第四，持续经营法（Going-Concern Method）。该计算方法主要适用于原告因为垄断行为被彻底逐出市场或终止营业的情形。该计算方法首先是假设原告未受垄断行为的影响，持续经营至原告发起诉讼之时，对原告此时的商业价值予以公平的估算，即为公平价值。然后，评估原告目前的实际价值，比较实际价值与公平价值之差额，即为原告因垄断行为所产生的损失。[1]

---

[1] 参见李俊峰：《反垄断法的私人实施》，179～185页，北京，中国法制出版社，2009。

2. 三倍民事赔偿规则的适用例外

尽管美国通过《谢尔曼法》等反垄断成文法明确授予私人主体获取三倍民事赔偿的权利，但这一权利并非毫无界限。美国国会可以通过制定特别法的方式对私人主体获得三倍民事赔偿的权利予以限制。例如，美国国会于1993年出台了《国家合作研究与生产法》。该法的立法目的是鼓励科研合作与成果转化。为了促进这一立法目的落实，防止三倍民事赔偿过度打击科研发展，该法对三倍民事赔偿规则进行了立法限制。根据该法的规定，当上述科研合作产生的垄断行为造成原告受损时，原告获取的民事赔偿仅限于实际损失。①

（三）衡平救济

作为英国曾经的殖民地，美国法必然受到英国法的影响。衡平法作为英国法的一部分也为美国法所借鉴与吸收。在反垄断问题上，根据《克莱顿法》第十六条的规定，受到垄断行为危害的私人主体可以向美国联邦法院主张禁止令。② 所谓"禁止令"，指的是美国联邦法院要求被告必须履行特定行为或者禁止被告实施特定行为的判令。

需要注意的一点是，私人原告在反垄断民事诉讼中既可以同时向美国联邦法院请求颁布禁止令与支持其三倍赔偿的诉讼请求，也可以向美国联邦法院单独提出颁布禁止令的诉讼请求。即使垄断行为尚未导致私人主体产生实际损失，美国联邦法院仍然可以颁布禁止令以预防垄断行为在未来对原告产生侵害。③

在反垄断案件中，美国联邦法院常适用的衡平救济还有剥离令（Divestiture Order）。 剥离令这种衡平救济主要适用于经营者集中问题，它要求非法集中的经营者限期转让股份或资产、限期转让营业进而将市场中的竞争状况还原至经营者集中实施前的状态。④ 根据美国联邦最高法院在加利福尼亚诉美国商店公司案（California v. American Stores Co.）中的判决，剥离令属于《克莱顿法》第十六

---

① See 15 U.S.C. § 4303.
② See 15 U.S.C. § 26.
③ See Blue Cross and Blue Shield v. Marshfield Clinic, 152 F.3d 588 (7th Cir. 1998).
④ See Steves & Sons, Inc. v. JELD-WEN, Inc., 988 F.3d 690 (4th Cir. 2021).

条所规定的禁令型救济的一种表现形式。① 因此，可以把剥离令视为一种广义上的禁止令。

第四节　反垄断仲裁

一、反垄断仲裁在美国的发展概况

1968 年，美国联邦第二巡回上诉法院于美国安全装备公司诉 JP 马奎尔公司案（American Safety Equipment Corp. v. J. P. Maguire & Co.）中判决，基于公共利益的考量，反垄断民事纠纷不得通过仲裁予以解决。② 美国联邦第二巡回上诉法院禁止反垄断仲裁的观点被称为"美国安全原则"（American Safety Doctrine）。③

自 20 世纪 80 年代起，美国对于反垄断仲裁的态度逐渐发生转变。在 1985 年的三菱汽车公司诉索勒克莱斯勒 - 普利茅斯案（Mitsubishi Motors Corp. v. Soler Chrysler-Plymouth）中，美国联邦最高法院以 5∶4 的结果判决私人主体之间由《谢尔曼法》产生的反垄断民事纠纷具有可仲裁性。④ 在 1996 年的科塔姆电子公司诉 JBL 消费品公司案（Kotam Electronics, Inc. v. JBL Consumer Products, Inc.）中，私人主体间的反垄断民事争议具有可仲裁性的观点得到了美国联邦第十一巡回上诉法院的支持。⑤

20 世纪 80 年代到 90 年代，反垄断仲裁在美国的适用范围仅限于私人主体之间的民事争议。进入 21 世纪，反垄断仲裁的适用范围得到了进一步的拓展。2019 年，因反对铝业巨头诺贝丽斯（Novelis）的收购计划，美国司法部向美国

---

① See California v. American Stores Co., 495 U.S. 271 (1990).
② See American Safety Equip. Corp. v. J.P. Maguire, 391 F.2d 821 (2d Cir. 1968).
③ See Bruce Braun, " The Arbitration of Federal Domestic Antitrust Claims: How Safe is the American Safety Doctrine?", *Pepperdine Law Review*, 16(1989), 201.
④ See Mitsubishi v. Soler Chrysler-Plymouth, 473 U.S. 614 (1985).
⑤ See Kotam Electronics, Inc. v. JBL Consumer Products, Inc., 93 F.3d 724 (11th Cir. 1996).

联邦法院发起了反垄断民事诉讼。

随后,根据美国《行政争议解决法》(*Administrative Dispute Resolution Act of 1996*)等相关法律法规,美国司法部与诺贝丽斯等被告企业达成协议将此案中的产品市场的界定问题提交仲裁机构裁决。诺贝丽斯反垄断仲裁案具有里程碑的意义,它是美国第一起由反垄断执法机构作为当事人的反垄断仲裁案件。自该案起,美国反垄断仲裁的适用范围不再局限于私人主体之间的民事争议。美国的反垄断执法机构与私人主体之间的反垄断案件也可以由仲裁这种非诉争端解决机制处理。[①]

二、反垄断仲裁的适用例外

当垄断纠纷未涉及第三方时,美国联邦法院通常会承认并执行仲裁机构的裁决。然而,当垄断纠纷涉及仲裁条款当事人以外的第三方时,美国联邦法院需要考察原告基于美国反垄断法的诉讼请求与仲裁条款所涉及的交易之间的关系。以库尔斯酿酒公司诉莫尔森酿酒厂案(Coors Brewing Co. v. Molson Breweries)为例。在本案中,库尔斯酿酒公司是一家位于美国科罗拉多州的酿酒公司。1985年,库尔斯酿酒公司与位于加拿大的莫尔森酿酒厂达成授权协议(以下简称"库尔斯—莫尔森"授权协议)。根据"库尔斯—莫尔森"授权协议,库尔斯酿酒公司授权莫尔森酿酒厂使用它的商标,莫尔森酿酒厂负责在加拿大为库尔斯酿酒公司酿酒并分销它的产品。

除此之外,双方在该协议中约定将与该协议有关的所有争议根据美国仲裁协会的规则仲裁。1993年,同样从事啤酒酿造和销售业务的美国威斯康星州公司米勒啤酒公司与莫尔森酿酒厂达成了互惠授权协议(以下简称"米勒—莫尔森"授权协议)。根据"米勒—莫尔森"授权协议,这两家公司在对方董事会拥有一个董事席位。米勒啤酒公司成为莫尔森酿酒厂在美国的独家经销商,莫尔森酿酒厂成为米勒啤酒公司在加拿大的独家经销商。

---

① 参见美国司法部:《美国司法部起诉阻止诺贝丽斯收购爱励铝业》,载美国司法部官方网站,https://www.justice.gov/opa/pr/justice-department-sues-block-noveliss-acquisition-aleris-1,最后访问时间:2024年1月3日。

针对"米勒—莫尔森"授权协议，库尔斯酿酒公司不仅针对莫尔森酿酒厂的违约行为提起了仲裁，且对米勒啤酒公司与莫尔森酿酒厂提起了反垄断民事诉讼。原被告双方的争议焦点之一是包含仲裁条款的"库尔斯—莫尔森"授权协议是否禁止库尔斯酿酒公司在法院发起反垄断民事诉讼。

针对该争议焦点，美国联邦第十巡回上诉法院将原告的诉讼请求分割为两部分：第一，与"库尔斯—莫尔森"授权协议有关的诉讼请求；第二，与"库尔斯—莫尔森"授权协议无关的诉讼请求。基于此项分类，美国联邦第十巡回上诉法院判决库尔斯酿酒公司有权对"库尔斯—莫尔森"授权协议无关的垄断行为提起民事诉讼。法院作出此项判决的主要依据是米勒啤酒公司被指控通过"米勒—莫尔森"授权协议控制莫尔森酿酒厂的行为、两被告的市场集中行为与"库尔斯—莫尔森"授权协议无关。因此，原告有权就上述诉讼请求在美国联邦法院发起反垄断民事诉讼。对于原告指控被告违约、侵犯商业秘密等诉讼请求，美国联邦第十巡回上诉法院则认为这类诉讼请求与"库尔斯—莫尔森"授权协议紧密相关。根据双方的仲裁条款，应当交由仲裁机关裁决。

根据美国联邦第十巡回上诉法院在库尔斯酿酒公司诉莫尔森酿酒厂案中的判决可知，即便存在仲裁条款，并不代表仲裁条款当事人的所有民事纠纷皆被允许交由仲裁机关裁决。若仲裁条款当事人之间的垄断纠纷外溢至第三方，且这项涉及三方主体的垄断纠纷与仲裁条款所涉及的交易无关时，美国联邦法院将有权管辖此项垄断纠纷。

第五节　针对垄断行为的"337 调查"

一、"337 调查"的定义与法律依据

所谓"337 调查"（337 Investigation）是指，美国针对美国的进口贸易中的不公平贸易行为采取的一种调查措施。由于"337 调查"的主要法律依据为美国《1930 年关税法》（*Tariff Act of 1930*）第 337 节（以下简称"337 条款"），故

此得名"337 调查"。①

二、"337 调查"的参与主体

（一）调查主体

"337 调查"的主管部门是美国国际贸易委员会（United States International Trade Commission，USITC），它隶属于美国联邦政府，是一个超越党派的准司法（Quasi Judicial）和准立法（Quasi Legislative）机构。②

美国国际贸易委员会的前身是成立于 1916 年的美国关税委员会。到了 1974 年，美国关税委员会更名为美国国际贸易委员会。除了负责为美国总统、美国国会及美国贸易代表办公室提供与国际贸易有关的参考意见外，美国国际贸易委员会的主要职责便是负责美国贸易救济法律法规的实施，其中便包含"337 调查"。在美国国际贸易委员会内部，参与"337 调查"的人员与内部机构主要有三个：不公平进口调查办公室，行政法法官和美国国际贸易委员会委员。

1. 不公平进口调查办公室

不公平进口调查办公室（Office of Unfair Import Investigations，OUII）的工作贯穿于整个"337 调查"。

首先，在"337 调查"立案之前，不公平进口调查办公室负责受理"337 调查"申请，与申请人和被申请人沟通，对申请书中的主张进行非正式的调查，向美国国际贸易委员会提出是否立案的建议。然后，在"337 调查"立案之后，不公平进口调查办公室会指定一名律师担任"337 调查"中的调查律师，这名调查律师的职责并非服务于申请人或被申请人中的任何一方，也并不是行政法法官的代表人，而是在"337 调查"中扮演维护公共利益的角色。与民事诉讼不同，美国国际贸易委员会在"337 调查"中给予的法律救济主要是排除令（Exclusion

---

① See 19 U.S.C. § 1337.
② See Humphrey's Executor v. United States, 295 U.S. 602 (1935).

Order）而非经济赔偿。排除令的最主要作用是将被申请人通过不公平贸易行为进口至美国境内的产品排除至美国市场之外。但当排除令的实施会损害美国的公共利益时，也即上述产品被排除至美国市场之外会损害美国的公共利益时，美国国际贸易委员会可能不会颁布排除令。因此，不公平进口调查办公室需要任命一至两名律师于"337调查"之中负责关注美国的公共利益问题。最后，在"337调查"结束之后，不公平进口调查办公室负责监督当事人对救济措施的执行情况。

2. 行政法法官

尽管名曰法官，但美国国际贸易委员会中的行政法法官并不隶属于美国的司法系统。他们是在国际贸易委员会中负责进行"337案件"初步裁决的官员。目前，行政法法官共有6人。他们分别是首席行政法法官克拉克·切尼（Clark S. Cheney）、行政法法官玛丽琼·麦克（MaryJoan McNamara）、行政法法官卡梅伦·艾略特（Cameron Elliot）、行政法法官莫妮卡·巴塔查亚（Monica Bhattacharyya）、行政法法官布莱恩·摩尔（Bryan F. Moore）和行政法法官多丽丝·海因斯（Doris Hiens）。[①]

在美国国际贸易委员会启动"337调查"后，首席行政法法官将为该案件指定一位行政法法官主持调查。行政法法官对案件作出的裁决为初裁，并非必然生效。案件当事人若对行政法法官初裁不服，可以向美国国际贸易委员会申请复审。此外，美国国际贸易委员会也可以依职权对初裁予以复审。

3. 国际贸易委员会委员

如前文所述，行政法法官作出"337案件"的初裁并非必然生效。美国国际贸易委员会可以依职权或依申请对行政法法官的初裁进行复审。负责复审的人员为国际贸易委员会委员（Commissioner）。现任的国际贸易委员会委员共有4人，分别是主席委员大卫·约翰逊（David Johanson）、委员朗达·施米德莱因（Rhonda Schmidtlein）、委员杰森·卡恩斯（Jason Kearns）以及委员艾米·卡佩尔（Amy Karpel）。上述四名委员，主席委员来自美国共和党，其余三名委员均是美国民

[①] 参见美国国际贸易委员会：《行政法法官个人简历》，载美国国际贸易委员会官网，https://www.usitc.gov/alj_bios，最后访问时间：2024年1月5日。

主党党员，这体现了美国国际贸易委员会跨党派的特征。①

（二）参与的当事人

1. 申请人

"337调查"中的申请人（Applicant）是指向美国国际贸易委员会提出调查申请，指控被申请人（Respondent）在对美出口过程中实施了不公平贸易行为并受到不公平贸易行为损害的一方。在一项"337调查"案件中，申请人的主体身份既可以是自然人，也可以是公司等各类组织。此外，申请人的国籍也不受任何限制，他们既可以是美国国籍，也可以是非美国国籍。近年来，随着我国企业维权意识和维权能力的提升，越来越多的中国企业不仅摆脱了被动挨打的不利局面，而且将"337条款"作为法律武器用于对抗不公平的贸易行为。例如，在电子蜡烛产品及其组件案中，申请人的实际控制人之一是我国公司。在该案中，申请人通过发起"337调查"使得部分被申请人与之达成和解，进而在对美出口贸易中维护自身合法权益。②

"337调查"中的申请人类似于民事诉讼中的原告，但与一般的知识产权侵权诉讼、不正当竞争诉讼、反垄断诉讼等民事诉讼中的原告相比，"337条款"还对申请人提出了若干额外条件。根据"337调查"所涉及的不公平贸易行为的类型为划分标准，"337调查"可以分为两大类：侵犯注册知识产权引发的"337调查"和非注册知识产权类不公平贸易行为引发的"337调查"。根据"337调查"类型的差异，申请人胜诉所需要满足的条件也相应有所差异。垄断纠纷引发的"337调查"属于非注册知识类不公平贸易行为引发的"337调查"。在此类"337调查"案件中，申请人所需满足的条件，将在后文中予以详细论述。

2. 被申请人

这里的被申请人指的是，在"337调查"中，被指控在对美出口贸易中实施不公平贸易行为的生产商、经销商，它们所处的地位类似于民事诉讼中的被告。

---

① 参见美国国际贸易委员会：《委员个人简历》，载美国国际贸易委员会官网，https://www.usitc.gov/commissioner_bios，最后访问时间：2024年1月5日。

② 电子蜡烛产品及其组件案（案件号：337-TA-1195）：申请人L&L蜡烛有限责任公司由深圳市里阳电子有限公司和卢米娜拉全球有限责任公司共同出资设立。

通常情况下，基于在美国市场排除被申请人的产品或者获得和解金的考虑，申请人倾向于将所有参与不公平贸易行为的经营者列为被申请人。但在一部分案件中，当某个经营者既参与了侵害申请人的不公平贸易行为，也是申请人的重要客户时，申请人往往会基于商业利益的考量不对该经营者发起"337调查"。①

3. 第三方

在"337调查"中，除了申请人和被申请人外，参与"337调查"的当事人还可能包括未被列为被申请人的生产商、进口商以及消费者。虽然上述人员都可能成为337调查的第三方，但他们参与"337调查"的原因各不相同。

未被列为被申请人的生产商、进口商请求以第三方的身份参与"337调查"的主要原因是，为了防止普遍排除令（General Exclusion Order）将他们的产品一并排除在美国市场之外。一旦美国国际贸易委员会颁布普遍排除令，不仅被申请人生产、销售的侵权产品不得进入美国市场，其他没有被列为被申请人的企业所拥有的侵权产品也将被排除在美国市场之外。质言之，普遍排除令针对的是所有的侵权产品，无论侵权产品的来源为何。当申请人请求美国国际贸易委员会颁布普遍排除令时，即便没有被列为被申请人的生产商和进口商，也可能因为普遍排除令而遭遇"池鱼之殃"。因此，为了及时应对普遍排除令对自身的威胁，未被列为被申请人的生产商、进口商可以主动申请以介入者的身份参与"337调查"以维护自身的合法权益。美国法将此类第三方称为"介入者"（Intervener），此种由第三方加入"337调查"的程序被称为"第三方介入"（Intervention）。② 根据《委员会实务与程序规则》（*The Commission's Rules of Practice and Procedures*）的规定，请求以介入者的身份加入"337调查"的第三方需要以书面形式向行政法法官提交申请并同时通知申请人与被申请人，被申请人和申请人也可以对第三方的介入申请提出自己的意见。③ 与介入者出于自身利益加入"337调查"的情况不同，消费者以第三方的身份加入"337调查"的目的更多的是维护公共利益。

---

① 参见冉瑞雪：《337调查突围写给中国企业的应诉指南》，12页，北京，知识产权出版社，2015。
② See 19 C.F.R. § 210.3.
③ See 19 C.F.R. § 210.19.

三、"337 调查"的启动模式

美国国际贸易委员会实施的"337 调查"分为"依职权启动"和"依申请启动"两种模式。依申请模式，又被称为被动模式，指的是美国国际贸易委员会根据不公平贸易受害方的申请所发起的"337 调查"。依职权模式，又被称为主动模式，指的是虽然没有申请人主动请求美国国际贸易委员会对某项进口贸易展开"337 调查"，但美国国际贸易委员会自行决定对该进口贸易展开调查。在实践中，大多数"337 调查"案件的启动是属于依申请模式，美国国际贸易委员会主动发起"337 调查"的情况是较为少见的。

四、"337 调查"的主要步骤

"337 调查"的程序包括立案、证据开示、开庭、行政法法官初裁、复审与终裁、总统审查六个主要步骤。

（一）"337 调查"的立案

1. 立案的基本程序

美国国际贸易委员会下设的不公平进口调查办公室在收到经营者的调查申请书之后，将审查申请人的调查申请是否符合"337 调查"的立案要求并向美国国际贸易委员会作出是否开展"337 调查"的建议。在实践中，不公平进口调查办公室在审查的过程中，可能要求企业补正调查申请书。企业也可以与不公平贸易委员会的律师进行非正式沟通。①

根据《委员会实务与程序规则》的规定，美国国际贸易委员会原则上应当在收到申请之后的 30 日内作出是否展开"337 调查"的决定。② 但如果申请人提出的申请请求中包含了临时救济措施（Temporary Relief），美国国际贸易委

---

① 参见冉瑞雪：《337 调查突围写给中国企业的应诉指南》，55 页，北京，知识产权出版社，2015。
② See 19 C.F.R. § 210.10(a)(1).

员会将在35日以内作出是否立案的决定。① 在美国国际贸易委员会确认立案之后，它会将案件的基本情况登载于由美国联邦政府主办的《联邦公报》（Federal Register）之上。

2. 立案中的公共利益问题

"337调查"除了能够解决申请人与被申请人之间的贸易冲突外，它的另一大功能是保护美国的公共利益。如前文所述，即便在被申请人被确认违反"337条款"的前提下，如果排除令的颁布有损美国的公共利益，美国国际贸易委员会也可能拒绝颁布排除令。出于保护公共利益的考量，《委员会实务与程序规则》要求申请人在调查申请书中阐明其调查申请对公共利益的影响。② 美国国际贸易委员会在《联邦公报》上发出立案公告后，被申请人和社会公众有权对公共利益问题发表意见。

（二）"337调查"中的证据开示

所谓证据开示（Discovery）指的是，案件当事人向其他当事人提供其所掌握的与案件有关的所有证据，除非该证据受特权事项（Privilege）保护。③ 进行证据开示的前置工作是当事人应当采取有效措施保管相关证据，此即为当事人的证据保管义务。

1. 积极履行证据保管义务

（1）证据保管义务的定义。所谓证据保管义务指的是，当事人对与未决之案件有关或即将发生之案件有关的所有证据的保管义务。基于此项义务，疏于保管相关证据或者故意毁损证据的保管人将被认定为毁损证据（Spoliation），进而承担不利后果。在"337调查"中，各方当事人必须采取审慎措施保存与案件有关的所有证据，以落实证据保管义务之要求。

（2）证据保管义务产生的时间。当事人不仅在"337调查"开始之时负有证据保管义务。根据美国联邦第四巡回上诉法院在西尔维斯特诉通用汽车案（Silvestri v. General Motors）中的裁判观点，如果当事人合理预期相关证据可能

---

① See 19 C.F.R. § 210.10(a)(3).
② See 19 C.F.R. § 210.8(b).
③ See 28 U.S.C. § 26.

被用于未来的潜在诉讼,则当事人对该项证据产生保管义务。①

(3)履行证据保管义务的方法。如何在"337调查"中满足证据保管义务,可以参考以下四条建议。

首先,及时向员工发布证据保管通知(Legal Hold Notice)。所谓证据保管通知,在美国法中又被称为诉讼保管通知或文件保管通知,指的是企业向员工发出的要求员工妥善保管与案件有关的所有资料的通知。如果企业未能及时向员工发送证据保管通知,企业将可能构成因重大过失而未能履行证据保管义务。

其次,确定承担证据保管义务的人员范围。企业在履行证据保管义务的过程时,应当确定掌握证据材料的人员范围。需要注意的是,相关人员不仅包括与企业正保持劳动关系的员工,也包括已经离职但是掌握相关证据材料的离职员工。

再次,指派拥有专业知识的人员监督证据保管工作的落实。证据保管工作应当在专业人员的监督下完成,不能任由员工自行进行证据的搜索以及确定哪些资料属于证据保管通知中所涉及的资料。

最后,及时中止资料销毁行为。在电子化时代,企业在日常经营中所产生的各类邮件、财务记录等各类资料的数量多如牛毛,很多企业会定期销毁、删除不具有商业价值的文件,甚至开发具有自动删除功能的计算机软件。在"337调查"中,当企业负有证据保管义务时,建议企业立即停止电子数据销毁行为。②

(4)考察证据保管义务履行与否的标准。根据美国康涅狄格联邦地区法院在巴格利诉耶鲁大学案(Bagley v. Yale University)中的裁判观点,对证据保管行为的考察是基于合理性标准展开。申言之,对于当事人的保管行为是否符合合理性标准,美国康涅狄格联邦地区法院从以下六个角度予以分析。

第一,当事人何时产生了证据保管义务?

第二,当事人是否发出了证据保管通知?

第三,与当事人的证据保管义务产生的日期相关,当事人何时发出证据保管通知?

第四,证据保管通知作出了哪些要求?

---

① See Silvestri v. General Motors Corp., 271 F.3d 583 (4th Cir. 2001).
② 参见众达律师事务所:《证据保管的司法入门》,载众达律师事务所官网,https://www.jonesday.com/en/insights/2010/02/a-judicial-primer-on-litigation-holds,最后访问时间:2024年1月5日。

第五，作为对证据保管通知的回应或结果，证据保管通知的接收方如何做或如何说？

第六，在接收方收到证据保管通知以后，发出证据保管通知的当事人采取了哪些进一步的行动用于保管证据？①

（5）违反证据保管义务的不利后果。根据《美国联邦民事诉讼规则》第37条的规定，违反证据保管义务的当事人可能承担以下两个方面的不利后果：首先，违反证据保管义务的当事人可能导致对方当事人开展额外的证据搜集行动，由此而产生的律师费、第三方机构调查费用需要由违反证据保管义务的当事人承担；其次，若当事人故意违反证据保管义务，违反证据保管义务的当事人还将承担包括不利推定、缺席判决等不利后果。②

2. 证据开示的主要方式

在美国法中，证据开示的主要方式有以下六种：第一，问卷调查（Interrogatory）；第二，提供文件（Production of Documents）；第三，现场调查（Request for Entry on Land or Inspection）；第四，调取证人证言（Deposition）；第五，专家证人（Expert Witness）；第六，要求对方当事人承认（Request for Admission）。

需要注意的是，美国的证据开示程序可能与我国的《网络安全法》《个人信息保护法》《数据安全法》《数据出境安全评估办法》等信息数据保护规范相冲突。假设J国的甲公司与乙公司在我国设立生产园区并自我国的港口将产品出口至美国。为了在全球市场攫取垄断利润，甲公司与乙公司通过在我国境内的三台计算机进行信息交换活动，而这三台计算机保存了甲、乙两家公司在我国境内过百万用户的个人信息。根据美国反垄断法，甲公司与乙公司的信息交换行为涉嫌达成、实施横向垄断协议。在甲公司与乙公司因实施横向垄断行为在美国被发起"337调查"时，为了完成证据开示程序，美国要求甲、乙两家公司将上述三台计算机交付美国并接受美方检查，美国的证据开示程序将与我国的《个人信息保护法》等法律法规产生严重冲突。

在大数据时代，基于保护公民个人信息权益和维护国家网络主权等多方面因

---

① See Bagley v. Yale University, 318 F.R.D. 234 (D. Conn. 2016).

② See Fed. R. Civ. P. 37.

素的考量,我国正逐渐加强数据信息跨境传输的法律监管。企业在"337调查"中面对证据开示程序时,不仅应当考虑如何满足证据开示程序的要求,还需要注意证据开示义务的履行是否会违反我国的数据信息法律法规。

(三)"337调查"中的庭审

"337调查"中的庭审程序主要包括庭审前准备工作、开庭程序这两部分。在庭审前准备工作中,行政法法官通常会要求各方提交包括证人名单、证据清单、证据焦点及本方立场与依据等庭审前陈述(Pre-Hearing Statement)。[①] "337调查"中的开庭程序类似于美国法院中的民事诉讼程序,双方当事人会进行开庭陈述(Opening Statement)、直接询问己方证人(Direct Examination)、交叉询问对方证人(Cross Examination)等基本程序。与一般的民事诉讼不同的是,在"337调查"中的庭审程序中,代表美国公共利益的不公平进口调查办公室的律师也会参加庭审。

(四)行政法法官对"337调查"的初裁

行政法法官在收到各方的庭审总结之后,行政法法官将就当事人是否违反"337条款"作出初裁(Initial Determination),在"337调查"的相关法律文书中,通常被缩写为"ID"。

初裁将对包括是否存在不公平贸易行为、是否存在自美进口行为(对美出口行为)、申请人是否符合国内产业要求等事实问题和法律问题均作出结论。在知识产权侵权以外的不公平贸易行为中,行政法法官还需要在初裁中就美国国内产业是否受损作出裁决。初裁将在送达之日起60日后成为美国国际贸易委员会的最终裁定,除非美国国际贸易委员会在送达初裁之日起60日内决定对初裁进行复审,或通过命令改变初裁的生效日期。

(五)美国国际贸易委员会对"337调查"的复审与终裁

如前文所述,行政法法官的初裁并不必然成为美国国际贸易委员会的最终裁

---

① 参见冉瑞雪:《337调查突围写给中国企业的应诉指南》,67页,北京,知识产权出版社,2015。

决。出现以下三种情形中的任何一种，美国国际贸易委员会将根据当事人的申请或依职权启动"337调查"的复审程序：第一，初裁中包含一项明确的事实错误；第二，初裁的法律结论包含错误，例如没有遵循先例或者相关法律、规则以及滥用自由裁量权；第三，初裁将影响美国国际贸易委员会的相关政策。①

美国国际贸易委员会的复审程序极为灵活，它可以对初裁进行全面复审，也可以只对部分内容进行复审。对行政法法官的初裁，美国国际贸易委员会可以对初裁的全部结论或者部分结论作出维持、修改、撤销的复审结论，也可以将案件发回行政法法官重审。②

（六）美国总统对"337调查"的总统审查程序

自收到美国国际贸易委员会的终裁决定之日起的60日内，美国总统有权决定是否推翻终裁。需要注意的是，美国总统在"337调查"中行使的是否决权而非批准权。换言之，如果美国总统不主动否决美国国际贸易委员会作出的终裁，则美国国际贸易委员会的终裁将被自动视为获得美国总统的认可。此时，被申请人推翻美国国际贸易委员会的最后机会将仅存于美国联邦法院。

实践中，美国总统通常会支持美国国际贸易委员会的终裁，只有在少数案件中，美国总统会基于保护美国的公共利益等公共政策考量行使否决权。例如，在2013年的包括无线通信设备、便携式音乐和数据处理设备以及平板电脑在内的特定电子设备案中，作为被申请人的苹果公司被美国国际贸易委员会判决败诉之后，以公共利益为由申请美国总统否决美国国际贸易委员会的终裁。由于此案涉及的标准必要专利将影响创新等经济政策，时任美国总统奥巴马行使否决权否决了美国国际贸易委员会对该案的终裁。③

在美国总统对终裁结论进行审查期间，"337调查"的被申请人可以通过向美国国际贸易委员会提交保证金的方式继续进口被指控违反"337条款"的产品，保证金的金额为被申请人继续从事进口行为获得的收益。

---

① See 19 C.F.R. § 210.43(b).
② See 19 C.F.R. § 210.45(c).
③ 参见特定电子设备案，案件号：337-TA-794。

五、对垄断行为发起"337调查"的条件

如前文所述,根据"337调查"所涉及的不公平贸易行为的类型为划分标准,"337调查"可以分为两大类:侵犯注册知识产权类不公平贸易行为引发的"337调查"和非注册知识产权类不公平贸易行为引发的"337调查"。前者指的是经营者在对美出口贸易中实施的侵犯在美国已注册生效的知识产权,主要包括已在美国生效的专利、已在美国登记的著作权、已在美国注册的商标以及掩膜作品(Mask Work)。后者指的是除了上述知识产权侵权以外的不公平出口贸易行为,这种"337调查"所涉及的不公平贸易行为的种类极其繁多,常见的有侵犯商业秘密行为、垄断行为、虚假广告等。在垄断行为发起的"337调查"中,申请人必须证明被申请人满足以下四项构成要件,方有赢得"337调查"之可能:第一,对美出口行为要件;第二,国内产业要件;第三,产业损害要件;第四,垄断行为要件。

(一)对美出口行为要件

"337条款"规制的是美国在进口贸易中的不公平贸易行为。美国的进口贸易即其他国家或地区对美国的出口贸易。因此,对美出口行为要件要求申请人证明被申请人实施了对美出口涉案产品的行为。在"337条款"的视角下,对美出口行为主要有三种类型:

第一,将侵权产品出口至美国。

第二,在美国市场中销售已出口至美国的侵权产品。

第三,为了将侵权产品出口至美国而进行的销售行为。在这种情形中,在明知经销商计划将侵权产品出口至美国的情况下,生产商向经销商销售侵权产品的行为也将构成"337条款"中的对美出口行为。

根据近年来的执法实践,"337调查"中对美出口行为要件并非一个高门槛的要件。将侵权产品带入美国境内,足以构成对美出口行为。[①] 此外,对美出口行为并非需要已经确实发生,为未来的出口贸易而达成商业合同的行为也足以构

---

① 参见数字机顶盒案,案件号:337-TA-712。

成对美出口行为。① 还需要注意的是，产品在美国展览也可能构成"337条款"中的对美出口行为。②

根据对美出口行为的不同表现形式，实施出口行为的主体既可以是生产侵权产品的生产商，也可以是侵权产品的经销商，以及他们二者的代理人。

（二）国内产业要件

所谓的国内产业要件（Domestic Industry）指的是，申请人必须证明申请人已在美国境内建立相关产业或申请人筹建的相关产业正处于建设过程中。在侵犯注册知识产权类不公平贸易行为引发的"337调查"中，国内产业要件包含了经济角度的国内产业要件（Economic Prong）和技术角度的国内产业要件（Technical Prong）。在非侵犯注册知识产权类不公平贸易行为引发的"337调查"中，美国国际贸易委员会仅要求申请人从经济角度证明国内产业的存在。垄断行为引发的"337调查"属于后者。因此，在垄断行为引发的"337调查"中，申请人仅需要从经济角度证明申请人已在美国境内建立相关产业或申请人筹建的相关产业正处于建设过程中。具体而言，在垄断纠纷引发的"337调查"之中，申请人可以从以下三个角度证明美国国内产业的存在。

第一，在美国对工厂、设备有重大投资。

第二，在美国大量进行资本活动或者大量使用劳动力。

第三，在美国对知识产权进行重大投资，包括工程、研发和许可。

（三）产业损害要件

与侵犯注册知识产权类不公平贸易行为引发的"337调查"相比，非注册知识产权类不公平贸易行为引发的"337调查"最大的不同之处在于，在此类"337调查"中，申请人必须证明不公平贸易行为对美国的国内产业产生危害。而在侵犯注册知识产权类不公平贸易行为引发的"337调查"中，产业危害存在与否并非申请人必须证明的事实。根据"337条款"的规定，申请人可以从以下三个角

---

① 参见变速风力涡轮机案，案件号：337-TA-376.
② 参见安赛蜜钾和混合物案，案件号：337-TA-403；粉末预成型工艺磨料产品案，案件号：337-TA-449；人类生长激素案，案件号：337-TA-358.

度证明产业损害要件：

第一，摧毁或者实质性地损害美国国内特定产业。

第二，阻止某一特定产业的建立。

第三，限制或者垄断美国国内的贸易或者商业。①

对于产业危害要件的考察，美国国际贸易委员会利用销售损失等指标作为考察产业损害的分析因素。同时，美国国际贸易委员会也会考察被指控的进口产品的市场现状以及据称受其损害的美国产业的具体情况。②

（四）垄断行为要件

在垄断纠纷引发的"337调查"中，申请人需要证明被申请人在对美出口贸易中实施了违反美国反垄断法的垄断行为，此即为垄断行为要件。美国反垄断法所规制的横向垄断协议、纵向垄断协议、企图垄断化、垄断化等各类垄断行为均可以成为引发"337调查"的不公平贸易行为。

如前文所述，在私人发起的反垄断民事诉讼中，原告不仅需要证明垄断行为的存在，还需要证明垄断行为对原告造成了反垄断损害。在垄断行为的证明责任问题上，"337调查"与私人发起的反垄断民事诉讼类似，对申请人提出了证明被申请人所实施的垄断行为已对申请人造成反垄断损害之要求。③

需要注意的是，在垄断纠纷引发的"337调查"中，对反垄断损害进行考察时应当分析案件中的垄断行为对市场竞争的影响，但竞争效果分析的适用范围并不局限于反垄断损害问题。在垄断纠纷引发的"337调查"中，对公共利益问题进行考察也需要进行竞争效果分析。在公共利益问题中，对竞争效果予以分析是为了考察美国国际贸易委员会颁布贸易救济措施的合理性与必要性，这里的竞争效果分析之目的指向的是美国国内的公共利益。在反垄断损害问题中，对竞争效果的分析则是为了确认被指控的行为是否构成违反美国反垄断法的垄断行为，这里的竞争效果分析之目的指向的是申请人的私人利益。因此，不能将公共利益问题中的竞争效果分析与反垄断损害问题中的竞争效果分析混为一谈，更不能以前

---

① See 19 U.S.C. § 1337(a)(1)(A).
② See Corning Glass Works v. U.S. Intern. Trade, 799 F.2d 1559 (Fed. Cir. 1986).
③ See TianRui Group Co. v. International Trade Commission, 661 F.3d 1322 (Fed. Cir. 2012).

者代替后者用于免除申请人证明反垄断损害的举证责任。[①]

六、实施垄断行为违反"337条款"的法律责任

以《谢尔曼法》为代表的美国反垄断法对垄断行为的实施者设置的法律责任主要是以有期徒刑和刑事罚金为代表的刑事处罚和以三倍民事赔偿为代表的民事赔偿责任。"337条款"与《谢尔曼法》不同,违反"337条款"的不利后果既不包括刑事处罚,也不包括民事赔偿。实施垄断行为违反"337条款"的不利后果主要有三大类:排除令、制止令和临时救济措施。

(一)排除令

排除令(Exclusion Order)是当事人违反"337条款"可能承担的最为严重的法律后果,一旦颁发排除令,将导致相关产品无法进入美国市场。以排除令的适用范围为划分标准,可以分为有限排除令(Limited Exclusion Order)和普遍排除令(General Exclusion Order)。排除令的执行主体是美国海关和边境保护局(U.S. Customs and Border Protection,CBP)。

有限排除令禁止被申请人生产、销售、出口的涉案产品进入美国,而普遍排除令的适用对象不仅包括被申请人的涉案产品。普遍排除令针对的是全球范围内所有违反"337条款"的产品,无论该产品的生产者、销售者、出口商是否被列为案件中的被申请人。

相较于有限排除令,普遍排除令对美出口贸易的限制效果更为明显。因此,美国国际贸易委员会对颁布普遍排除令更为谨慎。在"337调查"中,若申请人请求美国国际贸易委员会颁布普遍排除令,申请人需要对颁布普遍排除令的必要性予以充分论证。以碳钢合金案为例,申请人试图通过论证有限排除令可能被轻易规避进而得出颁布普遍排除令具备充分必要性的结论,这一论证思路极为契合普遍排除令的适用条件。虽然该案中的申请人妄加指控对我国钢铁企业在对美出口贸易中实施垄断行为,但申请人请求美国国际贸易委员会颁布普遍排除令的论

[①] 参见碳钢及合金钢案,案件号:337-TA-1002。

证逻辑却值得借鉴。

（二）制止令

除了排除令，美国国际贸易委员会还可以颁布制止令（Cease and Desist Order）用于制裁违反"337条款"的经营者。在"337调查"中，排除令主要为了防止尚未进入美国市场的违法产品被引进美国市场，而制止令是为了阻止已经进入美国市场的违法产品继续在美国流通。除了适用对象不同以外，排除令与制止令的另外一处区别在于执行主体的差异。排除令是由美国国际贸易委员会颁布，由美国海关和边境保护局执行，而制止令是由美国国际贸易委员会自行执行。

在制止令颁布生效之后，拒绝遵守制止令继续在美国销售违反"337条款"产品的经营者将被处以罚款并没收上述非法销售的产品，罚款金额最高不超过每日10万美元或所销售或进入美国之产品在美国价值的两倍。①

（三）临时救济措施

即便在美国国际贸易委员会作出被申请人违反"337条款"的结论之前，申请人也可以请求美国国际贸易委员会暂时性地制止申请人实施的被指控的行为，这种救济措施被称为临时救济措施（Temporary Relief）。"337调查"中的临时救济措施规则类似于我国《民事诉讼法》中的行为保全措施。②二者都是在裁判机关对纠纷作出最终裁判之前，对被指控的一方的行为予以限制的救济措施。在"337调查"中，临时救济措施的类型包括临时制止令（Temporary Cease and Desist Order）和临时排除令（Temporary Exclusion Order）。

美国国际贸易委员会对提请发起临时救济措施动议的时间点有严格的要求。自美国国家贸易委员会启动"337调查"程序之时起，申请人即刻丧失提请临时救济措施的机会。③申请人发起临时救济动议时，必须向美国国际贸易委员会说明颁布临时救济措施的必要性、案件的事实情况、相关证据情况以及保证金的金额等信息。

---

① See 19 U.S.C. § 1337(f)(2).
② 参见《中华人民共和国民事诉讼法》第一百条。
③ See 19 C.F.R. § 210.57.

被申请人在收到申请人的临时救济措施动议之后的10日内,被申请人有权对申请人的临时救济措施动议予以回应,这种回应的内容通常是反驳申请人的临时救济措施动议。① 被申请人通常会从以下四个维度反对临时救济措施:第一,申请人欠缺在"337调查"中胜诉的可能性;第二,即使美国国际贸易委员会拒绝颁布临时救济措施,被申请人也不会遭受损害;第三,基于美国的公共利益,请求美国国际贸易委员会拒绝颁布临时救济措施;第四,考察采取临时救济措施对被申请人的负面影响是否更大。

七、"337调查"与司法诉讼的衔接

(一)对"337调查"的上诉

根据司法的终局性特征,美国国际贸易委员会作出的终裁仍然受到美国联邦法院的监督。包括申请人、被申请人以及加入"337调查"的第三方。当它们的利益受到"337终裁"的不利影响时,任何一方均有权在最终裁决生效后的60日内向位于美国哥伦比亚特区的联邦巡回上诉法院提起上诉。② 对美国国际贸易委员会终裁中的事实问题和法律问题,该法院均有权予以审查。

(二)"337调查"与平行诉讼

"337调查"中的平行诉讼指的是申请人向美国国际贸易委员会提交"337调查"申请的同时又向美国联邦地区法院就同一案件发起民事诉讼,这种诉讼被称为平行诉讼(Parallel Litigation)。在"337调查"中,当事人发起平行诉讼的目的之一是获取民事赔偿。申言之,与民事诉讼不同,被申请人承担违反"337条款"的不利后果并不包括民事赔偿责任。"337调查"中的申请人通过发起平行诉讼的方式以期获得三倍反垄断民事赔偿。

在面对平行诉讼时,"337调查"中的被申请人,也即平行诉讼中的被告,可以根据美国的民事诉讼规则,向美国联邦法院提起中止平行诉讼的动议,即请

---

① See 19 C.F.R. § 210.59.
② See 19 U.S.C. § 1337 (c).

求美国联邦法院中止平行诉讼程序。当平行诉讼的诉讼请求与"337调查"中的调查请求并不完全一致时，美国联邦地区法院必须中止审理平行诉讼与"337调查"中相重合的争议点，直到"337调查"程序终结。[①] 对于平行诉讼中额外的争议点，美国法并不强制要求美国联邦地区法院中止审理。相反，美国联邦地区法院从以下三个角度考察中止审理的必要性与合理性：

第一，法院准予中止审理平行诉讼可能造成的损害。

第二，继续审理平行诉讼可能导致一方当事人遭受不利后果或对其不公平。

第三，案件中止使得的案件争议点、案件证据、法律问题的简化或复杂化，以此衡量司法程序的有序进行。[②]

[①] See 28 U.S.C. § 1659(a).

[②] See Landis v. North American Co., 299 U.S. 248 (1936); Formfactor, Inc. v. Micronics Japan Co., No. CV-06-07159 JSW (N.D. Cal. Feb. 11, 2008).

第六章
美国反垄断法中的抗辩事由

本 章 提 示

即使实施了违反美国反垄断法的垄断行为,被告仍然有机会主张各类抗辩事由以免受美国反垄断法的实际制裁。以抗辩事由的法理依据为划分标准,大致可以将这些反垄断抗辩事由分为三大类:第一,与国家主权有关的抗辩事由,譬如国家行为抗辩。第二,与垄断行为本身有关的抗辩事由,譬如经济学证据抗辩。第三,与美国宪法、刑事诉讼法有关的抗辩事由,譬如禁止双重危险抗辩。本书选取了美国反垄断法中较为常见的11种抗辩事由,并结合相关案例及学说对它们的概念、适用条件、适用例外予以阐释。

第一节　国际礼让抗辩

一、国际礼让抗辩概述

国际礼让抗辩是基于国际礼让原则提出的一种抗辩。如本书第一章第四节中所述,国际礼让原则分为消极礼让和积极礼让,这是一种学理分类。在美国的反垄断实务中,国际礼让原则被划分为立法礼让(Prescriptive Comity)与司法礼让(Adjudicative Comity)。

在哈特福德火灾保险公司案中,时任美国联邦最高法院大法官斯卡利亚

（Antonin Gregory Scalia）于他的异议中提出了立法礼让原则，用于形容"主权国家通过限制各自法律的适用范围而给予彼此的尊重"这一现象。斯卡利亚大法官在他的异议意见中指出，立法礼让是对美国国会立法权的一种限制，"当美国法与国际法的原则相冲突时，美国法不应当被解释为用于规制涉外人员或涉外行为"。①

在美国联邦最高法院于2004年裁判的霍夫曼公司诉恩帕格兰案（F. Hoffman-LaRoche, Ltd. v. Empagran S.A.）中，斯卡利亚大法官的上述异议在该案中为美国联邦最高法院所采纳。根据美国联邦最高法院8名大法官对本案一致判决（Unanimous Decision），他们指出"法院应当推定立法机关在制定法律时将其他国家的主权利益纳入考量从而帮助不同国家可能相互冲突的法律和谐地协同工作"。②

虽然立法礼让这一术语之名称于20世纪90年代方提出，但是其所蕴含的核心理念早在距今100多年前的美国香蕉公司案中为霍姆斯大法官所阐释。对于美国联邦最高法院拒绝管辖域外垄断行为的法理依据，霍姆斯大法官指出，对本案中的被告"如果适用美国法而非行为地法律，不仅是非正义的，而且会干预其他国家主权，有违国家间的礼让，可能造成其他国家的不满"。

所谓的"司法礼让"指的是，美国法院对他国法院的礼让。美国学者道奇（William Dodge）指出，在美国法的语境中，司法礼让的核心内涵主要有两个部分：第一，为他国提供司法援助以帮助其获得美国境内证人的证言；第二，美国法院基于审慎穷尽原则（Prudential Exhaustion Doctrine）、不方便法院原则（Forum Non Conveniens Doctrine）等诉讼规则对美国法院管辖权予以自我限制，用于缓解跨国平行诉讼所带来的冲突。③

在涉及反垄断域外管辖的司法实践中，出于对他国主权的尊重，美国法院有权决定是否应当基于国际礼让原则放弃对该案的域外管辖，这里的国际礼让原则指的是立法礼让，也即本书所称的国际礼让抗辩。

---

① See Hartford Fire Ins. Co. v. California, 509 U.S. 764 (1993) (Scalia, J., dissenting).
② See F. Hoffmann-La Roche Ltd v. Empagran S.A., 542 U.S. 155 (2004).
③ See William Dodge, "International comity in American law", *Columbia Law Review,* (115)2015, 2071.

二、国际礼让抗辩的适用条件

如本书第三部分所述,自 20 世纪中后期起,美国法院采取了多种适用标准以判断国际礼让规则是否应当适用于反垄断域外管辖类案件以阻止美国法院实施反垄断法域外管辖权。在这一系列的案件中,维生素 C 垄断案具有里程碑式的意义,故本书选择以此案来阐释国际礼让抗辩的适用条件。

美国联邦第二巡回上诉法院在维生素 C 垄断案中对国际礼让原则形成了不同于以往的适用标准:将廷布莱恩木材公司案、曼宁顿米尔斯公司案中的利益平衡规则和哈特福德火灾公司案中的真实冲突规则相结合,形成了以真实冲突规则为主,以利益平衡规则为辅的判断标准。具体而言,根据美国联邦第二巡回上诉法院在维生素 C 垄断案中的观点,被告以国际礼让原则主张抗辩时,必须证明美国法与涉案国家的法律存在真实冲突,这种真实冲突的存在是国际礼让原则适用的基石。在此基础上,被告还需要证明包括当事人的国籍在内的相关因素也支持美国法院放弃对案件的管辖权。

(一)真实冲突规则的判断标准

真实冲突指的是美国与相关国家的法律规范之间所产生的矛盾达到不可调和的程度。对于真实冲突的判断,美国法院适用的是"两步走"的分析思路:第一步,查明外国法。判断涉案国家的法律是否要求被告从事违反美国反垄断法的行为。第二步,判断双边合规的可能性。在查明涉案国家的法律要求被告从事违反美国反垄断法的行为后,美国法院需要考察被告是否具有同时遵守美国反垄断法与涉案国家法律的可能性。若被告无法同时遵守两国法律,美国与涉案国家之间便存在真实冲突。真实冲突规则的适用条件也因此得以满足。

1. 外国法查明

在美国法中,外国法查明制度的主要法律依据是《联邦民事诉讼规则》(*Federal Rule of Civil Procedure*)第 44.1 条。根据该条款的规定,外国法查明制度的主要内容包括以下三个方面:"第一,当事人如果要主张适用外国法,必须及时通知法院和对方当事人,通知可以以起诉状、答辩状或者其他书面形式作出;第二,法官查明外国法时,可以考虑任何相关资料和渊源,包括证人证言,不管这些资料和渊源是否由当事人提交，以及根据《联邦证据规则》是否可以作为证据接受；第三，法院对外国法的决定是一个关于法律问题的判决。"①

在维生素 C 垄断案中，根据《联邦民事诉讼规则》第 44.1 条，在对其他涉案国家的法律进行查明以判断其是否要求被告从事违反美国反垄断法的行为时，美国联邦第二巡回上诉法院主要从以下三个维度进行考察：第一，对涉案国家法律进行文本分析，即是否能够从法律条文本身得出其他涉案国家法律要求被告从事违反美国反垄断法的行为这一结论；第二，对行业数据等其他相关证据材料的审查，即其他相关证据材料是否能够与第一项审查要点相互印证；第三，对涉案国家的政府声明进行审查，即美国法院是否应当采信中国政府作出的法庭之友陈述（Amicus Brief）。②

（1）对涉案国家法律的审查。美国法院对外国法这一概念的理解较为宽泛和灵活。外国法的范围并不仅限于一国立法机关所制定的法律，还包括其他依法制定并具有普遍约束力的政策性文件。在维生素 C 垄断案中，虽然对外贸易经济合作部③、国家医药管理局④、海关总署出台的《关于加强维生素 C 生产、出口管理有关事项的通知》⑤等规范性文件（以下简称规范性文件）并非全国人大制定的成文法，但美国联邦第二巡回上诉法院将上述规范性文件认定为我国的法律。在此基础上，通过对以上规范性文件的文本进行考察，美国联邦第二巡回上诉法院认为上述规范性文件从字面上表明我国法律曾要求维生素 C 企业规定产

---

① 参见甘勇：《维生素 C 反垄断案中的外国法查明问题及对中国的启示》，载《国际法研究》，2019（4）。
② "法庭之友"（Amicus Curiae）制度肇始于古罗马法，发展于英国普通法，而后被移植入美国法中并得以繁荣，该制度的核心内涵是指法院在审理案件的过程中允许当事人以外的个人、组织利用自己的专门知识，就与案件有关的事实或法律问题进行论证并作出书面论证意见书，向法官提供尚未知悉的证据事实及与法律问题有关的信息以帮助法院作出公正的裁决，此即为"法庭之友陈述"。
③ 对外经济贸易合作部是商务部的前身。在 2003 年 3 月，第十届全国人民代表大会第一次会议决定在对外贸易经济合作部和原国家经济贸易委员会的基础上组建商务部。
④ 国家医药管理局是国家食品药品监督管理局的前身，在 1998 年 3 月，由原国家经济委员会下属的国家医药管理局，合并卫生部药政司，再吸收国家中医药管理局的部分职能，成立国家药品监督管理局。经过国务院机构改革，在国家药品监督管理局基础上组建国家食品药品监督管理局。
⑤ 参见商务部：对外贸易经济合作部、国家医药管理局《关于加强维生素 C 生产、出口管理有关事项的通知》，https://www.mofcom.gov.cn/article/b/bf/200207/20020700031249.shtml，最后访问时间：2024 年 1 月 6 日。

品价格以期达到规范市场秩序、防范反倾销纠纷的目的。

（2）对其他相关证据材料的审查。在分析真实冲突的存在与否时，美国法院并非单独依靠涉案国家的法律文本，其也会对与案件有关的其他证据材料进行考察用于判断涉案国家的法律是否能够与其他证据材料相互印证。在维生素 C 垄断案中，行业数据、企业的会议记录等证据材料表明前述的规范性文件在维生素 C 出口贸易中得到了执行。

（3）对涉案国家政府声明的审查。在维生素 C 垄断案中，我国商务部以"法庭之友"的身份向美国法院提交书面声明，明确告知美国法院被指控的中国企业所实施的行为是根据我国政府的要求所做出，符合我国当时的出口管理规范。

以何种标准对待我国商务部作出的"法庭之友陈述"成为本案的争议点之一。维生素 C 垄断案的一审法院美国纽约南区联邦地区法院采取了"实质性尊重说"（Substantial Deference）。该理论认为，美国联邦法院虽然应当尊重我国商务部对我国出口管制规则的解释与说明，但我国商务部的声明并不具备结论性的地位。与之不同的是，美国联邦第二巡回上诉法院持"结论性尊重说"（Conclusive Deference）。该理论认为，当我国政府对本国法律的解释与说明具有合理性时，美国联邦法院应当赋予该政府声明以结论性的地位。

对于该项争议，美国联邦最高法院 9 名大法官以 9∶0 的结果一致站在了"实质尊重说"一方。美国联邦最高法院的裁判依据主要有以下两点：第一，对于外国政府对其自身法律的解释与说明，美国联邦法院并非必须遵从。第二，美国联邦法院对外国政府声明的审查并非局限于外国政府和案件当事人所提供的资料，美国联邦法院可以结合其他任何与案件有关的资料用于判断外国政府声明的合理性与真实性。[①]

在维生素 C 垄断案中，根据美国联邦最高法院的指示，美国联邦第二巡回上诉法院根据以下五项标准来判断是否应当采信外国政府声明：第一，外国政府声明的清晰度、完整度及是否能用于证明外国法律要求被告实施违反美国反垄断法的行为；第二，外国政府作出声明的目的；第三，作出声明的具体部门之职权是否与案件具备重要联系；第四，外国法律体系的透明度；第五，外国政府声明

---

① See Animal Science Products, Inc. v. Hebei Welcome Pharmaceutical Co., 585 U.S. _ (2018).

与外国政府立场的一致性。

就重要性而言,外国法律的透明度这项标准的重要性相对弱于其他四项标准。在维生素 C 垄断案中,虽然美国联邦第二巡回上诉法院对我国法律体系的透明度存有偏见,但通过考察其余四项标准,美国联邦第二巡回上诉法院认为,关于声明的内容,我国商务部的声明翔实、清晰且能够用于论证被告是被我国政府要求从事违反美国反垄断法的行为;关于声明的主体,该案涉及国际贸易纠纷,我国商务部作为我国管理进出口贸易的行政部门,它的职能与该案的纠纷具有重要联系;关于声明的目的,作为管理我国进出口贸易的职能部门,我国商务部作出此项"法庭之友"声明的目的是利用国际礼让原则维护我国企业在对美出口贸易中的合法权益,这在目的上具有合理性。除此之外,通过考察我国政府在 2000 年前后对国际贸易的管理活动,美国联邦第二巡回上诉法院也未发现我国商务部的声明与我国的出口贸易管理实践之间具有相互矛盾之处,这也增强了上述声明的可信度。

综上所述,美国联邦第二巡回上诉法院认定我国商务部的声明能够证明我国法律曾要求被告从事违反美国反垄断法的行为以期达到维护我国外贸秩序的目的。最终,美国联邦第二巡回上诉法院作出了采纳我国商务部声明的判决。

2. 判断双边合规的可能性

对于双边合规可能性的判断,美国法院的审查标准重"里"而轻"表",即美国法院考察这种可能性是否在实践中真实存在。在维生素 C 垄断案中,虽然被告在表面上有权自由退出我国政府组织成立的维生素 C 行业协会,但被告作为中国企业仍承担接受我国政府管理的法定义务。因此,在被告根据我国政府的命令实施违反美国反垄断法的贸易协调行为时,被告无法同时遵守我国出口管制法律规范和美国反垄断法而因此陷入两难境地。

(二)利益平衡规则的判断标准

在以真实冲突规则为主,以利益平衡规则为辅的判断标准中,当美国法与涉案国家的法律存在真实冲突以后,美国法院还需要考察包括当事人的国籍在内的其他相关因素是否支持国际礼让原则以排除美国法院对特定案件的管辖。对其他相关因素的考察主要是基于两个角度:第一,将涉案垄断行为与美国的关联度和涉案垄断行为与涉案其他国家关联度进行比较，分析涉案垄断行为与哪一个国家的关联度更强；第二，涉案垄断行为是否影响美国的国家利益。

在美国反垄断法域外管辖权问题中，利益平衡规则的判断标准起源于20世纪70年代的廷布莱恩木材公司案。在该案中，美国联邦第九巡回上诉法院分析了包括法律冲突、相关人员的国籍在内的七个分析要素以判断国际礼让原则是否支持美国反垄断法对此案实施域外管辖。在之后的曼宁顿米尔斯公司案中，美国联邦第三巡回上诉法院在廷布莱恩木材公司案的基础上，提出了十个分析要素用于判断国际礼让原则是否支持美国反垄断法对案件的域外管辖。①

以真实冲突规则为主，以利益平衡规则为辅的判断标准是将美国法与外国法之间的法律冲突作为一项更为重要的分析因素进行单独分析。因此，在维生素C垄断案中，美国联邦第二巡回上诉法院在适用利益平衡规则时，是对真实冲突以外的相关因素进行综合考察。② 在具体适用中，美国法院可以忽略与特定案件不具备关联性的分析因素。以维生素C垄断案为例，美国联邦第二巡回上诉法院分析了以下五个与案件有关的因素，用于考察除法律冲突以外的相关因素是否支持美国反垄断法对该案的域外管辖。

1. 当事人的国籍与垄断行为的位置

国籍因素对美国法院行使域外管辖权的影响体现在，如果当事人的国籍是美国国籍或者当事人在美国拥有经常居住权，则国籍因素将支持美国法院行使域外管辖权。反之，若当事人不拥有美国国籍或不居住在美国，则美国法院行使域外管辖权的正当性因国籍因素减弱。在维生素C垄断案中，所有的被告均是我国企业，它们的总部和主营业地也均在我国境内。因此，在本案中，国籍因素支持

---

① 美国联邦第三巡回上诉法院在曼宁顿米尔斯公司案中提出的十个分析要素：（1）（美国法）与外国法、政策的冲突程度；（2）当事人的国籍；（3）被指控的违法行为对美国的相对重要性和对涉案国家的相对重要性的比较；（4）在美国之外发起诉讼与获得法律救济的可行性；（5）是否存在损害美国商业的意图或者影响以及这种存在的可预见性；（6）如果（美国）法院对案件行使管辖权并予以救济，是否会影响对外关系；（7）如果给予法律救济，是否会使当事人陷入（两难）境地：不得不执行（案件中涉及的）任一国家视为非法的行为，同时受到两国相互冲突的法律所规制。；（8）法院是否能够使其所颁布的命令产生效果；（9）如果外国在类似的情况下颁布救济命令，美国是否会接受该救济命令；（10）与受影响国家签订的条约是否解决了礼让问题。
② 在维生素C垄断案中，曼宁顿米尔斯公司案中所列出的十项相关因素中的国际条约因素并未与本案有关。因此，美国联邦第二巡回上诉法院仅就与案件相关的因素展开了分析。

美国联邦第二巡回上诉法院驳回此案。

位置因素指的是涉案行为的行为地,当涉案行为完全发生在美国境外时,美国法院行使域外管辖权的正当性将因此减弱。在维生素 C 垄断案中,涉案的贸易协调行为发生在我国境内。因此,位置因素同样支持美国法院驳回此案。

2. 美国法执行的有效性和替代性的法律救济

当美国法院对特定案件行使域外管辖权后能够使得美国法得到良好的执行,则法律执行有效性因素将支持美国法院行使域外管辖权。在维生素 C 垄断案中,美国法院一旦对本案行使管辖权,其将有可能判决被告支付三倍赔偿并颁布永久禁令(Permanent Injunction)。一方面,三倍赔偿和永久禁令可能产生一定的威慑效果,这是美国法院对维生素 C 垄断案行使管辖权的积极影响。但在另一方面,我国政府在 2000 年前后对被告等维生素 C 企业的出口管制活动既合法且合理。一旦判决被告支付三倍赔偿并颁布永久禁令,这一缺乏公正性的判决将无法得到我国政府的认可与执行。因此,美国联邦第二巡回上诉法院认为对维生素 C 垄断案行使管辖权的最终效果并不明确。基于上述考量,美国联邦第二巡回上诉法院认为,美国法执行的有效性和替代性的法律救济这一因素无法成为支持美国法院在此案中行使域外管辖权的理由,也不构成美国法院驳回维生素 C 垄断案的依据。

3. 对美国商业造成可预见性的损害

当被告在美国境外实施垄断行为时,如果被告已经预见该行为将损害美国的商业,则可预见性因素将支持美国法院实施域外管辖。在维生素 C 垄断案中,我国政府在协调维生素 C 企业的出口活动时提出了减少反倾销争端和提升我国维生素 C 产品国际竞争力的合理目标。美国联邦第二巡回上诉法院认为,上述政策目标说明被告在参与维生素 C 生产、出口协调活动时已具有损害美国商业的预期。因此,可预见性因素支持美国法院对被告行使域外管辖权。

4. 对等性

在利益平衡规则的判断标准中,对等性(Reciprocity)指的是美国法院应考虑到如果美国企业由于遵从美国政府的指令在对华贸易中参与垄断行为,而在中国法院面临反垄断诉讼时,美国政府同样会期望中国法院按照国际礼让原则给予美企适度的保护。简言之,对等性的核心内涵是中美两国互惠互利、相互尊重。当美国企业处于被告所面临的两难困境时，它们必然也会主张国际礼让抗辩。因此，在维生素C垄断案中，对等性因素倾向于支持美国法院驳回此案。

5. 对外交关系可能产生的影响

美国反垄断法域外管辖将美国反垄断法的管辖范围扩展至美国境外的其他国家，这必然导致美国法对他国主权的介入进而影响美国的外交关系。在评估美国反垄断法域外管辖对美国外交关系的影响时，美国联邦第二巡回上诉法院在维生素C案中主要从以下三个角度对外交关系因素予以分析：第一，我国政府对维生素C案的态度。第二，以美国总统为代表的行政分支对维生素C垄断案所涉及的外交问题之态度。第三，若美国政府中的行政分支态度不明，美国法院应当如何分析维生素C垄断案中的外交关系因素。

（1）我国政府对维生素C垄断案的态度。在维生素C垄断案中，我国商务部首次以"法庭之友"的身份介入美国法院的司法活动之中，这一举措被美国法院视为极为罕见的现象。根据我国商务部作出的"法庭之友"陈述，维生素C垄断案被我国政府视为对我国主权的威胁。美国联邦第二巡回上诉法院据此认为，一旦美国法院作出支持原告的判决，巨额的反垄断赔偿和永久禁令将导致中美关系的进一步恶化。

（2）美国政府中的行政分支对维生素C垄断案所涉及的外交关系问题之态度。由于美国实行三权分立的国家权力运行机制，处理外交事务的权力主要归属于以美国总统为代表的行政分支。因此，对于诉讼中所涉及的外交关系问题，美国法院对行政分支处理外交事务的权力是极为尊重的，以防出现司法权僭越行政权的问题。

在维生素C垄断案中，这种审慎态度体现为美国联邦第二巡回上诉法院明确表示它并不具备评估双边、多边外交关系的能力。申言之，美国联邦第二巡回上诉法院是希望负责美国外交事务的美国国务院对维生素C垄断案中的外交关系问题作出明确的说明。但美国国务院并未表示是否支持美国法院管辖此案。

（3）在行政分支未提供分析外交关系因素的审查标准时，美国法院对外交关系因素的分析思路。由于美国国务院对该案中所涉及的中美关系问题并未明确表明态度，美国联邦第二巡回上诉法院不得不另寻他径。在行政分支没有提出相反意见的情况下,基于避免中美两国间的冲突与分歧的考量,美国联邦第二巡回上诉法院根据反域外效力推定(The Presumption against Extraterritoriality),判决外交关系因素支持美国法院基于国际礼让原则驳回此案。

综上所述,在中美两国的法律存在真实冲突的前提下,国际礼让原则中的其他相关因素在整体上也支持美国法院驳回维生素 C 垄断案。因此,美国联邦第二巡回上诉法院作出了要求地方法院驳回此案不得再诉(Dismiss the Complaint with Prejudice)的指令。

维生素 C 垄断案为我国企业提供了一个利用国际礼让原则维护自身合法权益的典范性案例。然而,需要注意的是,国际礼让原则的适用条件极为复杂,且美国法院在外国法查明等问题上具有较高的自由裁量权,上述因素大大增加了我国企业利用国际礼让原则维护自身合法权益的难度。

第二节 外国主权强制抗辩

一、外国主权强制抗辩的概述

外国主权强制抗辩的法理依据是外国主权强制原则(Foreign Sovereign Compulsion Doctrine)。根据外国主权强制原则,当企业面临外国政府的处罚而实施违反美国法律的行为时,美国不得对其予以处罚。法谚有云"法律不强人所难"。当企业面对外国政府的强制处罚而被迫违反美国法时,若对此类企业予以处罚,则有强人所难之嫌。外国主权强制原则正是法律不强人所难的一种体现。此外,外国主权强制原则的另一大功能是缓解主权国家之间的法律冲突。

二、外国主权强制抗辩的适用条件

根据美国司法部和联邦贸易委员会共同制定的《国际反垄断执行与合作指引》(Antitrust Guidelines For International Operations)和相关的判例,本书将外国主权强制抗辩的适用条件总结为以下三个部分:第一,外国政府处罚要件;第二,主观善意要件；第三，地域范围要件。

（一）外国政府处罚要件

该要件要求主张外国主权抗辩的企业证明其所实施的违反美国反垄断法的行为是由于外国政府的强制所产生。申言之，若企业拒绝实施违反美国反垄断法的行为，则该企业将遭受外国政府的处罚，此即为外国政府处罚要件。对外国政府处罚要件的理解有以下三点需要注意。

第一，外国政府所实施的处罚之类型并不仅限于刑事处罚。外国政府剥夺或中止企业从事特定商业活动的资质同样属于外国主权强制抗辩中的处罚行为。以泛美炼油公司诉德士古马拉开波公司案（Interamerican Refining Corp. v. Texaco Maracaibo, Inc.）为例，委内瑞拉政府以暂停被告跨国运输石油的资格相威胁要求被告从事违反美国反垄断法的行为，这足以构成外国主权强制抗辩中的外国政府处罚要件。[1]

第二，外国主权强制抗辩中的外国政府处罚应当具有现实可能性。换言之，企业所主张的处罚如果仅仅是躺在纸面上而得不到真正的落实时，这种所谓的"处罚"将不足以满足外国主权抗辩中的外国政府处罚要件。以美国诉布罗迪案（United States v. Brodie）为例，被告认为加拿大、英国政府的阻断法（Blocking Statutes）导致被告无法遵守美国对古巴的贸易管控法律，这使得被告符合外国主权强制抗辩。但由于没有证据证明加拿大、英国政府曾对违反阻断法的行为发起诉讼，美国法院因此判决被告所面临的处罚并不具有现实可能性。也因此，被告并不满足外国主权强制抗辩的构成要件。[2]

第三，外国政府所实施的处罚必须基于国家公权力。在实务中，外国政府参与跨境垄断行为时，它的身份可以是国家公权力组织，它也可以通过国有企业以商业组织的身份参与其中。若外国政府以商业行为的方式组织企业参与垄断行为，则外国政府处罚要件将无法得到满足。

---

[1] See Interamerican Refining Corp. v. Texaco Maracaibo, Inc., 307 F. Supp. 1291 (D. Del. 1970).
[2] See United States v. Brodie, 174 F. Supp. 2d 294 (E.D. Pa. 2001).

（二）主观善意要件

主观善意要件指的是当企业无法同时遵守两国相冲突的法律时，企业为履行美国反垄断法竭尽最大之努力，此即为主观善意要件之体现。相反，企业通过游说、贿赂等方式使得外国政府制定与美国反垄断法相冲突的法律或者作出与美国反垄断法相冲突的行政命令时，上述游说、贿赂行为表明该企业不具备遵守美国反垄断法的主观善意。[1]

（三）地域范围要件

外国主权强制抗辩中的地域范围要件指的是外国政府对企业的强制行为必须完全发生在该国领土范围之内。如果外国政府所实施的强制行为有一部分发生在美国境内，则该企业不得主张外国主权强制抗辩。[2] 例如，当一国政府要求其境内公司在美国的子公司于美国市场达成并实施横向垄断协议时，该公司将无法从外国主权强制抗辩中得到保护。

三、外国主权强制抗辩与真实冲突规则的异同分析

由于外国主权强制抗辩与国际礼让抗辩中的真实冲突规则存在高度的相似性，部分美国法院在司法实践中并不对二者进行严格的区分。[3] 诚然，外国主权强制抗辩与国际礼让中的真实冲突规则均涉及国家间的主权冲突。这使得二者在立法目的上也存在相似性，即缓解美国法的域外管辖权与他国主权之间的冲突。

然而，外国主权强制抗辩与国际礼让抗辩中的真实冲突规则之间仍然存在一定的区别：真实冲突规则的考察对象是美国法与外国法之间的关系，它侧重于分析国与国之间的法律冲突是否导致被告无法同时遵循两国的法律。在国际礼让抗辩中，外国政府仍然给予被告一定的自由选择权。外国主权强制抗辩的考察重心

---

[1] See United States v. Brodie, 174 F. Supp. 2d 294 (E.D. Pa. 2001); Societe Internationale v. Rogers, 357 U.S. 197 (1958).
[2] See Linseman v. World Hockey Ass'n, 439 F. Supp. 1315 (D. Conn. 1977).
[3] See Trugman-Nash, Inc. v. New Zealand Dairy Bd., 954 F. Supp. 733 (S.D.N.Y. 1997).

在于外国政府和被告之间的关系，它着重强调的是外国政府是否以国家公权力迫使被告实施违反美国法律的违法犯罪行为。在外国主权强制抗辩中，由于以公权力为后盾的惩罚措施的存在，被告不得不遵循外国政府的法令，被告也因此基本丧失是否遵守外国法律的自由选择权。

由于外国政府处罚要件的存在，外国主权强制抗辩的适用条件比国际礼让抗辩更为严苛。在司法实践中，被告往往同时主张外国主权强制抗辩和国家礼让抗辩。以维生素 C 垄断案为例，虽然（中国）河北维尔康制药有限公司提出的外国主权强制抗辩之主张未能得到美国联邦第二巡回上诉法院的支持，但美国联邦第二巡回上诉法院根据国际礼让原则驳回了原告对（中国）河北维尔康制药有限公司的起诉。当企业无法满足外国主权强制抗辩的构成要件时，可以退而求其次寻求国际礼让原则的保护。

第三节　国家行为抗辩

一、国家行为抗辩的概述

国家行为抗辩起源于国家行为原则（Act of State Doctrine）。在美国，有关国家行为原则的司法实践可以追溯到美国联邦最高法院在 1897 年审判的昂德希尔诉赫南德兹案（Underhill v. Hernandez）。[1] 国家行为原则的核心要求是，对于外国政府在其领土范围内实施的官方行为，美国法院不得裁判此类行为的合法性。[2] 因此，如果被告所从事的垄断行为属于外国政府的官方行为并发生在该国领土范围内时，被告可以基于国家行为原则提出抗辩，要求美国法院驳回相关反垄断诉讼。在国际反垄断纠纷中，根据国家行为原则提出的国家行为抗辩并不罕见。例如，在维生素 C 垄断案中，被告（中国）河北维尔康制药有限公司提出

---

[1] See Underhill v. Hernandez, 168 U.S. 250 (1897).

[2] See W.S. Kirkpatrick & Co. v. Environmental Tectonics Corp., Int'l, 493 U.S. 400 (1990).

的抗辩事由之一即国家行为。

二、国家行为原则的法理基础

（一）国家主权说

国家主权说认为国家行为原则的法理基础是国际公法的核心原则——国家主权原则。根据通说，国家主权的核心内容包括两层：对外独立性和对内最高性。前者强调主权国家的独立性，即主权国家不受他国的干涉、控制。后者强调的是主权国家对内的最高地位，即行使主权的主体（例如君主、政府）对其领土范围内人、事、物享有最高的管理权。①

因此，一国政府享有管理其国内事务的最高权力，这种权力也同时受到其他国家的尊重与认可。若允许其他国家的法院对此项权力的合法性予以挑战则有悖于国家主权原则。基于对国家主权原则的认可，美国法院在早期的司法实践中将国家主权原则作为国家行为原则的法理基础。以美国联邦最高法院于1897年判决的昂德希尔诉赫南德兹案为例，美国联邦最高法院指出，任何一个主权国家都有义务尊重其他主权国家的独立性，一国法院不得针对其他国家境内发生的行为作出判决。

（二）国际礼让说

进入20世纪，将国际礼让说作为国家行为原则的法理基础的观点逐渐在美国司法界兴起。以1918年的厄琴诉中央皮革公司案（Oetjen v. Central Leather Co.）为例，美国联邦最高法院指出，美国法院采纳国家行为原则的最大考量是国际礼让。② 除了厄琴诉中央皮革公司案外，美国法院在里科诉美国金属有限公司案（Ricaud v. American Metal Co., Ltd.）案中也提出了类似的观点。③

---

① 参见周鲠生：《国际法》，78～79页，北京，商务印书馆，2018。
② See Oetjen v. Central Leather Co., 246 U.S. 297 (1918).
③ See Ricaud v. American Metal Co., Ltd., 246 U.S. 304 (1918).

(三)权力分立说

权力分立（Separation of powers）这一概念最早由英国哲学家约翰·洛克（John Locke）所提出。法国哲学家孟德斯鸠（Montesquieu）在此基础上提出了三权分立的学说。三权分立的理论对西方近现代社会的历史演进与社会发展产生了深远的影响。美国作为将三权分立理论贯彻得较为彻底的国家，在1787年制定的美国宪法中，已根据三权分立理论对立法、行政、司法三项国家权力的分配、运行与配合作出了明确的规定。①

进入20世纪中后期，在国际礼让说的基础上，权力分立说逐渐在美国成为国家行为原则的法理基础。在1964年的古巴国家银行诉萨巴蒂罗案（Banco Nacional de Cuba v. Sabbatino）中，古巴政府在未给予美国投资者合理补偿的情况下征收了美国投资者在古巴的财产，虽然上述征收行为有违反国际法之嫌且原告具有美国国籍的身份，但美国联邦最高法院仍然依据国家行为原则作出了有利于古巴政府的判决。

美国联邦最高法院指出，虽然国家行为原则没有被纳入美国宪法的条文之中，但美国政府三权分立的权力架构为国家行为原则提供了合宪性依据。具体而言，根据美国三权分立的国家权力运行机制，处理外交事务的权力归属于以美国总统为代表的行政分支和以美国国会为代表的立法分支。对于美国投资者在古巴的经济损失，行政分支可以通过与古巴政府进行外交协商的方式予以解决。如果掌握司法权的美国法院贸然对古巴政府行为之效力作出裁判，这将造成行政分支与司法分支之间的冲突，并对美国的国家利益产生负面影响。②

美国联邦最高法院虽然在此案中继续恪守了国家行为原则，但对国家行为原则的理论基础进行了重新地形塑。在此案之后，权力分立说逐渐成为美国法院适用国家行为原则的理论依据。在奥地利共和国诉阿尔特曼案（Republic of Austria v. Altmann）③、（澳大利亚）联合集装箱运输公司诉美国案 [Associated Container Transportation (Australia) Ltd. v. United States]④、得克萨斯贸易加工公司诉尼日利

---

① 参见美国《宪法》第一条、第二条、第三条。
② See Banco Nacional de Cuba v. Sabbatino, 376 U.S. 398 (1964).
③ See Republic of Austria v. Altmann, 541 U.S. 677 (2004).
④ See Associated Contained Transportation (Australia) Ltd. v. United States. (Australia) Ltd. v. U.S., 705 F.2d 53 (2d Cir. 1983).

亚联邦共和国案（Texas Trading Milling Corp. v. Federal Republic of Nigeria）[①]、维生素C垄断案等案件中，权力分立说均有所体现。

（四）小结

对于国家行为原则的法理基础，美国经历了国家主权说、国际礼让说和权力分立说三个阶段。根据美国司法部和联邦贸易委员会共同制定的《国际反垄断执行与合作指引》，美国的两大反垄断执法机构认为美国政府采纳国家行为原则的考量是对他国的礼让和对权力分立的尊重。但也有学者对美国法院在适用国家行为原则时忽视国家主权原则的倾向提出批评。[②]

本书认为，在美国现行的国家权力运行机制中，国家主权、国际礼让和权力分立这三种理论在本质上并不存在矛盾，三者统一于美国法院适用国家行为原则的过程和目标之中。国际主权说要求美国尊重他国主权。这一要求细化为对内和对外两个方面。对外体现为美国对他国的适度礼让，对内则是要求美国法院不得僭越行政分支处理外交事务的职权，并与行政分支在外交问题上保持一致。

根据美国在20世纪后期以来的司法实践，美国法院通过权力分立说将国家行为原则内化为一项美国的国内法义务。[③] 将国家行为原则转化为美国的国内法义务，这有利于美国政府在适用国家行为原则时保持最大程度的灵活性。例如，负责美国外交事务的美国国务院有权在个案中对美国法院是否应当适用国家主权原则发表建议，这使得美国政府可以灵活地根据美国国家利益的需求调整美国法院对国家行为原则的态度。但在另一方面，鉴于美国长期推行的霸权主义政策，当国家行为原则蜕变为美国国内法义务时，美国政府可以更为灵活地适用国家行为原则，这种灵活性可能会为美国干预其他国家的内政提供便利。

尽管如此，国家主权原则早已成为国际社会的共识，美国政府无法凭一己之力动摇它的地位。即便美国法院在近年来的司法实践中倾向于以权力分立说重新诠释国家行为原则，但美国法院在适用国家行为原则时仍然受到国家主权原则的

[①] See Texas Trading, Etc. v. Federal Republic of Nigeria, 500 F. Supp. 320 (S.D.N.Y. 1980).
[②] See Lynn Parseghia. "Defining the 'Public Act' Requirement in the Act of State Doctrine", *The University of Chicago Law Review*, 58(1991), 1151.
[③] See International Association of Machinists & Aerospace Workers v. Organization of the Petroleum Exporting Countries, 649 F.2d 1354 (9th Cir. 1981).

核心精神所制约。

三、国家行为抗辩的适用条件

（一）政府行为要件

该要件要求外国政府所实施的行为是为履行它的职权所需。如果代表外国政府的官员、企业所实施的行为是为了满足他们的私人利益，这种代表私人利益的行为不构成政府行为。

需要注意的一点是，美国法院是以主观目的为标准用于判断政府行为的存在与否，这与不考虑外国政府主观目的的国家豁免原则截然不同。以国际机械师与航空航天工人协会诉石油输出国组织案（International Association of Machinists and Aerospace Workers v. OPEC，以下简称"石油输出国组织垄断案"）为例。在该案中，石油输出国组织的成员国被原告指控就原油及相关衍生产品达成、实施横向价格垄断协议并对美国市场造成了负面影响。在石油输出国组织垄断案中，无论是横向价格垄断协议本身，或是国际原油贸易这种跨国贸易，二者均具有浓厚的商业色彩。纯粹的商业行为（Purely Commercial Activity）的确会在个案中降低美国法院适用国家行为原则的可能性，但这并不是说所有与商业元素有关的行为都会导致外国政府无法受到国家行为原则的保护。当外国政府参与商业行为的主观目的是服务于该国的公共利益时，那么该国政府仍受国家行为原则的保护。在石油输出国组织垄断案中，美国联邦第九巡回上诉法院认为，石油输出组织成员国作为原油出口国，在国际原油市场达成、实施的固定原油价格的横向垄断协议，其主要目的是维护各国的国家利益。因此，该案中的横向价格垄断协议属于石油输出国组织成员国的政府行为，应当受国家行为原则的保护。[1]

（二）地域范围要件

被指控的外国政府行为必须完全发生在该国的领土范围内。如果被指控的政

---

[1] International Association of Machinists and Aerospace Workers v. OPEC, 649 F.2d 1354 (9th Cir. 1981).

府行为部分发生在该国领土范围内,部分发生在该国领土范围外,则国家行为原则不得适用于此种情形。

以伊拉克共和国诉 ABB AG 案（Republic of Iraq v. ABB AG）为例，ABB AG 等被告被指控与萨达姆政府共谋侵吞联合国用于救济伊拉克平民的专项资金。在该案中，多数派法官根据同等过错原则驳回了此案，但少数派法官对国家行为原则是否可以适用于该案进行了探讨。少数派法官认为被告与萨达姆政府的联合侵吞行为并不完全发生在伊拉克境内，这是国家行为原则不能适用于该案的原因之一。[1]

（三）裁判对象要件

国家行为原则的核心要求是禁止美国法院裁判外国政府在其领土范围内实施的政府行为是否合法。质言之，只有当美国法院的审查对象是外国政府行为的合法性，也即美国法院需要对外国政府行为的合法性进行判断时，方产生当事人主张外国主权抗辩的空间。[2] 在美国的反垄断诉讼中，当其他国家颁布法律、法规、行政命令要求该国企业实施违反美国反垄断法的行为时，若原告的指控并未指向该国政府上述行为的合法性时，则被告的国家行为抗辩或将无法得到美国法院的支持。

在美国的反垄断司法实践中，原被告双方就国家行为原则适用争议往往出现在裁判对象问题上。比如，在柯克帕特里克诉环境构造公司案（W.S. Kirkpatrick v. Environmental Tectonics Corp.）中，原告指控被告通过行贿尼日利亚政府官员的方式成功得标。原告认为被告与尼日利亚政府员工的共谋违反美国反垄断法，遂在美国对被告发起反垄断诉讼。被告基于国家行为原则提出抗辩。在该案中，美国联邦最高法院并未支持被告的国家行为抗辩，原因是原告的指控针对的是被告这家美国公司所实施的垄断行为，而非要求美国法院裁判尼日利亚政府行为的合法性。[3]

又比如，在维生素 C 垄断案中，被告是河北维尔康有限公司等 5 家中国企业而非我国政府，美国联邦第二巡回上诉法院裁判的对象是我国法律是否涉嫌要

---

[1] See Republic of Iraq v. ABB AG, 768 F.3d 145 (2d Cir. 2014).
[2] See W.S. Kirkpatrick & Co. v. Environmental Tectonics Corp., Int'l, 493 U.S. 400 (1990).
[3] See W.S. Kirkpatrick v. Environmental Tectonics Corp., 493 U.S. 400 (1990).

求被告达成、实施横向垄断协议，而非我国政府实施的维生素 C 出口管制行为是否具有合法性。因此，被告河北维尔康制药有限公司所提出的国家行为抗辩未得到美国法院的支持。

（四）外交关系要件

如前文所述，国家行为准则的适用往往牵涉到美国的外交政策以及美国总统与美国国会处理外交事务的权力。美国法院在决定是否适用国家行为原则之时，需要考虑的影响因素之一是法院对案件的介入是否会对美国的外交利益以及三权分立的国家体制造成不利影响。因此，若审判外国政府行为的合法性将严重冲击美国与他国的外交关系，这也将增加国家行为原则在特定案件中适用的可能性。

例如，在石油输出国组织垄断案中，该案所涉及的原油贸易不仅影响美国的经济利益，更攸关美国与石油输出国组织成员国的外交关系。如果美国联邦第九巡回上诉法院根据原告的请求对石油输出国组织成员国颁布禁止令，这不仅会僭越美国国会与美国总统处理外交事务的权力，而且将严重影响美国与石油输出国组织成员国的外交关系进而损害美国在中东地区的外交利益。因此，外交关系因素成为美国联邦第九巡回上诉法院在石油输出国组织垄断案中适用国家行为原则的影响因素之一。

四、国家行为抗辩的适用例外

（一）商业行为例外

所谓商业行为例外指的是，当外国政府或者由外国政府所控制的国有企业对原告负有商业上的义务时，作为被告的外国政府提出的外国行为抗辩将无法得到美国法院支持。商业行为例外起源于伦敦阿尔弗雷德·邓希尔公司诉古巴共和国案（Alfred Dunhill of London, Inc. v. The Rupublic of Cuba）。[1] 1959 年，卡斯特

---

[1] See Stephen Leacock, "The Commercial Activity Exception to the Act of State Doctrine Revisited: Evolution of a Concept", *North Carolina Journal of International Law*, (13)1988, 1.

罗（Fidel Castro）领导的古巴革命取得胜利后，古巴政府随即对古巴进行了全面的经济改革，改革政策的一项重要内容是将私有财产国有化。1960 年，对古巴 5 家雪茄龙头生产企业执行国有化政策后，古巴政府任命的接管人接收上述 5 家企业并继续从事雪茄出口贸易。原告错误地将本应支付给国有化之前的雪茄生产商的货款支付给了古巴政府任命的接管人。由于古巴政府任命的接管人拒绝归还原告错误支付的货款，原告遂在美国起诉古巴政府。

该案的争议点是古巴政府基于国家行为原则的抗辩是否应得到支持。由于没有证据证明古巴政府作出了拒绝归还货款的命令或制定法律要求接管人拒绝归还货款，上述拒绝归还货款的行为被美国联邦最高法院认定为纯粹的商业行为而非古巴政府的政府行为。因此，美国联邦最高法院作出了支持原告的判决。[①]

需要注意的是，商业行为例外是一项颇有争议的规则。美国联邦最高法院在审理伦敦阿尔弗雷德·邓希尔公司诉古巴共和国案时，有 4 名大法官反对商业行为例外，对商业行为例外的争议由此可见一斑。由于商业行为例外存在较大的争议，包括美国联邦第二巡回上诉法院在内的部分联邦法院拒绝采纳商业行为例外。[②] 在个案中，涉案企业应当审慎考察管辖法院是否认可商业行为例外。

（二）行政建议例外

美国国务院（State Department）是主要负责处理美国外交事务的职能部门。在涉及国家行为原则的案件中，国家行为原则是否适用可能会影响到美国的外交利益。因此，美国国务院有权对国家行为原则是否应当适用于特定案件提出建议。本书将美国国务院的此类建议称为行政建议例外。

行政建议例外起源于伯恩斯坦诉荷美专线公司案（Bernstein v. N.V. Nederlandsche-Amerikaansche Stoomvaart-Maatschaapij）。在该案中，原告要求在"二战"中受纳粹德国控制的被告赔偿其在"二战"中被纳粹德国政府掠夺的财产。美国国务院对此案提出了书面建议，表示美国政府的政策是支持美国法院审

---

① See Alfred Dunhill of London, Inc. v. Republic of Cuba, 425 U.S. 682 (1976).
② See In re Vitamin C Antitrust Litigation 584 F. Supp. 2d 546 (E.D.N.Y. 2008); Braka v. Bancomer, S.N.C., 762 F.2d 222 (2d Cir. 1985).

判此类受纳粹德国政府迫害而蒙受经济损失的案件。[①]

根据美国国务院的行政建议是否支持在特定案件中适用国家行为原则，行政建议被分为伯恩斯坦例外（The Bernstein Exception）和反向伯恩斯坦例外（The Reverse Bernstein Exception）。前者指的是，在本应该适用国家行为原则的案件中，美国国务院提出不支持国家行为原则适用于该案的建议。伯恩斯坦例外来源于伯恩斯坦诉荷美专线公司案，故此得名。后者指的是，基于保护美国国家利益的考量，美国国务院建议美国法院在特定案件中适用国家行为原则。[②] 反向伯恩斯坦例外与伯恩斯坦例外的适用情形相反，故名曰"反向"。

根据美国三权分立的权力运行机制，属于司法权一方的法院和属于行政权一方的美国国务院，二者之间并不存在隶属关系。美国国务院对特定案件中是否应当适用国家行为原则的建议并不对美国法院具有拘束力。然而，由于美国国务院是负责处理外交事务的核心部门，为防止司法权与行政权之间就外交事务产生不必要的冲突，美国法院通常会对美国国务院关于是否适用国家行为原则的建议高度重视。

（三）反诉例外

所谓反诉例外（Counterclaim Exception），也称抵消例外（Setoff Exception），指的是外国政府作为原告在美国法院起诉私人主体的被告时，若被告对原告提出反诉，则美国法院将不受国家行为原则的限制，可以对被告提出的反诉进行裁判。

这种例外规则主要适用于外国政府征收私人财产的案件之中。如前文所述，在卡斯特罗领导的古巴革命取得胜利后，卡斯特罗政府对古巴国民经济进行了国有化的经济改革。在古巴经济国有化的背景下，古巴国家银行正是在这一时代背景下由古巴政府设立的外贸信用机构。其后，古巴国家银行向美国法院起诉要求第一国家城市银行根据信用证支付相关交易中的款项。之后，第一国家城市银行

---

① See Bernstein v. N.V. Nederlandsche-Amerikaansche Stoomvaart-Maatschaapij, 210 F.2d 375 (2d Cir. 1954).
② See Kalamazoo Spice Extraction Co. v. Government of Socialist Ethiopia, 729 F.2d 422 (6th Cir. 1984).

在古巴的财产被卡斯特罗政府收归国有。第一国家城市银行遂对古巴政府国有化其财产的行为提起反诉。在此案中，道格拉斯大法官（William Orville Douglas）提出了主权国家的诉讼请求可以被反诉或抵消的观点。①

道格拉斯大法官的上述观点对之后的司法实践产生了深远的影响。在古巴国家银行诉大曼哈顿银行案（Banco Nacional de Cuba v. Chase Manhattan Bank）中，美国联邦第二巡回上诉法院对反诉例外的适用条件作了细化，确立了以下三项适用条件：第一，负责外交事务的行政分支在特定案件中提出不适用国家行为原则的建议；第二，没有证据证明国家行为原则的适用将干扰美国的外交关系；第三，在涉及外国政府征收被告私人财产的案件中，针对外国政府的诉讼请求必须基于反诉，且反诉的金额没有超过外国政府所提出的本诉的金额。② 由于反诉例外的适用条件之一是需要得到行政分支的建议，反诉例外也被视为一种特殊形态的行政建议例外。

反诉例外与商业行为例外类似，在美国也是一项颇有争议的法律规则。部分美国法院在实务中并未采纳反诉例外。③ 因此，当我国企业在美国法院面对反垄断指控时，如果它们计划主张反诉例外，应当审慎考察案件的管辖法院是否采纳该规则。

（四）希肯卢珀第二修正案例外

如前文所述，在1964年的古巴国家银行诉萨巴蒂罗案中，美国法院适用国家行为原则导致美国投资者因古巴的国有化政策所产生的经济损失无法得到古巴政府的赔偿。有鉴于此，美国国会修订了《1961美国援外法案》（*Foreign Assistance Act of 1961*）用于限制国家行为原则的适用范围。该修正案由来自美国艾奥瓦州的参议员布尔克·希肯卢珀（Bourke B. Hickenlooper）所推动，《希肯卢珀第二修正案》（*The Second Hickenlooper Amendment*）因此得名。

根据《希肯卢珀第二修正案》，在涉嫌违反国际法非法扣押、征收他人财产的案件中，美国法院不得适用国家行为原则，此即为"希肯卢珀第二修正案例外"。

---

① See First National City Bank v. Banco Nacional de Cuba, 406 U.S. 759 (1972).
② See Banco Nacional de Cuba v. Chemical Bank New York Trust Co., 658 F.2d 903 (1981).
③ See Empresa Cubana Exportadora, v. Lamborn Co., 652 F.2d 231 (2d Cir. 1981).

需要注意的是,"希肯卢珀第二修正案例外"也存在一项例外规则。基于美国外交利益的考量,美国总统有权在特定案件中提出否决"希肯卢珀第二修正案例外"的建议,此即为"希肯卢珀第二修正案例外之例外"。①

（五）仲裁例外

仲裁虽然是一种非诉讼的争端解决方式,但仲裁裁决的最终落实离不开法院的承认与执行。以仲裁解决纠纷的基础是存在合法、有效的仲裁协议,仲裁协议的达成说明仲裁协议的当事人已形成通过仲裁协议合理解决潜在纠纷的基本共识。若允许国家行为原则适用于仲裁协议的承认与执行,这必将导致当事人之间的纷争无法得到有效解决。国家行为原则在仲裁活动中的适用不仅背离仲裁协议当事人定纷止争的共识,也将削弱仲裁制度的公信力。除此之外,在达成仲裁协议的当事人出现单方违约的情况下,若允许违约方通过主张国家行为原则逃避本应承担的违约责任,将有悖于公平原则。为防止国家行为原则对仲裁活动的消极影响,美国国会采纳了仲裁例外,即美国法院不得以国家行为原则为由拒绝执行仲裁协议、确认仲裁裁决和执行根据确认此类裁决的命令作出的判决,此即为仲裁例外。②

第四节　政府请愿抗辩

一、政府请愿抗辩的概述

政府请愿抗辩（Petition of Sovereign）,也称为"诺尔—彭宁顿原则"（Noerr-Pennington Doctrine）,它的核心内涵是一方当事人通过公共宣传、行政举报、司法诉讼等方式,借助美国政府的公权力在市场竞争中获取优势。虽然这

---

① See 22 U.S.C. § 2370(e)(2).
② See 9 U.S.C. § 15.

种行为可能产生反竞争效果，但美国反垄断法通常会对这种行为予以宽容。

政府请愿抗辩起源于 1961 年的东部铁路主席会议诉诺尔汽车货运公司案（Eastern Railroad Presidents Conference v. Noerr Motor Freight, Inc.）。在该案中，原告是来自美国宾夕法尼亚州的 41 名货运汽车经营者和他们的贸易组织，被告东部铁路主席会议是由铁路运营者组成的行业组织，被告通过一家公关公司进行公共宣传活动意图推动美国政府制定不利于原告的法律。原告认为铁路运输和货车运输之间存在竞争关系，被告通过公共宣传活动影响政府立法的行为是对市场竞争的限制，涉嫌违反《谢尔曼法》第一条和第二条。对于此案，美国联邦最高法院判决通过公共宣传影响立法的行为并不违反《谢尔曼法》。① 政府请愿抗辩的适用范围并不仅限于经营者影响立法活动的行为，通过行政举报、司法诉讼进而限制竞争的行为同样可以受到政府请愿抗辩的保护。②

假设甲公司与乙公司都是两家在美国市场研发、生产、销售新冠病毒疫苗的企业，甲公司向美国食品药品管理局（Food and Drug Administration，FDA）举报乙公司在生产新冠病毒疫苗的过程中存在违反美国食品药品管理局生产管理规定的行为。美国食品药品管理局根据举报暂停了乙公司生产、销售新冠病毒疫苗的行政许可。此时，乙公司的疫苗便无法与甲公司的疫苗产生竞争，甲公司因此获得竞争优势。虽然甲公司的举报乙公司的目的是消除甲、乙两家公司之间的竞争，但甲公司的行政举报行为并不违反美国反垄断法，其受政府请愿抗辩的保护，此即为政府请愿抗辩于行政举报中的适用。

假设甲公司起诉乙公司侵犯其专利权，乙公司认为甲公司发起的专利侵权诉讼的目的是将乙公司排除在新冠疫苗市场之外，遂对甲公司提起反诉，指控甲公司违反反垄断法。虽然甲公司的主观目的的确是为了排除乙公司与甲公司在新冠疫苗市场中的竞争，但对于乙公司根据反垄断法提起的反诉，甲公司可以提出政府请愿抗辩，此即为政府请愿抗辩于司法诉讼中的适用。

---

① See Eastern R. Conference v. Noerr Motors, 365 U.S. 127 (1961).
② See United Mine Workers v. Pennington, 381 U.S. 657 (1965); California Motor Transp. Co. v. Trucking Unlimited, 404 U.S. 508 (1972).

二、政府请愿抗辩的法理依据与现实需求

美国政府在反垄断法中采纳政府请愿抗辩的法理依据是受美国宪法保护的言论自由。言论自由在美国的法律体系内属于基本权利，直接体现在美国宪法第一修正案。正如美国联邦最高法院在东部铁路主席会议诉诺尔汽车货运公司案中所言，"人们根据法律希望给自己带来竞争上的优势并给对手带来竞争上的劣势，这既不违法也不罕见"。

除了美国宪法中的言论自由条款为政府请愿抗辩提供了法理支撑外，美国国内长期存在的政治游说文化和游说产业也为政府请愿抗辩提供了土壤。据美国政治捐献数据库（Open Secret）的统计显示，美国的专业游说人员人数2023年达到约1.29万人，年度游说活动的资金投入则高达42.2亿美元。[①] 透过游说组织的牵线搭桥，财团与美国总统、国会议员之间进行合法的权钱交易。通过"行贿"美国联邦政府，财团的利益诉求或可得到不同程度的满足，其竞争优势也由此得到维护、提升。游说行为不仅盛行于美国联邦政府，在美国各级地方政府中也极为常见。游说行为虽然被诟病为"合法"的权力寻租、贿赂、敲诈勒索，但游说行为在西方资本主义社会中存在有其必然性。在可预见的未来，美国政府不会彻底立法禁止游说行为。政府请愿抗辩的适用情形之一是游说行为，如果美国政府在反垄断法中不吸收政府请愿抗辩，则以限制市场竞争为目的的游说行为将无法合法实施，这与美国国内统治阶级的利益相冲突。质言之，政府请愿抗辩为美国政府的权力寻租行为披上一层合法的外衣，作为受益者的美国政府必然对其加以维护。

三、政府请愿抗辩的例外

虽然政府请愿抗辩的适用范围广，但美国法并非对政府请愿抗辩毫无限制。当提出政府请愿抗辩的一方当事人所实施的请愿行为被认为具有虚假性时，当事人则不再受政府请愿抗辩的保护，此即为政府请愿抗辩的虚假例外（Sham Exception）。

[①] 参见美国政治捐献数据库：《游说活动数据汇总》，载美国政治捐献数据库官网，https://www.opensecrets.org/federal-lobbying，最后访问时间：2024年1月4日。

如何判断当事人是否采取虚假的请愿行为，美国联邦最高法院在专业房地产投资者公司诉哥伦比亚影业公司诉案（Professional Real Estate Investors, Inc. v. Columbia Pictures Industries, Inc.）中提出了客观标准与主观标准相结合的分析方法。

第一步，采取客观标准对虚假性的存在与否予以判断。美国法院需要判断提出政府请愿抗辩的一方当事人所发起的诉讼是否在客观上毫无依据，即该案件在客观上并未胜诉的可能性。

第二步，采取主观标准对虚假性的存在与否予以判断。若上述诉讼缺乏客观依据，美国法院则需要进一步考察提出政府请愿抗辩的当事人的主观动机。如果当事人发起诉讼的真实目的是限制、排除市场竞争，则虚假例外规则的适用条件将得到满足，当事人实施的限制、排除市场竞争的请愿行为将无法得到政府请愿抗辩的保护。①

第五节　国家豁免抗辩

一、国家豁免抗辩的概述

国家豁免抗辩的法律依据是国家豁免原则。国家豁免也被称作主权豁免、国家及其财产豁免，其脱胎于"平等者之间无统治权"（Par in parem non habet imperium）这一古老的罗马法原则。早在公元12世纪前后，罗马教廷已将"平等者之间无统治权"纳入教廷法。②

---

① See Professional Real Estate Investors, Inc. v. Columbia Pictures Industries, Inc., 508 U.S. 49 (1993).
② 对于罗马教廷何时采纳了"平等者之间无统治权"这一法律原则，该问题尚存争议。我国学者张建栋认为，罗马天主教教皇格里高九世（Gregorius IX）于1234年颁布教令，对"平等者之间无统治权"原则予以规定。德国学者坎托罗维奇（Ernst Kantorowicz）则认为，在英诺森三世（Innocent III）在位期间（1198年1月8日—1216年7月16日），"平等者之间无统治权"已作为一项罗马法原则已为英诺森三世所采纳。参见张建栋：《论国家管辖豁免中的商业活动例外》，载《上海法学研究》，2021（13）；Ernst Kantorowicz, The King's Two Bodies: A Study in Medieval Political Theology, Princeton: Princeton University Press, 2016, p.452.

根据通说，国家豁免包括管辖豁免和执行豁免两个部分。前者是指未经一国明示或者默示同意，他国法院不得对该国发起诉讼或将该国财产作为诉讼标的；后者指的是一国同意在他国法院作为被告或主动作为原告参加诉讼，在未经同意参加诉讼的国家认可的前提下，他国法院仍不得对它的财产采取诉讼保全措施和根据法院判决对其实施强制执行。[①] 根据是否支持国家豁免原则以及对国家豁免原则的认可程度的差异，国家豁免原则的相关理论可以分为以下三大类。

第一，绝对豁免说（The Theory of Absolute Immunity）。由于主权国家间的平等性与独立性，该学说认为国家的一切财产、行为均不免受他国司法结构的裁判。

第二，有限豁免说（The Theory of Limited Immunity）。该学说将一国政府的行为分为基于公权力展开的行为（Acta Jure Imperii）和带有私人性质、商业性质的行为（Acta Jure Gestionis）。根据有限豁免说，对于前者，该国仍然享有国家豁免；对于后者，外国法院有权对其展开审判并将判决予以执行。质言之，有限豁免说主张一国法院原则上不得审判外国政府，除非符合相应例外情形；

第三，豁免否定说（The Theory of Denial of Immunity）。该学说为曾担任国际法院法官的英国法学家劳特派特（Hersch Lauterpacht）所倡导。根据豁免否定说，除非符合例外情形，主权国家原则上不享有国家豁免。[②]

二、国家豁免抗辩在美国法中的法律依据

从20世纪中后期开始，美国政府逐渐转向有限豁免的立场，并为此颁布了《外国主权豁免法》。该法在颁布之后成为美国处理国家豁免问题最为重要的法律依据。

《外国主权豁免法》在处理国家主权豁免问题上的核心思路是，除了刑事诉

---

① 参见黄进：《略论国家及其财产豁免法的若干问题》，载《法学研究》，1986（5）。
② See Clive Schmitthoff, and Frank Wooldridge, "The Nineteenth Century Doctrine of Sovereign Immunity and the Importance of the Growth of State Trading", *Denver Journal of International Law & Policy*, (2)1972, 199; Clive Schmitthoff, "The Claim of Sovereign Immunity in the Law of International Trade", *International & Comparative Law Quarterly*, 7(1958), 452.

讼之外，①美国政府在绝大多数情况下承认外国政府在美国享有国家豁免，除非外国政府符合《外国主权豁免法》的例外情形。在实务中，美国法院裁判涉及国家豁免问题的案件时，往往涉及两项议点：第一，哪些组织属于《外国主权豁免法》所定义的政府？第二，《外国主权豁免法》中的例外情形如何适用？

三、享有国家豁免的主体范围

与外国政府有关联的机构往往种类繁多，并非所有与外国政府有关联的机构均应当享有国家豁免，如何界定外国政府的范围往往成为《外国主权豁免法》在适用中的争议点。根据《外国主权豁免法》的规定，这里的"外国"一词包括外国政府的政治分支（Political Subdivision of a Foreign State）和外国政府的代理机构（Agency or Instrumentality of a Foreign State）。

在《外国主权豁免法》的语境中，政治分支一词的含义较为明晰，其指的是中央政府中的所有部门以及隶属于中央政府的所有地方政府单位。②代理机构一词的内涵则更为复杂，它的构成要件主要有以下三项：第一，外国政府机构属于独立的法人、公司或者其他（组织），譬如具有法人资格的国有企业；第二，外国政府机构隶属于外国及其政治分支的机关（Organ）或多数股份或所有权利益由外国政府及其分支所有；第三，外国政府机构不隶属于美国任何一个州，也不是根据第三国法律创设。③

在实务中，对于以上三项构成要件的考察，争议焦点主要集中在第二项构成要件。根据美国联邦最高法院在都乐食品公司诉帕特里克森案（Dole Food Co. v. Patrickson）中的判决，只有当外国政府及其分支直接拥有一家公司的多数股份时，

---

① 根据美国联邦最高法院在2023年4月于土耳其哈克银行诉美国案（Turkiye Halk Bankasi A.S. v. United States）中作出的判决，外国政府及其所属国有企业无权依据《外国主权豁免法》在刑事诉讼中享有国家豁免。根据该案的判决，当美国司法部对外国政府及其所属的政治分支或外国机构发起反垄断刑事诉讼时，外国政府及所属的政治分支或外国机构无权依据《外国主权豁免法》享受国家豁免。See Turkiye Halk Bankasi A.S. v. United States, 598 U.S. 264 (2023).
② 美国国务院：《外国主权豁免法》，载美国国务院官网，https://travel.state.gov/content/travel/en/legal/travel-legal-considerations/internl-judicial-asst/Service-of-Process/Foreign-Sovereign-Immunities-Act.html，最后访问时间：2023年12月16日。
③ See 28 U.S.C. § 1603.

该公司才有权根据《外国主权豁免法》主张外国主权豁免。申言之，如果外国政府是一家公司的实际控制人却并非直接拥有该公司多数股份的股东时，即外国政府间接控制该公司，则该公司不属于《外国主权豁免法》中的代理机构。因此，该公司无权向美国政府主张国家豁免。此外，还需要注意的一点是，判断外国政府是否直接拥有多数股份的时间点是原告发起诉讼之时。①

四、国家豁免抗辩的适用例外

美国政府在国家豁免问题上秉持有限豁免论的立场，这在《外国主权豁免法》中体现为外国政府在美国享有的国家豁免存在例外情形。根据《外国主权豁免法》的规定，国家豁免抗辩在以下六种情形中不得适用：第一，外国政府明示或默示放弃国家豁免。这里的默示放弃国家豁免在实践中常常表现为外国政府自愿在美国以当事人的身份参加诉讼。但在美国参与诉讼仅仅表明外国政府放弃管辖豁免，并不代表外国政府放弃执行豁免。第二，外国政府实施与美国有关的商业行为（以下简称"商业行为例外"）。第三，外国政府违反国际法征收与美国有关的财产。第四，外国政府在美国获得财产权利。第五，外国政府于美国境内实施侵权行为。第六，外国政府同意以仲裁解决纠纷。②

对美出口是一种典型的国际商贸行为，与商业行为例外的关联性较高，故本书予以着重讨论。商业例外的适用与否，需要考察两个问题：第一，被告的行为是否属于商业行为或者与商业行为有关（以下合称为"商业行为"）？第二，原告所发起的诉讼是否基于外国政府的商业行为，也即原告所发起的诉讼与外国政府的商业行为之间是否存在必要联系？

（一）商业行为的判断标准

根据《外国主权豁免法》的规定，商业行为的判断是基于外国政府所实施的行为的客观性质（Nature）而非基于外国政府的主观目的（Purpose）。③也就是说，

---

① See Dole Food Co. v. Patrickson, 538 U.S. 468 (2003).
② See 28 U.S.C. § 1605.
③ See 28 U.S.C. § 1603(d).

商业行为的判断标准是一个客观标准而非主观标准。

《外国主权豁免法》对商业行为的判断标准与大陆法系国家对公法、私法的划分标准有异曲同工之妙。公法与私法的划分标准之一是法律所调整的社会关系，公法所调整的是管理者（政府）与被管理者（公民、社会）之间的非平等的社会关系，而私法调整的是平等主体之间的社会关系。政府既可以进入非平等主体之间的社会关系，譬如政府有权对卖淫嫖娼人员予以行政处罚，政府与被处罚人员之间是不平等的社会关系，政府作出的行政处罚受公法所调整。另一方面，政府也可以进入平等主体之间的社会关系。例如，政府为国家工作人员向餐饮企业订购工作餐，政府与餐饮企业之间是平等的社会关系，政府与餐饮企业之间的买卖合同为私法所调整。私人主体无权代替政府对卖淫嫖娼人员进行处罚，但私人主体有权与餐饮企业订立买卖合同。前者属于典型的非商业行为，而后者属于典型的商业行为。

《外国主权豁免法》将商业行为的判断标准指向行为的客观性质而非行为人的主观目的，而行为的客观性质在很大程度上反映了特定行为所处的社会关系。当政府涉入一种不平等的社会关系时，它代表国家行使管理社会、公民的公权力，这种行为在性质上是非商业的。而当政府处于平等的社会关系时，它所拥有的权利和所承担的义务与私人主体并无较大差异，政府此时的行为属于商业行为。

一言以蔽之，《外国主权豁免法》语境下的商业行为呈现出平等性、可协商性的特征。以阴极射线管反垄断诉讼案（In re Cathode Ray Tube Antitrust Litigation）为例，美国加利福尼亚北区联邦地区法院在该案中指出，经营者通过协商的方式达成的控制价格和产品生产的垄断共谋属于《外国主权豁免法》中所规定的商业行为，即使该经营者属于外国政府的政治分支或代理机构。[①]

（二）必要联系的判断标准

根据《外国主权豁免法》，商业行为例外的第二个构成要件是外国政府参与的商业行为与美国有充分的联系，这种联系有三种表现形式：第一，外国政府在美国境内实施商业行为；第二，在美国境内实施的一项行为与外国政府在美国境

---

① See In re Cathode Ray Tube (CRT) Antitrust Litig., MDL No. 1917 (N.D. Cal. Feb. 1, 2018).

外实施的商业行为相关联；第三，一项在美国境外实施的行为与外国政府在美国境外实施的商业行为相关联，这项行为对美国造成直接影响。①

对于必要联系的第三种表现形式，往往是司法实践中的争议焦点。换言之，在美国境外所实施的行为是否对美国产生直接影响往往决定了案件的走向。对于如何判断外国政府在美国境外实施的垄断行为是否对美国产生了《外国主权豁免法》所规定的直接影响，美国国会并未在该法中给出界定直接影响的标尺。

在实践中，部分美国法院参考《对外贸易反垄断改进法》用于判断外国政府的商业行为是否对美国造成直接影响。根据美国的司法实践，《对外贸易反垄断改进法》中的直接影响被界定为近因（Proximate Cause）。② 这里的"近因"指的是被指控的垄断行为是造成美国国内市场产生反竞争效果的直接原因。以阴极射线管垄断诉讼案为例，被告的垄断共谋导致液晶显示屏的价格大幅度上升，而这些液晶显示屏是生产电子产品的重要组件，产品组件的价格上升必然导致成品在美国市场中的价格上升。因此，美国加利福尼亚北区联邦地区法院判决被告被指控的垄断行为与美国有直接联系。

第六节　犯罪故意缺失抗辩

一、犯罪意图缺失抗辩的概述

法谚有云"无犯意则无犯罪"（Actus non facit reum, nisi mens sit rea.）。该法谚在美国刑事法律规范中体现为，犯罪意图（Nens Rea）是大多数犯罪的构成要件之一。根据《谢尔曼法》，部分垄断行为属于刑事犯罪。但《谢尔曼法》并未就犯罪意图问题作出明确规定。对于该问题，美国联邦最高法院在1978年的美国诉美国石膏公司案（United States v. United States Gypsum Co.）中给出了答

---

① See 28 U.S.C. § 1605(a)(2).
② See United States v. LSL Biotechnologies, 379 F.3d 672 (9th Cir. 2004).

案——被告在主观心态上的故意（Intent）是垄断犯罪行为的必备要件。①质言之，《谢尔曼法》所规定的垄断犯罪不属于严格责任犯罪。因此，作为公诉方的美国司法部在反垄断刑事诉讼中必须证明横向价格垄断协议等垄断犯罪实施者在主观上具有故意心态。也因此，被告通过主张其不具有故意这种犯罪心态以此抗辩美国司法部发起的反垄断刑事诉讼，此即为犯罪意图缺失抗辩。

二、犯罪故意缺失抗辩在司法实践中的适用

（一）犯罪故意缺失抗辩在美国联邦最高法院中的适用

在美国诉美国石膏公司案中，代表美国联邦政府发起反垄断刑事诉讼的美国司法部认为，通过被告交换价格信息的行为可以推定被告具备故意实施垄断犯罪的主观心态。然而，美国联邦最高法院并未采纳这一观点。相反，美国联邦最高法院指出，在被告实施交换价格信息的基础上，美国司法部必须证明被告在实施垄断行为时明知垄断行为有很大可能产生反竞争效果或者具备限制竞争的主观目的。

（二）犯罪故意缺失抗辩在下级联邦法院中的适用

虽然美国联邦最高法院在美国诉美国石膏公司案中的判决为犯罪故意缺失抗辩提供了法理基础，但下级联邦法院在司法实践中对犯罪故意缺失抗辩的适用却进行了一定程度的限制。

比如，在美国诉焦尔达诺案（United States v. Giordano）中，美国联邦第十一巡回上诉法院指出，犯罪故意缺失抗辩的适用范围应当仅限于以合理原则规制的垄断行为，不包括以本身违法原则规制的垄断行为。②又比如，美国联邦第三巡回上诉法院认为，经营者达成、实施横向价格垄断协议的唯一目的是限制竞争。因此，在横向价格垄断协议这一类刑事案件中，美国司法部仅需证明被告主

---

① See United States v. United States Gypsum Co., 438 U.S. 422 (1978).
② See United States v. Giordano, 261 F.3d 1134 (11th Cir. 2001).

观上具有明知（Knowingly）的心态即可。质言之，当被告对其所达成、实施的协议属于横向价格垄断协议这一客观事实具有明确认知时，美国联邦第三巡回上诉法院即认定被告具有不合理地限制竞争的犯罪故意。①

（三）小结与建议

由于美国联邦法院内部在犯罪故意缺失抗辩的适用标准问题上存在分歧，我国企业在主张犯罪故意缺失抗辩之时应当全面考察所在法院的司法先例。对于横向价格垄断协议类案件，当事人在主张犯罪故意缺失抗辩时，建议优先主张当事人对于涉案协议属于横向价格垄断协议这一客观事实缺乏明确认知。

第七节　善意单位抗辩

一、善意单位抗辩的概述

根据美国反垄断法，自然人和单位均可以作为垄断行为的实施者。在商业实践中，单位实施的垄断行为更为常见。单位作为抽象的组织，它所实施的垄断行为，需要以员工为"抓手"，通过代表单位意志的员工推动垄断行为的落实。因此，当单位可以证明员工所参与的垄断行为不应当归咎于单位时，美国法院将不对此类单位予以刑事处罚，此类单位即为"善意单位"。

二、善意单位抗辩的适用条件

要求单位对员工所实施的垄断行为承担刑事责任，这需要同时满足两个条件：第一，授权要件，员工所实施的垄断行为得到了单位的授权；第二，获益要件，员工实施的垄断行为的目的是促进单位获益。

---

① See United States v. Continental Group, Inc., 603 F.2d 444 (3d Cir. 1979).

关于单位授权问题，在员工未得到单位真实授权的情况下，根据表见代理原则（Apparent Authority Doctrine），若一个理性人有合理理由相信员工获得单位授权，即便授权并不真实存在，该单位仍然需要对员工的行为承担责任。因此，即便员工未获得单位的真实授权，在符合表见代理原则的情况下，单位也必须对员工所实施的垄断行为承担刑事责任。

在司法实务中，美国法院对授权行为的理解较为宽泛，经营者如果主张善意单位抗辩，从单位授权角度出发往往难度较高，建议从获益要件角度主张善意单位抗辩。需要注意的是，从获益要件角度主张单位善意抗辩，这种抗辩路径只能适用反垄断刑事诉讼。在美国的反垄断民事诉讼中，即便员工在实施垄断行为时不具备增加单位利益的故意，单位仍需要为员工实施的垄断行为承担民事责任。[1]

三、合规项目对单位善意抗辩的影响

善意单位抗辩的核心逻辑是：单位在主观上没有以员工为"抓手"实施垄断犯罪的故意。如果一个员工实施了垄断行为，当该员工所在单位于员工参与的垄断行为实施前已经构建并落实了严谨、科学的反垄断合规项目，这个反垄断合规项目可以被用作证据证明该单位并没有实施垄断犯罪的故意。简而言之，反垄断合规项目的建立和实施表明单位对员工所实施的垄断犯罪持反对态度，员工所实施的垄断行为并非来自单位的授权。因此，合规项目的构建与落实可以发挥防火墙的作用，即隔离员工个人行为产生的垄断风险。

第八节　经济学证据抗辩

一、经济学证据抗辩的概述

如本书第一章所述，无论是哈佛学派还是芝加哥学派，这些经济学家以及他

---

[1] See American Society of Mechanical Engineers v. Hydrolevel Corporation, 456 U.S. 556 (1982).

们所主张的反垄断经济理论对美国反垄断法的发展产生了深远的影响。在反垄断的司法实务中，经济学与经济学家同样发挥着不可忽视的作用，经济学证据抗辩便是其中一例。

在大多数情况下，美国法院需要考察案件中的垄断行为对市场的影响，这离不开经济学家的专业支持。当事人聘请的具有专业知识、专业技能的经济学家以专家证人的身份参与反垄断诉讼，用于帮助陪审团或法官理解案件中的疑难经济学问题。被指控实施垄断行为的被告可以通过聘请专家证人的方式以说明相关市场中的价格、产量的变化是由供需关系的变化等其他因素所决定，与被告所实施的垄断行为无关，此即为"经济学证据抗辩"。

二、经济学证据抗辩的适用例外

随着经济学的进一步发展，合理原则的崛起使得本身违法原则的适用空间被进一步限缩。尽管如此，对于横向价格垄断协议、横向市场划分协议、串通投标协议这三种这种赤裸裸地限制、排除竞争的垄断行为，美国法院仍然坚持以本身违法原则予以规制。相较于纵向垄断协议等垄断行为，经营者（共谋）达成、实施上述三种横向垄断协议的主要目的是限制、排除竞争进而攫取垄断利润。根据本身违法原则，美国反垄断法是对垄断行为本身予以惩罚。在本身违法原则的规制模式下，垄断行为对市场产生的效果并非承担法律责任的必备要件。因此，当被告被指控实施受本身违法原则规制的垄断行为时，美国法院可能拒绝被告提出经济学证据抗辩。

第九节　退出垄断共谋抗辩

一、退出垄断共谋抗辩的概述

美国刑法不仅惩罚犯罪的实行行为，对于犯罪合意也予以刑事处罚。两人以上达成的犯罪合意即为共谋罪（Conspiracy）。即便共谋人（Conspirator）在达成共谋之后并没有采取后续行动以完成他们所共谋的犯罪，美国刑法仍会对犯罪共谋予以刑事处罚。《谢尔曼法》对共谋实施垄断犯罪同样设置了刑事责任。在达成垄断共谋之后，落实垄断共谋之前，垄断共谋的共谋人并非没有"回头是岸"的机会。垄断共谋的共谋人可以采取积极行动退出垄断共谋，此即为"退出垄断共谋抗辩"。

二、退出垄断共谋的方式

根据美国诉美国石膏公司案，退出垄断共谋的方式有两种：第一，垄断共谋的共谋人向反垄断执法机构报告其所参与的垄断共谋；第二，采取与垄断共谋的目的相背离的行为。

这里需要特别说明的是第二种退出垄断共谋的方式。如果计划退出垄断共谋的共谋者仅仅是保持沉默，这种类似于明哲保身的不作为并不足以构成与垄断共谋的目的相背离的积极行动（Affirmative Acts）。第二种退出垄断共谋的方式的核心要求是计划退出垄断共谋的共谋者必须采取对抗垄断共谋的行为，这种对抗行动应当具有明确性且为其他共谋者所知晓。[1] 以共谋实施横向价格垄断协议为例，如果该垄断共谋的共谋者拒不执行该垄断共谋中的价格协议并与其他共谋者展开价格战，该共谋者的上述行为构成第二种退出垄断共谋的方式。

第十节 禁止双重危险抗辩

一、禁止双重危险抗辩的概述

禁止双重危险（Double Jeopardy）抗辩的法理依据是美国宪法第五修正案，它规定"任何人不得因同一犯罪行为而两次遭受生命或身体的危险"。申言之，根据美国联邦最高法院对阿西娅诉斯文森案（Ashe v. Swenson）的判决，禁止双

---

[1] See Smith v. United States, 568 U.S. 106 (2013).

重危险原则的核心内涵是,"当一个事实问题已经由一个有效且最终的判决所判定后,该事实问题不应该就相同的当事人于未来的任何诉讼中加以审理"。① 尽管美国宪法第五修正案被用于约束美国联邦政府,但美国联邦最高法院将双重危险原则与美国宪法第十四修正案中的正当程序原则相结合,使得各州政府也受到禁止双重危险原则的约束。

在刑事诉讼中,禁止双重危险原则对美国法院提出三项要求:第一,不得就相同的案件被宣告无罪后再行审判;第二,不得就已经被定罪的案件再行审判;第三,不得就同一行为多次施以惩罚。禁止双重危险原则的价值不仅在于保护公民的人身权利,对于侦查效能的提高和司法秩序的维护同样具有重要意义。②

二、禁止双重危险抗辩在反垄断刑事诉讼中的适用

在反垄断刑事诉讼中,禁止双重危险抗辩常被适用于垄断共谋类案件。在涉及垄断共谋问题的案件中,当被告根据禁止双重危险原则提出抗辩时,美国法院需要考察案件中的垄断共谋是否在之前已受到法院的审判。在判断已被作出最终判决的垄断共谋与正在审理的案件中的垄断共谋是否为同一垄断共谋犯罪时,美国法院从以下八个因素予以判断:第一,两起案件中犯罪时间是否存在重叠;第二,参与两起垄断共谋案件的主体是否存在重叠;第三;正在审理的案件所涉及的犯罪罪名;第四,实行行为的相似性;第五,两起案件是否存在共同的外在行为(Overt Acts);③ 第六,垄断共谋的发生地或外在行为的实施地;第七,两起案

---

① See Ashe v. Swenson, 397 U.S. 436 (1970).
② 参见叶良芳、刘志高:《禁止双重危险原则的历史发展及其启示》,载《河南省政法管理干部学院学报》,2005(3)。
③ 外在行为,又称为外化行为。在美国刑法,中外在行为指的是,为计划实行的犯罪所进行的前期准备活动。比如,为抢劫一家位于美国纽约州的银行而提前测算该银行附近的车流量以方便逃跑。测算车流量的行为本身并非违反法律的犯罪行为,但测算车流量的行为服务于抢劫犯罪时,测算车流量的行为将构成美国刑法中的外在行为。根据《美国法典》第18编第371节的规定,外在行为是绝大多数共谋类犯罪的构成要件,但该规则也存在例外情形。根据美国诉3A电气公司案(United States v. A-A-A Electrical Co),《谢尔曼法》中包括共谋达成横向垄断协议在内的所有共谋犯罪的构成不以外在行为的存在作为必备要件。See 18 U.S.C. §371; United States v. A-A-A Electrical Co., 788 F.2d 242 (1986).

件是否存在共同的犯罪目标；第八，两起案件中的垄断共谋之间相互依存的程度。①

在司法实践中，禁止双重危险抗辩的举证责任被划分为两部分：首先，被告需要提供初步证据（Prima Facie Evidence）用于证明正在审理的案件中的垄断共谋与之前已经判决的案件中的垄断共谋属于同一个垄断共谋。初步证据的作用是创建一个可反驳的推定。在被告提供初步证据之后，举证责任则转移至公诉方。公诉方需要提供优势证据（Preponderance of Evidence）反驳被告的初步证据以证明正在审理的案件中的垄断共谋与之前已经判决的案件中的垄断共谋并非同一个垄断共谋。

第十一节 公共利益抗辩

公共利益抗辩是一项适用于"337调查"中的抗辩事由。当私人主体选择以"337调查"解决垄断纠纷时，"337调查"的确具有定纷止争的功能，但这种贸易争端解决方式的作用并不仅限于此。如本书第五章第五节所述，美国国际贸易委员会在审理"337调查"案件时，除了考察申请人与被申请人的私人利益外，也会将美国的公共利益纳入考察范围之内。换言之，"337调查"的另外一项制度的目的是维护美国的公共利益。"337调查"的这种价值目标为公共利益抗辩提供了法理依据。

根据美国国际贸易委员会的规定，在"337调查"中，美国的公共利益主要包括四大项：第一，公共健康和福利；第二，美国经济的竞争条件；第三，美国境内生产的相似产品或者与被申请人的产品具有直接竞争关系的产品；第四，美国的消费者。② 即便在被申请人被确认违反"337条款"的前提下，如果排除令的实施将有损美国的公共利益，美国国际贸易委员会也可能拒绝颁布排除令。

因此，当我国企业若被指控参与垄断行为被发起"337调查"时，可以基于公共利益抗辩请求美国国际贸易委员会拒绝颁布排除令。在提出公共利益抗辩时，申请人与被申请人均可以邀请其他与案件有关的第三方就公共利益问题发表意见，以此作为美国国际贸易委员会是否采纳公共利益抗辩的参考。

---

① See United States v. Korfant, 771 F.2d 660 (2d Cir. 1985).
② 美国国际贸易委员会：《337条款：建立公共利益记录》，载美国国际贸易委员会官网，https://www.usitc.gov/section_337_building_record_public_interest.htm，最后访问时间2024年1月5日。

第七章
美国反垄断合规制度

本 章 提 示

企业在全面把握美国反垄断法的基础上，通过建立、执行有效的反垄断合规制度，有利于规范企业的经营行为、降低企业违反美国反垄断法的法律风险。此外，即使企业不慎违反了美国反垄断法，有效的合规制度也能够帮助企业获得法律责任上的减免。

结合美国量刑委员会、美国司法部颁布的合规指南和美国反垄断法，本章将对企业合规的多维定义、反垄断合规制度的作用和构建、实施反垄断合规制度的具体措施进行探讨，以期为我国企业在对美出口贸易中提供具有可操作性的反垄断合规建议。

第一节 美国反垄断合规制度概述

一、企业合规在多重语境中的定义

（一）企业的行为准则语境中的企业合规

"合规"一词在英文中的表述是 Compliance，牛津词典对 Compliance 的解释为"对权威（机构）所提出的规则或要求予以遵守"。[①] 在企业的行为准则语

[①] 牛津词典：《牛津词典对 Compliance 的释义》，载牛津词典官网，https://www.oxfordlearnersdictionaries.com/us/definition/english/compliance，最后访问时间：2024年1月5日。

境中，合规意味着企业对相关行为准则的遵循。需要注意的是，"合规"一词中的"规"，或者说企业所遵循的行为准则并不仅限于政府所制定的法律法规等强制性法律规范，还包括商业道德等社会广泛认可的企业行为准则。

（二）公司治理语境中的企业合规

企业的经营活动需要遵循一定的行为准则，对这些行为准则的违背将产生各类风险、损失等不利后果。因此，在公司治理语境下，企业合规是企业建立的集风险防范、风险识别、风险应对于一体的企业治理体系。申言之，企业合规的第二重含义是企业用于识别企业在经营过程中所面临的合规风险，并有效地实现自我监管、自我预警、自我披露和自我整改的内部管理机制。

（三）政府监管语境中的企业合规

政府对企业的外部监管对于企业的健康发展具有重要意义，但政府的外部监管有其局限性。监管资源的有限性、监管技术的滞后性、监管人员的腐败或渎职、跨境监管的法律冲突等制约因素使得政府对企业的外部监管并不尽如人意。政府通过参与企业合规制度的形塑与实施，使得政府监管与企业合规相协同，政府对企业的外部监管之缺陷可以由此得到一定程度的弥补。

以美国《反海外腐败法》中的会计条款（Accounting Provision）为例，会计条款的核心要求之一是对受会计条款管辖的企业施加强制性的合规义务。[①] 美国是全球目前最大的经济体，拥有世界上最大的金融市场，这使得受会计条款管辖的企业之数量极为庞大。如果仅仅依靠美国政府的外部监管，《反海外腐败法》可能无法得以真正落实。强制合规义务的引入能够极大地督促大多数企业建立、执行符合会计条款要求的合规制度，这有利于增强美国治理跨境腐败问题的有效性。从会计条款这一例子中可以看出，在政府监管语境下，通过参与企业合规制度的构建与落实，政府对企业的外部监管要求内化为企业的内部管理机制，形成一种内外联动的监管模式，这种内外联动的监管模式正是契合政府监管需求的合规制度，这是企业合规制度的第三重定义。

---

① See 15 U.S.C. § 78m(b)(2)(B).

二、企业建立、落实有效的反垄断合规制度的作用

（一）反垄断合规制度在应对美国法的积极作用

1. 反垄断合规制度对民事责任的减免作用

在美国司法部或联邦贸易委员会发起的反垄断民事诉讼案件中，两大反垄断执法机构可能向美国联邦法院提出要求被告实施强制性合规计划的诉讼请求。在这种情况下，被告往往会按照这两大反垄断执法机构要求承诺建立、落实有效的反垄断合规制度，以此作为双方达成和解的条件之一。

以美国诉美国弗莱克纸板有限公司案（United States v. Flakeboard America Limited）为例，由于弗莱克纸板有限公司在其收购塞拉松公司（SierraPine）的经营者集中申报案中出现了抢跑行为，美国司法部遂对上述企业发起了反垄断民事诉讼。之后，美国司法部与被告企业达成和解协议。根据该和解协议，美国司法部将不再进一步追究被告的法律责任。双方达成和解条件之一是被告企业必须按照美国司法部的要求建立、落实反垄断合规制度。①

2. 反垄断合规对刑事责任的减免作用

如本书第五章所述，在对美出口贸易中，企业若实施横向价格垄断协议或非法垄断市场行为将有较大可能受到美国反垄断法的刑事制裁。企业通过建立、落实有效的反垄断合规制度，有利于企业在美国遭遇反垄断刑事诉讼时获得刑事责任的减免。

（1）获得合规不起诉。根据美国司法部颁布的《司法手册》（*Justice Manual*）的规定，检察官在作出是否发起刑事诉讼的决定时应当考虑的因素中有两项因素与企业的合规制度有关，这两项因素是事前合规与事后合规。所谓事前合规，指的是企业在实施犯罪行为时是否制定并实施了有效的合规制度。如果企业在实施犯罪行为时已经制定并执行了有效的合规计划，检察官作出不起诉决定的可能性将得以提高。所谓事后合规，指的是企业在实施犯罪行为之后是否建立、

---

① 参见美国司法部：《美国诉美国弗莱克纸板有限公司案和解协议》，载美国司法部官网，https://www.justice.gov/d9/atr/case-documents/attachments/2015/02/02/311653.pdf，最后访问时间：2024年1月9日。

实施有效的合规制度作为补救措施。事后合规机制的建立与实施同样可以提高企业获得不起诉的概率。①

（2）降低刑事处罚的力度。根据《美国量刑委员会指南手册》（*United State Sentencing Commission Guideline Manual*）之规定，在犯罪发生时，已制定并实施有效合规计划的企业所承担的刑事罚金将适当减少。②除此之外，《美国量刑委员会指南手册》规定，涉案企业制定、实施有效的合规制度是法院决定是否判处缓刑的考量因素之一。③

（二）反垄断合规在商业层面的积极作用

1. 有利于企业建立完善的内部决策机制

相对于传统的公司治理模式，企业合规是一种更为有效地促进公司健康发展的治理方式。传统的公司治理模式是自上到下的决策制度，由权力机构股东会选举董事会或执行董事等，行使企业的决策权和监督权；由董事会遴选产生高级管理层，行使企业的经营权和执行权。与之相较，企业合规要求企业内部所有的员工参与到合规制度的构建流程与执行流程之中，发挥合规制度自下而上的监督作用，这有利于推动企业实现自我监管、自我报告、自我披露和自我整改，进而降低企业内部决策违反法律法规的风险。

2. 有利于降低企业违反美国反垄断法的经济损失

在美国反垄断法的法律责任体系内，违反美国反垄断法的行为可能产生巨额的经济损失。首先，当美国司法部或联邦贸易委员会对企业提起反垄断调查时，企业需要聘请反垄断律师、经济学家等专业人士以应对美国联邦政府的反垄断调查，其次，当企业被确认实施了违反美国反垄断法的垄断行为时，企业需要支付反垄断罚款、和解金以及原告的律师费、诉讼费和三倍民事赔偿。相较于违反美国反垄断法而产生的经济损失，企业建设、执行合规制度的收益明显大于违反美国反垄断法所造成的经济损失。

---

① See U.S. Dep't of Just., Just. Manual § 9-28.300 (2020).
② See U.S.S.G. § 8C2.8.
③ See U.S.S.G. § 8D1.4.

3. 有利于维护企业的积极形象

企业一旦遭遇反垄断调查，商誉也将因此受到重创，进而可能导致企业的股价在短期内出现大幅度下跌。例如，1969 年，IBM 公司接受反垄断调查期间，IBM 公司股价跑输标普 500 指数。2000 年对微软公司的反垄断调查，使得微软公司的股价在 2000 年 3 月至 4 月出现大幅下跌的趋势，股价下跌趋势一直延续至 2000 年年末。2019 年，美国司法部对脸书、苹果、亚马逊、字母表（谷歌的母公司）这四家互联网巨头企业展开反垄断调查时，这四家企业的股价也出现了短期内大幅度下跌的现象。[①] 股价的大幅度下跌可能对企业的商誉和投资者的信心造成重创。通过建立并落实有效的反垄断合规机制，企业违反美国反垄断法的概率将大幅度下降，这对维护企业的积极形象具有极为重要的正面意义。

第二节　美国的反垄断合规制度的构建与实施

制定、实施行之有效的反垄断合规制度的前提是明确知悉何为有效的反垄断合规制度。根据美国司法部制定的两部合规指南《反垄断刑事调查中的公司合规项目评估》（*Evaluation of Corporate Compliance Programs in Criminal Antitrust Investigations*）与《公司合规体系评估指南》（*Evaluation of Corporate Compliance Programs Guidance Document*），一套针对美国反垄断法的有效合规制度应当包括以下八大支点：第一，反垄断合规文本；第二，反垄断合规培训；第三，反垄断合规官；第四，违规行为的报告和对检举人保护；第五，反垄断违规行为的调查与分析；第六，反垄断合规奖惩；第七，反垄断合规文化；第八，反垄断合规制度的审查与更新。

---

① 参见东方证券研究所：《复盘美国科技巨头，思考中国反垄断影响》，载东方投资咨询网，https://pdf.dfcfw.com/pdf/H3_AP202101051447336387_1.pdf，最后访问时间：2023 年 1 月 7 日。

一、企业的反垄断合规文本

(一) 反垄断合规文本的概述

反垄断合规文本一般由两个部分组成：第一，企业颁布制定、落实反垄断合规制度的命令，即企业的管理层作出建立、实施针对美国反垄断法的合规制度的命令，也即企业将反垄断合规制度融入企业的经营政策；第二，制作书面的反垄断合规手册[①]，在手册中为员工提供具体的行为准则并要求员工学习与遵守。

在通常情况下，应当由企业的管理层发布书面命令，表明企业将致力于反垄断合规经营的态度。企业的管理层掌握企业的执行权，由他们签发的书面命令足以保证企业的反垄断合规制度具有充足的权威性。

这种权威性的作用主要表现为对内和对外两个方面。在对内维度上，通常情况下，高层领导的命令有利于推动下级员工遵守与执行各项反垄断合规要求。在对外维度上，企业高层签发建立、执行反垄断合规制度的书面命令不仅能够帮助企业树立规范经营的良好形象，更是对外昭告该企业进行反垄断合规的坚定决心，进而有助于企业在美国遭遇反垄断法律纷争时，通过反垄断事前合规获得法律责任上的减免。

(二) 反垄断合规手册

1. 反垄断合规手册的内容、形式与及时性

(1) 反垄断合规手册的内容。一份较为完善的反垄断合规手册应当包括以下五个部分：第一，以通俗易懂的方式向员工解释美国反垄断法所禁止的垄断行为。例如，美国反垄断法惩罚的并不是企业合法经营获得的垄断状态，而是排斥竞争、减损消费者福利的垄断行为；第二，向员工说明违反美国反垄断法的法律责任。第三，结合企业所在的行业以及具体的商业情境，在结合行业特点与商业情境的基础上明确告知员工哪些行为合法、哪些行为违反美国反垄断法；第四，

---

① 就书面化的反垄断合规手册的名称而言，并没有统一的硬性标准，"合规手册""行为守则""行为指南"等均是常见的名称。为便于论述和阅读，本书在后文中将其统称为"合规手册"。

要求员工了解并执行垄断行为违规报告制度,即要求员工发现企业可能已经卷入或即将参与垄断行为时应及时向合规部门报告;第五,要求员工了解遵守、违反报告制度的奖惩规则。

(2)反垄断合规手册的形式。有些企业会选择单独编制反垄断合规手册,有些企业则将反垄断合规制度的相关内容纳入企业整体的合规手册中。除书面的合规手册形式外,有的企业还会选择其他的替代形式用于构建、落实反垄断合规制度。

例如,南方贝尔公司(BellSouth, LLC)曾是美国第三大电信公司,是世界500强企业之一,后被美国电话与电报公司(AT&T)收购。南方贝尔公司认为,书面的反垄断合规手册难以让员工对其中的内容产生足够深刻的印象,也无法发挥其原本应有的作用。因此,南方贝尔公司选择了一种合规手册的替代途径:首先,南方贝尔公司为它的员工提供一个时长约为半个小时的合规学习视频,并提供印有视频重点内容的卡片。视频内容主要为情景表演,由专业的演员演绎员工在日常工作中可能遇到的与美国反垄断法相关的情景,包含价格垄断、串通投标、签订反不竞争的协议等各类行为。然后,由南方贝尔公司的合规官对员工展开具有针对性的合规培训,以加强员工对视频的理解。通过以上方式,南方贝尔公司帮助公司员工识别并避免大多数违反美国反垄断法的行为,并确保员工在无法确定所参与的商业行为是否违反美国反垄断法的情况下,了解从企业内部法务部门和合规部门寻求专业支持的渠道。[①]

(3)合规手册内容的及时性。为了保证合规手册的内容具有及时性,企业应当积极关注美国反垄断法的发展动态,根据美国反垄断法的发展趋势及时更新合规手册的内容。我国企业可以通过以下网站及时跟进美国反垄断法的最新发展动态:

第一,美国司法部官网。在该网站中,美国司法部向公众介绍美国司法部的最新执法动态、美国司法部制定的相关反垄断执法指南、美国司法部对相关案件及法律法规的评述等内容。

第二,美国联邦贸易委员会官网。与美国司法部的官网类似,美国联邦贸易

---

① See William Hanay, Designing an Effective Antitrust Compliance Program, Eagan: Thomson Reuters, 2020, p. 226-227.

委员会在其官网中介绍美国联邦贸易委员会的最新执法动态、美国联邦贸易委员会制定的相关反垄断执法指南、美国联邦贸易委员会对相关案件及法律法规的评述等内容。

第三，美国联邦法院特别是美国联邦最高法院官网。上述两大反垄断执法机构主要介绍的是美国反垄断法的公力执行。对于私人主体发起的反垄断诉讼，则主要载于审判该案件的联邦法院官网之中。

第四，美国国会官网。对于已经生效的反垄断成文法以及尚在制定中的成文法草案，可以在美国国会官网查询。

第五，美国国际贸易委员会官网。该网站中载有与垄断纠纷有关的"337调查"案例以及相关的法律法规。对于正在审理和已经裁决的案件，可以在美国国际贸易委员会官网中的电子文件信息查询系统（Electronic Document Information System，EDIS）中查询。

第六，美国反垄断协会（American Antitrust Institute）、公正网（Justia）、康奈尔大学法学信息协会（Legal Information Institute）等非政府网站。美国反垄断协会是一个非政府的独立研究机构，长期从事反垄断问题的研究工作，在其官网上载有美国反垄断法最为前沿的研究动态与实务案例。此外，美国反垄断协会对航空、能源、医药等多个行业中的垄断问题进行了深度的行业研究。公正网、康奈尔大学法学信息协会提供免费的美国法律检索服务。

2. 反垄断合规手册的制定

（1）以通俗易懂的语言制作反垄断合规手册。《谢尔曼法》《克莱顿法》等美国反垄断成文法的立法语言具有高度的抽象性与概括性，这导致上述反垄断成文法的文本过于晦涩。即使是法律界的专业人士，仍然需要结合具体的司法案例与执法指南，方能够准确把握美国反垄断法的意旨。因此，为了便于企业员工准确而便捷地理解美国反垄断法，建议采取通俗的语言制作反垄断合规手册，并辅之以鲜活的案例以加深员工对美国反垄断法的认知。

（2）以多部门协同参与的方式制作反垄断合规手册。除合规部门外，法务部门、业务部门、人事部门均应参与反垄断合规手册的制作工作。首先，在合规部门与法务部门分离的大型企业中，法务部门负责处理合规工作以外的法律工作，主要是企业对外业务所涉及的法律工作。因此，相对于合规部门而言，法务部门可以更为全面地了解企业在各项业务流程中所面临的法律风险。也因此，法务部门的参与可以为反垄断合规手册的编写提供更为全面的视角。其次，业务部门最为熟悉企业的日常经营活动，业务部门的参与可以更好地协助合规部门在合规手册中总结垄断风险在日常经营活动中的表现。此外，当企业的经营业务发生变化时，业务部门可以及时地向合规部门反馈企业业务的新变化，以促使企业的反垄断合规手册可以与企业业务的发展方向相契合。最后，人事部门可以协助合规部门制定合规手册中的报告制度、处罚制度，使其能与企业已有的人事制度相衔接。

3. 反垄断合规手册的分发与学习

在完成反垄断合规手册的编制后，企业应采取适当的措施，向员工分发反垄断合规手册并引导员工认真学习手册中的相关内容。

（1）反垄断合规手册的分发。反垄断合规手册应尽量分发至企业的每一个员工，这不仅有利于反垄断合规制度在企业中实现全覆盖，更有利于企业在面临美国的反垄断调查时，为企业主张已合理实施反垄断合规制度提供证据支持。对于规模较小的企业，分发纸质版反垄断合规手册的可行性较高。对于规模较大，员工人数较多的企业而言，分发纸质版反垄断合规手册的方式并不一定能够取得良好的效果，其可操作性也受到限制。在此情况下，企业应当结合员工级别、部门职能等多方面因素，运用信息技术手段，如邮箱、即时通信工具、办公自动化系统等，尽可能全面地、高效地将合规手册分发至企业内的每一个员工。

（2）引导员工学习反垄断合规手册。在员工收到反垄断合规手册后，应引导他们全面学习反垄断合规手册。在条件允许的情况下，要求员工书面确认已阅读合规手册内容。就具体实施方式而言，可以运用信息技术手段降低工作难度。例如，可以通过线上打卡学习和线上考试的方式为员工学习合规手册的内容提供技术支持。

二、反垄断合规培训

反垄断合规培训是反垄断合规制度的重要组成部分，是企业能够有效执行反垄断合规制度的重要前提。只有当企业员工具备相关的法律知识素养、违规行为识别意识以及违规行为处置能力时，才能确保企业的反垄断合规制度最终真正落地。企业在进行反垄断合规培训时,应当注意以下四个要点。

第一,相关的培训应当由具有丰富的反垄断合规经验的人员主导。

第二,对于接受培训的人员,与合规手册的分发与学习相同,应尽量覆盖企业内所有工作人员。对于新入职的员工,应当及时进行反垄断合规培训。对重要部门、高风险部门的员工可以通过增加培训次数与培训内容的方式进行重点培训。在实践中,业务部门中的员工更有可能实施垄断行为。因此,建议企业加强对业务部门的反垄断合规培训。

此外,企业员工参加行业会议之前,也应当对参会员工进行适当的反垄断合规培训。这是因为行业会议往往为企业聚集在一起达成、实施横向垄断协议创造了"温床",正如亚当·斯密在《国富论》中所述,"同业中人,会在一起,即令以娱乐消遣为目的,言谈之下,恐亦不免是对付公众的阴谋,是抬高价格的策划"。[①] 例如,在友达光电案中,我国台湾地区企业友达光电股份有限公司被美国司法部指控通过每月召开秘密会议的方式实施横向价格垄断协议。[②] 又比如,在 2023 年 7 月 6 日,中国汽车工业协会组织 16 家车企发布承诺书。在该承诺书中,各车企一致同意"不以非正常价格扰乱市场公平竞争秩序"。这一表述被外界质疑为上述车企将组建价格联盟,涉嫌构成横向价格垄断协议。[③] 从以上两例可以看出,在企业员工参与行业会议之前,进行反垄断合规培训有其必要性。

第三,培训的内容应当贴合企业日常经营活动中的真实情境。例如,在行业会议中,企业难免会与同行进行交流。通过模拟行业会议的方式,帮助企业员工了解合法交流与非法交换信息之间的界限。

第四,就培训的形式而言,可以根据企业的具体情况采取线下培训与线上培训相结合的方式。

---

① [英]亚当·斯密:《国富论》(上),郭大力、王亚南译,115~116 页,南京,译林出版社,2011。
② 参见美国司法部:《友达光电公司高管因参与液晶显示器价格垄断共谋而被定罪》,载美国司法部官网,https://www.justice.gov/opa/pr/au-optronics-corporation-executive-convicted-role-lcd-price-fixing-conspiracy,最后访问时间:2024 年 1 月 10 日。
③ 参见周纯粼:《有违〈反垄断法〉精神,中汽协改〈汽车行业维护公平市场秩序承诺书〉》,载澎湃新闻,https://www.thepaper.cn/newsDetail_forward_23779534,最后访问时间:2024 年 1 月 10 日。

三、首席合规官的任命与赋能

在对美出口贸易中,美国反垄断法对企业的影响程度会因为多种因素而有所差别。如果企业的日常业务受美国反垄断法影响较大,建议企业任命熟知美国反垄断法并对美国的法律体系有一定程度的掌握的专业人才担任企业的首席合规官(Chief Compliance Officer,COO)。企业首席合规官,又称首席道德与合规官(Chief Ethics and Compliance Officer,CECO),是负责企业内部合规事务的负责人。企业在任命首席合规官时应当考察其是否在企业合规领域具备相应的资历与技能。具体到对美反垄断合规问题上,首席合规应当熟知美国反垄断法并对美国的法律体系有一定程度的掌握。

即便首席合规官具有专业的知识和丰富的经验,如果企业未对其予以充分的赋能,首席合规官将无法有效开展反垄断合规工作。换言之,企业应当保障首席合规官在企业内部具有较高的权威、畅通的交流渠道以及充分的合规资源以确保合规工作的顺利开展。对首席合规官的赋能可以从以下三个方面展开。

首先,首席合规官的权威性主要反映在其具有较高的职位层级,企业应当将首席合规官纳入企业的高级管理人员的范畴。如果首席合规官只是企业的中层管理人员,这将向企业内部传递一个错误的信号,即反垄断合规工作并未被企业视为具有优先性的工作,首席合规官可能无法在企业内部得到其他员工的尊重,最终不利于反垄断合规工作的顺利开展。

其次,企业应当保障首席合规官与其他高级管理人员之间具有直接的交流渠道,董事长或首席执行官不宜作为首席合规官和其他高级管理人员之间的"传声筒",这是因为在董事长或首席执行官操纵企业实施涉嫌违反美国反垄断法的垄断行为时,首席合规官与其他董事等企业高管之间的直接交流机制能够保障首席合规官及时地向企业高层反馈上述垄断风险,进而推动企业采取措施制止董事长或首席执行官的高风险行为。

最后,企业应当从资金、人员等方面保障首席合规官具有开展合规工作所必需的人、财、物等合规资源。

特别需要注意的是,当中小型企业因自身规模等原因无法聘请专职人员出任合规官时,不宜选择业务部门员工兼任合规官,这是因为业务部门员工具有更大可能性违反反垄断法。如果以业务部门员工兼任合规官，该员工既当"运动员"又当"裁判员"，双重角色之间的冲突将不利于反垄断合规工作的展开。

四、违规行为的报告及对检举人的保护

（一）建立、落实反垄断违规行为报告制度

在企业员工学习反垄断合规手册并接受反垄断合规培训之后，他们对企业经营过程中可能遭遇的垄断风险具备一定的识别能力。在此基础上，企业应当建立、落实反垄断违规情况报告制度。当企业员工认为企业在运营过程中已经实施或将可能实施涉嫌违反美国反垄断法的行为时，企业员工应当及时向其直属上级或更高级的管理人员报告。除了上下级之间的报告渠道外，企业还可以建立垄断风险报告热线。当发现垄断风险的员工向上级领导反馈无果或该员工的领导是垄断行为的参与者时，垄断风险报告热线的存在使得员工拥有向合规部门反馈违规情况的畅通渠道，进而确保企业可以及时采取补救措施。

（二）建立、落实检举人保护制度

企业应制定完善的检举人保护制度，以确保报告违规行为的企业员工不会因为向企业报告反垄断违规行为而遭遇打击报复。此外，检举人保护制度还可以发挥鼓励企业员工积极报告违规行为的作用。企业可以从以下五个方面着手构建、落实检举人保护制度。

第一，匿名报告渠道。企业应为员工提供一个能够确保身份保密的匿名报告通道，以此减弱甚至消除因举报而担心遭受报复的恐惧。

第二，保密机制。企业应当建立严格的检举保密机制，确保检举人的个人信息和举报内容仅限于授权人员知悉。

第三，严禁打击报复。企业应当明确规定禁止对检举人进行任何形式的打击报复，并针对打击报复行为制定严格的惩罚措施。

第四，公开承诺与宣示。企业的高级管理人员应当作出保护检举人的公开承诺并将该承诺向全体员工宣示。

第五，检举补偿与奖励。检举保护制度的建立与实施并不代表其可以完全根除打击报复行为。当企业员工因报告反垄断违规行为而受到打击报复并由此产生经济损失、人身损害时，企业应当对受打击报复的员工予以经济补偿。除了予以经济补偿，对于善意检举人还应当给予适当奖励。奖励的形式是多种多样的，可以是奖金等物质奖励，也可以是通报表扬等非物质奖励，以此激励更多员工举报违规行为。

五、反垄断违规行为的调查与分析

（一）反垄断违规行为的调查

对涉嫌违反反垄断合规制度的行为予以调查是企业处置违规行为、应对垄断风险的前提，企业对涉嫌违反反垄断合规制度的行为展开调查时，应当采取积极措施确保调查的及时性与公正性。

1. 调查的及时性

建议企业明确规定反垄断违规调查应当在规定的时间范围内完成。明确调查期限，既有利于督促调查人员积极推动调查工作，也有利于强化调查人员的主体责任，防止调查人员采取拖延调查工作的方式包庇被调查人员，更有利于维护企业的良好声誉。如果调查时间过长，可能给外界造成企业对违规行为不予重视的印象，进而损害企业形象和信誉。通过按时完成违规调查，企业能够展示其积极的合规态度和对反垄断违规行为的零容忍立场。

2. 调查的公正性

如果企业在对涉嫌违反反垄断合规制度的行为进行调查时缺乏公正性，则可能纵容反垄断违规行为，或者错误地指控、处罚未曾实施违规行为的员工，进而导致冤假错案的发生。无论是哪种结果，都会对反垄断合规制度的有效运行带来不利影响。因此，调查的公正性不仅对企业而言至关重要，而且对员工乃至整个社会均具有不可忽视的影响。因此，建议企业采取以下措施确保调查的公正性。

第一，调查团队的公正性。调查人员应与被举报人员或相关利益方无利害关系，以免产生潜在的偏见或利益冲突。可以考虑成立内部调查组织或聘请独立的第三方机构进行调查，以保证调查团队的中立性和客观性。

第二，调查过程的保密性。在调查过程中，应当确保相关信息的保密性。确保只有需要了解调查进程的人员能够访问相关信息，并采取适当的信息安全措施，防止调查过程中出现信息泄露的现象。通过增强调查过程的保密性，有助于排除外界对反垄断违规调查的不当干扰，这对维护调查的公正性具有极为重要的积极作用。

第三，调查过程的透明度和可信度。在调查过程中，在符合保密要求的情况下，企业应当及时向相关方披露调查进度和调查结果，确保企业内部各级员工对调查流程和调查结果有清晰的了解，以此增加整个调查过程的透明度和可信度。

第四，调查结论的可证明性。调查人员应当进行全面、客观的证据收集工作，确保调查人员能够以客观、可信的证据支持其作出的调查结论。

第五，调查程序的公正性。建议企业给予被举报人员和其他利益相关方提供表达意见和自我辩护的机会。调查人员应耐心听取各方的陈述，充分考虑各种证据和观点，以此确保调查程序的公正性。此外，调查人员在搜集证据时不得采取侵犯他人合法权益的手段。

（二）反垄断违规行为的分析

对违规行为的调查有了结论之后，企业应当结合调查结论作出进一步的分析。基于完善企业反垄断合规制度的目的，企业对违规行为的分析可以从以下三重角度展开。

第一，反垄断违规行为产生的原因。只有在准确把握违规行为产生的原因的基础上，企业才能够有的放矢地采取补救措施。对反垄断违规行为产生的原因进行全面的分析，将为企业进一步完善反垄断合规制度奠定基础。

在反垄断合规工作的视角下，反垄断违规行为产生的原因主要有两大类：合规失灵和合规缺失。

当企业制定的合规制度本身存在缺陷，或合理的合规制度未能得到有效执行时，将出现合规失灵的问题。换言之，企业已经针对反垄断违规行为在合规制度中制定了相关应对措施，但这些措施并未能阻止反垄断违规行为的发生。在这种情况下，企业应当分析合规失灵产生的原因。

在反垄断违规行为发生之前，如果企业未在反垄断合规制度中采取防范措施进而导致某种违规行为的产生，此即为合规缺失。在合规缺失的情况下，企业应当分析阻碍企业采取防范措施的因素。

第二，反垄断违规行为的先前迹象。在反垄断违规行为发生之前，可能存在预示违规行为即将发生的先前迹象。例如，第三方评估机构对企业的反垄断合规制度予以审查后得出企业的反垄断合规制度未能有效运行的结论。如果在该违规行为发生之前，企业已经掌握了它的先前迹象，则需要进一步分析企业未能根据先前迹象尽早采取有效应对措施的原因。

第三，进一步完善反垄断合规制度的建议。反垄断违规行为的产生说明企业的反垄断合规制度存在缺陷。在全面分析已发生的违规行为的基础上，企业应当采取有针对性的措施完善企业的反垄断合规制度，以期降低同类违规行为的发生概率。

六、反垄断合规奖惩

根据《美国量刑委员会指南手册》之规定，企业应该根据员工对合规制度的遵守情况采取必要的奖惩措施。适当的奖惩措施是企业补救合规漏洞的必要举措。因此，美国司法部将企业是否采取适当的奖惩措施纳入评估企业是否建立并执行有效的合规制度的考察因素之一。[1] 企业加强反垄断合规奖惩除了能够获得法律责任上的优待，还可以在企业内部产生激励作用和威慑作用，进而有利于推动反垄断合规制度在企业内部的落实。

结合美国司法部于《反垄断刑事调查中的公司合规项目评估》提出的反垄断合规建议，本书认为构建、落实有效的反垄断合规奖惩机制的要点主要包括以下五个方面。

第一，奖惩措施的公正性。企业应确保奖惩措施不基于员工职位高低等无关因素而因人设奖或因人施惩。原则上，企业应对同类型的违规行为予以相同的处罚，对相同的合规行为予以同等的奖励，以保障反垄断合规奖惩机制的公正性。

---

[1] See U.S.S.G. § B2.1(b)(6).

如果因特殊情况无法在个案中实现同等情况同等对待，企业应就此类例外情形的正当性与必要性向全体员工作出解释，以确保反垄断合规奖惩机制的公正性不受此类例外情形的冲击。

第二，奖惩措施的透明度。透明度是反垄断合规奖惩机制发挥应有作用的前提条件之一。对于惩罚措施而言，不教而"杀"谓之虐。如果员工在不熟悉奖惩政策等反垄断合规要求的前提下，实施了违反美国反垄断法所规制的行为，那么企业对该员工的处罚并不具有充分的合理性，也可能导致该员工对企业的奖惩体系缺乏认同感，进而对企业的反垄断合规要求产生抵触情绪。对于奖励措施而言，若员工未了解企业的奖励措施，他们主动遵守合规要求的内在积极性可能将远远不如预期。因此，企业在制定、落实奖惩措施时应当确保这一过程具有充分的透明度。反垄断合规奖惩机制的构建不仅是合规部门的职责，还需要其他部门员工的积极参与。合规部门在制定奖惩措施时应当积极听取其他部门员工的建议。此外，企业应当采取积极措施以确保全体员工了解奖惩措施的具体内容。

第三，奖惩措施的持续性。企业应当采取措施确保反垄断合规制度中针对员工的合规行为和违规行为的奖惩措施具有持续性。否则，这将削弱员工对反垄断合规制度的信任感，导致员工可能不再自觉遵守企业的反垄断合规要求。因此，建立常态化的奖惩措施，这对于鼓励员工主动遵守反垄断合规制度中的各项要求具有促进作用。

第四，奖惩措施与员工行为的匹配度。这里的"匹配度"指的是员工所受的奖惩的程度与其所实施的行为之间应当成比例。具体而言，对于尚未造成严重后果的违规行为，不应当采取过于严苛的惩罚，避免出现"大炮打蚊子"的问题。对于屡教不改或者给企业造成严重负面影响的违规行为，则应当对实施该行为的员工予以严厉处罚。同样的道理，对积极遵守反垄断合规要求的员工予以奖励时，也应当考虑员工的合规行为对企业的影响。假设一名销售员工向合规部门报告了其他销售员工参与垄断共谋的问题并促使该企业及时退出垄断共谋，在这种情况下，该员工的报告行为对于降低企业的法律风险就具有极为重要的积极作用，应当对该员工予以重奖。

第五，奖惩措施的监督机制。为了确保奖惩措施符合公正性的要求，企业应当对奖惩措施的实施予以必要的监督。就惩罚措施而言，企业在处罚违反反垄断合规要求的员工后，应当赋予该员工申诉的权利。为了确保申诉员工能够得到公平的对待，原则上应当由其他部门负责申诉审核工作，以确保申诉审核程序的公正性。就奖励措施而言，企业在奖励遵守反垄断合规要求的员工时，应当公布监督举报渠道，鼓励其他员工举报违规奖励行为。

除了以上五点之外，在对违反反垄断合规要求的员工予以惩罚时，还可以将惩罚措施的合法性纳入考量范围。这里的"合法性"主要指的是企业的惩罚措施是否可能违反劳动法。特别需要指出的一点是，企业在参与对美出口贸易时，可能会在美国境内招聘员工。在这种情况下，企业的惩罚措施也会受到美国劳动法的规制。美国各州均享有制定本州劳动法的立法权，企业应当在符合当地劳动法要求的前提下制定、实施惩罚措施。

七、反垄断合规文化的营造

曾任美国司法部副助理部长的布伦特·斯奈德（Brent Snyder）指出，"合规是一种文化而非仅仅是一项政策。如果企业内部的高级管理人员不主动为企业的合规文化提供支持，则企业将拥有的是一项躺在纸面上的、毫无实效的合规制度"。① 反垄断合规文化的营造是反垄断合规制度发挥应有之作用的重要支撑。具体而言，反垄断合规制度中的行为守则是对企业员工的硬性要求，或者说是企业对员工行为的外部管理。但仅仅依靠硬性的外部管理，企业员工可能慑于违反反垄断合规制度后的不利后果而不得不遵循企业的反垄断合规守则。在这种情况下，仅仅依靠企业对员工的外部干预，未必能够达到预期的效果。通过营造合规文化，促进企业员工从内心真正认可企业的反垄断合规制度，进而推动合规管理与合规文化的内外协同，最终实现企业员工主动遵循反垄断合规制度中的各项要求。

至于如何营造反垄断合规文化，本书认为企业可以从内部层面和外部层面两个角度展开。

---

① 布伦特·斯奈德：《合规是一种文化而非仅仅是一项政策》，载美国司法部官网，https://www.justice.gov/atr/file/517796/download，最后访问时间：2024年1月9日。

在内部层面，企业的高级管理人员应以身作则，公开承诺遵守企业的反垄断合规制度。这种合规承诺可以采取多种形式。例如，高级管理人员可以率先签署遵守反垄断合规制度的承诺书，或举行反垄断合规宣誓仪式。基于高级管理人员的表率作用，企业应在整个组织中贯彻合规文化。通常情况下，相对于高级管理人员而言，基层员工可能缺乏参与反垄断合规文化构建工作的主观动力。因此，建议企业采用具有趣味性的方式激发基层员工的主观能动性。例如，企业可以借助真实案例，邀请基层员工拍摄反垄断合规短剧、小品、宣传片等宣传视频，并组织有奖问答活动。这种以员工参与为特点的合规文化构建方式将极大地提高基层员工对合规文化的认同感。

在外部层面，企业的交易对象、竞争对手对于企业的反垄断合规文化乃至企业的反垄断合规制度具有不可忽视的影响。因此，企业也应当向这些外部对象传播企业的反垄断合规文化。例如，在对美出口贸易中，企业与其竞争对手最有可能实施的违反美国反垄断法的行为是横向垄断协议尤其是横向价格垄断协议。因此，企业与其竞争对手可以签署抵制价格同盟的行业倡议。通过签署行业倡议，不仅有利于降低企业卷入横向价格垄断协议的风险，而且可以对外传播企业的反垄断合规理念，进而在全社会树立企业合规经营的正面形象并推动整个行业形成遵守反垄断规则的行业共识。

八、反垄断合规制度的审查与更新

（一）反垄断合规制度的审查

企业应当定期进行反垄断合规制度的落实情况审查，即对承担反垄断合规工作的合规人员的履职情况进行审查。通过落实情况审查，判断企业的反垄断合规制度是否取得预期之效果。在此基础上，对于在审查过程中发现的合规漏洞予以适时弥补，以确保反垄断合规制度的正常运行。审查的主体应当是合规部门以外的是第三方部门，可以是企业的内部其他部门，也可以是外聘的第三方机构。审查内容一般包含以下六个方面。

第一，审查反垄断合规职能人员是否合理地、全面地向企业员工分发反垄断合规手册及其他用于反垄断合规培训的相关材料。

第二，审查是否所有的员工均参与了反垄断合规培训与考核，并通过员工在合规考核中的成绩了解员工对合规制度的掌握程度。

第三，审查反垄断违规报告制度的有效性，确认报告热线是否通畅，报告者是否能够顺利通过报告热线或其他的报告渠道向企业反馈反垄断违规情况。

第四，审查检举人保护制度的落实情况，确认检举人是否因报告反垄断违规行为遭遇了打击报复、确认检举人的个人信息以及检举内容是否处于保密状态、确认检举人是否已获得了适当的经济补偿或检举奖励。

第五，审查企业对反垄断违规行为的后续处置情况，确认企业是否对反垄断违规行为的存在与否予以审慎调查，确认违反企业反垄断合规守则的员工是否受到相应的惩罚，确认企业是否采取必要措施降低反垄断违规行为所造成的负面影响。

第六，审查包括资金、人员在内的反垄断合规资源是否得到合理的运用。

（二）反垄断合规制度的更新

对企业的反垄断合规制度予以适时的审查，有利于企业及时发现合规实践中存在的不足之处。在此基础上，企业应当及时更新反垄断合规制度，以弥补反垄断合规工作中的漏洞。

除此之外，当美国的反垄断法律法规或执法政策发生变化时，尤其是这种变化可能导致企业所面临的法律风险发生变化时，企业应当及时更新反垄断合规制度，并采取有针对性的措施以因应这些变化。例如，在拜登就任美国总统之前，美国司法部对于违反《谢尔曼法》第二条的非法垄断市场行为采取的是非刑事手段的规制政策，并且这一反垄断政策已持续了约半个世纪。在这个阶段，即便企业在对美出口贸易中实施非法垄断市场行为，该企业也不会因此受到刑事制裁。然而，在拜登就任美国总统之后，美国政府打破了不以刑事手段规制非法垄断市场行为的惯例。针对美国政府这一新的反垄断政策，我国企业应当予以重视并及时更新反垄断合规制度以应对《谢尔曼法》第二条所带来的刑事法律风险。

参考文献

一、中文参考文献

（一）论文类

1. 孟雁北：《我国反垄断合规制度的演进与展望》，载《中国市场监管研究》，2023（10）。
2. 牛忠志：《中国企业刑事合规误区的澄清和制度瓶颈的破除——基于与美国企业刑事合规制度比较的视角》，载《江西社会科学》，2023（9）。
3. 柳长浩：《论反垄断法的正义基础》，载《法学论坛》，2023（5）。
4. 刘霜：《合规刑法激励的本土证成与法治构建》，载《政法论坛》，2023（5）
5. 张睦楚：《"奢望幻灭"：一战期间留美中国学生对威尔逊主义的反应》，载《思想理论战线》，2023（4）。
6. 赵祺、罗圣荣：《拜登政府"印太战略"的集团化研究：基于小多边主义理论视角》，载《东北亚论坛》，2023（2）。
7. 朱战威：《论垄断协议参与者的可救济性》，载《现代法学》，2023（2）。
8. 张耀：《中美战略竞争与亚太中等强国的行为选择——以美国"印太战略"升级为契机》，载《东南亚研究》，2023（2）。
9. 曾凡宇、张锋、程衍：《论我国反垄断刑事责任制度的构建》，载《北京交通大学学报》（社会科学版），2023（2）。
10. 黄俊杰：《平台经济反垄断的刑事规制与检察综合治理》，载《中国刑事法杂志》，2023（2）。
11. 王慧、周博文：《论美国长臂管辖的域外扩张与影响消解》，载《华北理工大学学报》（社会科学版），2023（2）。
12. 刘乃梁、叶鑫：《反垄断刑事责任：入罪理据与实现进路》，载《竞争政策研究》，2023（1）。
13. 赖思行、王海山：《反垄断法域外适用中效果原则的正当性刍议》，载《中国价格监管与反垄断》，2022（10）。
14. 任文璐：《华北制药在美维C反垄断案的法律问题研究》，载《中国价格监管与反垄断》，2022（6）。
15. 兰迪、贺静婷：《刑事合规视阈下美国独立合规监督人的主要挑战及发展趋向》，载《警学研究》，2022（4）。
16. 唐健：《拜登执政以来美国对科技巨头的监管：动因、举措与挑战》，载《当代世界与社会主义》，2022（4）。

17. 金美蓉、董艺琳：《经营者集中反垄断域外救济冲突与国际合作机制》，载《法学家》，2022（2）。

18. 徐豫西：《论维 C 案中美国反垄断法域外适用的主权抗辩》，载《东南大学学报》（哲学社会科学版），2021（S2）。

19. 尹云霞、李轶群：《从西门子案看美国合规监管》，载《中国市场监管研究》，2021（11）。

20. 李本灿：《刑事合规的制度史考察：以美国法为切入点》，载《上海政法学院学报》（法治论丛），2021（6）。

21. 江山：《美国数字市场反垄断监管的方法与观念反思》，载《国际经济评论》，2021（6）。

22. 付小双：《从法国阿尔斯通公司行贿案看美国域外管辖制度》，载《中国检察官》，2020（24）。

23. 童嘉嘉：《美国〈反海外腐败法〉域外管辖扩张及中国的法律应对》，载《东南大学学报》（哲学社会科学版），2020（S1）。

24. 王晓晔：《论电商平台"二选一"行为的法律规制》，载《现代法学》，2020（3）。

25. 金美蓉：《中国企业在美国反垄断诉讼中的挑战与应对：基于对相关判决的质疑》，载《法学家》，2020（2）。

26. 田静：《美国公法域外管辖的理论分析与实践探讨》，载《南开法律评论》，2020（0）。

27. 应品广、潘磊：《美国 337 调查中的反垄断争议评析》，载《WTO 经济导刊》，2018（5）。

28. 杨肯：《门罗主义与国际法》，载《北大国际法与比较法评论》，2018（1）

29. 喻玲：《企业反垄断合规制度的建立路径》，载《社会科学》，2015（5）。

30. 金美蓉：《论垄断协议的国际法规制》，载《武汉大学学报》（哲学社会科学版），2014（4）。

31. 杜涛：《美国联邦法院司法管辖权的收缩及其启示》，载《国际法研究》，2014（2）。

32. 彭岳：《论美国跨境反垄断诉讼中的主权抗辩——从"维生素 C 案"谈起》，载《法商研究》，2014（1）。

33. 孙灿：《奥巴马执政以来的美国联邦主义初探》，载《美国问题研究》，2014（1）。

34. 李庆明：《中国国家财产在美国的执行豁免——以沃尔斯特夫妇诉中国工商银行为例》，载《武汉大学学报》（哲学社会科学版），2013（4）。

35. 曹志勋：《论可仲裁性的司法审查标准——基于美国反垄断仲裁经验的考察》，载《华东政法大学学报》，2012（4）。

36. 唐世平、龙世瑞、郎平：《美国军事干预主义：一个社会进化的诠释》，载《世界经济与政治》，2011（9）。

37. 陈承堂：《宏观调控权是怎样生成的 基于罗斯福新政的考察》，载《中外法学》，2011（5）。

38. 朱正余：《从美日反垄断刑法规制评析我国反垄断刑事条款》，载《吉首大学学报》（社会科学版），2011（4）。

39. 许国林、汤晓黎：《19世纪末20世纪初美国国家干预主义思潮的崛起》，载《历史教学问题》，2011（2）。
40. 郭伟奇、龚柏华：《中国企业在美国法院抗辩美国反托拉斯法域外管辖的法律分析——评析美国企业诉中国菱镁矿销售企业价格串通违反美国反托拉斯法案》，载《国际商务研究》，2010（5）。
41. 佟欣秋：《基于国家主权的反垄断法域外管辖权的实现机制》，载《大连海事大学学报》（社会科学版），2010（4）。
42. 胡德坤、刘娟：《从海权大国向海权强国的转变——浅析第一次世界大战时期的美国海洋战略》，载《武汉大学学报》（哲学社会科学版），2010（4）。
43. 赵辉兵、姜启舟：《浅析威尔逊主义对新殖民主义形成的影响——基于威尔逊政府对菲律宾政策的分析》，载《东南亚纵横》，2009（6）。
44. 袁杜娟：《美国〈反海外腐败法〉对我国域外管辖的冲突及启示》，载《理论前沿》，2009（4）。
45. 吴郁秋：《美国对华337调查的现状与政治经济学分析》，载《国际经贸探索》，2008（10）。
46. 杜新丽：《从比较法的角度论我国反垄断争议的可仲裁性》，载《比较法研究》，2008（5）。
47. 李惠胤、孔晨旭：《略论"南北战争"在美国现代化进程中的历史作用》，载《辽宁行政学院学报》，2007（1）。
48. 张艾清：《反垄断争议的可仲裁性研究——兼论欧美国家的立法与司法实践及其对我国的启示》，载《法商研究》，2006（4）。
49. 邓蜀生：《美国历史上的州权》，载《世界历史》，1982（5）。

（二）专著类

1. 王先林：《竞争法学》（第四版），北京，中国人民大学出版社，2023。
2. 汤诤：《域外管辖的边界与冲突研究》，武汉，武汉大学出版社，2023。
3. 刘继峰：《反垄断法的法学与经济学解释》，北京，中国政法大学出版社，2023。
4. 赵学功：《战后美国外交政策探微》，天津，南开大学出版社，2023。
5. 肖小梅：《反垄断刑事责任制度研究》，北京，中国检察出版社，2023。
6. 杨蓉：《美国垄断致损赔偿责任制度研究》，北京，北京大学出版社，2023。
7. 董笃笃：《竞争法总论：历史与规范融合的视角》，北京，法律出版社，2022。
8. 高伟：《美国"长臂管辖"》，北京，中国财政经济出版社，2021。
9. 焦海涛：《反垄断法上的社会政策目标》，北京，中国政法大学出版社，2019。
10. 王自力：《转售价格维持反垄断治理问题研究》，北京，经济管理出版社，2020。
11. 兰磊：《论反垄断法多元价值的平衡》，北京，法律出版社，2018。
12. 焦海涛：《反垄断法实施中的承诺制度》，北京，法律出版社，2017。
13. 廉德瑰：《日美同盟实相》，上海，上海科学院出版社，2017。
14. 胥丽：《美国对华贸易政策政治经济学研究》，上海，上海人民出版社，2017。

15. 陆寰：《国家豁免中的商业例外问题研究》，武汉，武汉大学出版社，2016。
16. 胡建波：《垄断犯罪立法研究》，北京，中国社会科学出版社，2013。
17. 任李明：《威尔逊主义研究》，北京，中国社会科学出版社，2013。
18. 王建红：《权力的边疆：美国反垄断制度体系确立路径研究 1890-1916》，北京，经济管理出版社，2012。
19. 沈四宝、刘彤：《美国反垄断法原理与典型案例研究》，北京，法律出版社，2006。

（三）译著类

1. [美] 赫伯特·霍文坎普：《美国反垄断法：原理与案例》（第2版），陈文煊、杨力译，北京，中国人民大学出版社，2023。
2. [美] 杰克·拉斯马斯：《美国变局：从里根到特朗普的经济政策》，张维懿译，北京，中国科学技术出版社，2023。
3. [美] 乔纳森·贝克尔：《反垄断新范式：恢复竞争性经济》，杨明译，北京，中信出版社，2023。
4. [美] 塞缪尔·亨廷顿：《美国政治：激荡于理想与现实之间》，先萌奇、景伟明译，北京，新华出版社，2017。
5. [美] 奥利弗·威廉姆森：《反垄断经济学——兼并、协约和策略行为》，张群群、黄涛译，北京，商务印书馆，2014。
6. [美] 理查德·波斯纳：《法律的经济分析》（第七版），蒋兆康译，北京，法律出版社，2012。
7. [英] 马尔科姆·肖：《国际法》（第六版），白桂梅、高健军、朱利江、李永胜、梁晓晖译，北京，北京大学出版社，2011。
8. [美] 杰弗里·图宾：《九人：美国最高法院风云》，何帆译，上海，上海三联书店，2010。
9. [美] 理查德·波斯纳：《反托拉斯法》（第二版），孙秋宁译，北京，中国政法大学出版社，2003。

二、外文参考文献

（一）论文类

1. Joseph Bial, and Alex Evans, "Criminal Enforcement of Section 2—How Significant Is the Threat?", *Journal of Corporation Law*, 49(2024), 263.
2. Thomas Lambert, and Tate Cooper, "Neo-Brandeisianism's Democracy Paradox", *Journal of

Corporation Law, 49(2024), 347.

3. William Weingarten, "Divined Comity: Assessing the Vitamin C Antitrust Litigation and Updating the Second Circuit's Prescriptive Comity Framework", *Fordham Journal of Corporate & Financial Law*, 29(2023), 281.

4. Jay Sexton, "The Monroe Doctrine in an Age of Global History", *Diplomatic History*, 47(2023), 845.

5. Matthew Sipe, "Covering Prying Eyes with an Invisible Hand: Privacy, Antitrust, and the New Brandeis Movement", *Harvard Journal of Law & Technology*, 36(2023), 359.

6. Daniel Crane, "Antitrust as an Instrument of Democracy", *Duke Law Journal Online*, 72(2022), 21.

7. Louis Kaplow, "Replacing the Structural Presumption", *Antitrust Law Journal*, 84(2022), 565.

8. Christopher Leslie, "Disapproval of Quick-Look Approval: Antitrust After NCAA v. Alston", *Washington University Law Review*, 100(2022), 1.

9. Herbert Hovenkamp, "Antitrust Harm and Causation", *Washington University Law Review*, 99(2021), 787.

10. Peter Buckley, and Mark Casson, "Multinational Enterprises and International Cartels: The Strategic Implications of De-globalization", *Management and Organization Review*, 17(2021), 968.

11. Matt Summers, "Rebuilding Antitrust Amidst Forced Arbitration", *Harvard Civil Rights-Civil Liberties Law Review*, 56(2021), 449.

12. Jihwan Do, "Cheating and Compensation in Price-Fixing Cartels", *Journal of Economic Theory*, 200(2020), 105382.

13. Herbert Hovenkamp, "Apple v. Pepper: Rationalizing Antitrust's Indirect Purchaser Rule", *Columbia Law Review Forum*, 120(2020), 14.

14. William Kovacic, "The Chicago Obsession in the Interpretation of US Antitrust History", *The University of Chicago Law Review*, 87(2020), 459.

15. Herbert Hovenkamp, "Antitrust and Platform Monopoly", *Yale Law Journal*, 130(2020), 1952.

16. Hung Hao Chang, and Daniel Sokol, "Advocacy Versus Enforcement in Antitrust Compliance Programs", *Journal of Competition Law & Economics*, 16(2020), 36.

17. William Dodge, "The New Presumption against Extraterritoriality", *Harvard Law Review*, 133(2019), 1582.

18. F. Scott Kieff, "Private Antitrust at the U.S. International Trade Commission", *Journal of Competition Law & Economics*, 14(2018), 46.

19. Sean Murray, "With a Little Help from My Friends: How a US Judicial International Comity

Balancing Test Can Foster Global Antitrust Redress", *Fordham International Law Journal*, 41(2017), 227.

20. James Rill, and Stacy Turner, "Presidents Practicing Antitrust: Where to Draw the Line", *Antitrust Law Journal*, 79(2014), 577.
21. Marc Winerman, "The Origins of the FTC: Concentration, Cooperation, Control, and Competition", *Antitrust Law Journal*, 71(2003), 1.
22. William Dodge, "Understanding the Presumption Against Extraterritoriality", *Berkeley Journal of International Law*, 16(1998), 85.
23. Richard Posner, "The Chicago School of Antitrust Analysis", *University of Pennsylvania Law Review*, 127(1979), 925.

（二）专著类

1. Joachim Zekoll, Michael Collins, and George Rutherglen, *Transnational Civil Litigation* (2nd Edition). St. Paul: West Academic Publishing, 2023.
2. Christopher Sagers, *Examples and Explanations for Antitrust Law* (3rd Edition). Frederick: Aspen Publishing, 2021.
3. Jeffrey Kessler, and Spencer Waller, *International Trade and U.S. Antitrust Law* (2nd Edition). Eagan: Thomson Reuters, 2006.